KB232727

世界속의 韓國文化

世界속의 韓國文化

徐正淇・金顯瑒・宋鎬洙・林東綴・安炳周

睦槇培・沈在龍・宋恒龍・高庚民・呂東贊

徐紘一・閔泰植・韓基彦・柳正東・金丁鎭

金益洙・安明護・吳煥一

한국학술정보[주]

『세계속의 한국문화』

중 간 서

우리 동양문화연구소에서 『세계속의 한국문화』를 출판한지 20여년이 흘러 이제 중간하게 되니 참으로 감개무량하다.

내가 이 『세계속의 한국문화』와 『세계속의 한국정신』, 『세계속의 한국유교』, 『세계속의 한국예절』이라는 책을 통하여 최근 400년의 한국학은 국학(國學)을 뛰어넘은 『천하학(天下學)』임을 선포한 이후로 우리나라는 각 방면에서 우리 것을 연구개발하는 작업이 요원의 불길처럼 치솟아 유교(儒敎)가 격인(牽引)하는 아시아적 가치를 재발견해서 새 시대를 건설하여 한류(韓流)의 물결을 일으키며 세계문화의 중심에 서는 단계에까지 이르렀다.

첫째 우리의 의복문화가 세계를 감동시켰다. 2002월드컵대회 개막식 전야제에 서울상암월드컵경기장 밖의 한국의상전시회에서 임금의 곤룡포부터 문무백관의 관복과 궁녀복 그리고 남녀의 각종의복 및 혼례복, 상복(喪服), 제복(祭服) 등의 수백 종에 이르는 다양한 옷모양의 멋과 아름다운 색상과 우수한 옷감과 섬세한 바느질에 경이적인 시선으로 감탄하여 마지않았을 뿐만 아니라 때와 장소와 신분에 따라 개인의 존엄성과 전체적인 질서와 조화를 찾는 의복문화에 경탄했다.

둘째 우리의 음식문화가 세계를 감동시켰다. 우리의 전통적인 음식문화는 절대로 원형을 파괴하지 않고, 그 모양과 맛과 색상을 그대로 살려서 각각 알맞은 그릇에 담아 시각적 효과를 추구하면서 독상(獨床)에 차리는바 특히 제사상에 차린 성대하고 아름다운 음식은 보는 것만으로도 황홀하여 감격할 뿐이다.

셋째 우리의 전통 주택문화가 세계를 감동시켰다. 우리의 가정주택은 아무리 가난해도 반드시 아내가 거처하는 안채와 남편이 거처하는 바깥채와 노인이 거처하는 사랑채와 아이들이 거처하는 별채가 동서남북으로 벌려있고 그 우물과 변소가 각각 있어 자유롭고 활발하면서도 전체적으로 담장을 둘러쌓아서 대문을 만들어 가정의 안전을 도모하여 가족의 유대를 돈독히 하는 질서와 조화 그리고 평화를 보장함과 동시에 반드시 신발을 벗고 마루에 올라가는 주택문화의 신성성에 경탄할 뿐이다.

넷째 우리의 저장(貯藏)문화가 세계를 감동시켰다. 우리의 가정에는 저장물로 가득하니 슬기롭게 장기적으로 보관하는 방법을 개발하여 창고와 곳집, 광, 도장이 있고 또 장롱, 상자, 궤, 광주리에 두며 간장과 된장, 고추장은 장독대에 보관하고 심지어 포를 말리고 절여서 시렁과 처마에까지 주렁주렁 매다는 저장문화에 찬사를 보내 마지않는다.

다섯째 우리의 가족문화가 세계를 감동시켰다. 5륜3강(五倫三綱)을 최고의 가치로 여기는 우리의 가족관계는 남과 만나는 인간관계보다 우선하여 이해득실을 따지지 않고 먼저 위하여 보살피기 때문에 아버지는 엄(嚴)하고 어머니는 자애(慈愛)로우며, 남편은 아내를 사랑하고 아내는 남편을 공경하며, 아들딸은 효도하고 형제는 우애(友愛)하면서 나라에 충성하고 사회에 이바지하며, 스승을 높이고 어른을 존경하며 노인을 편안케하고 어린이를 품어주니 그 가족사랑과 가정의 행복에 흠모하지 않는 이가 없다.

여섯째 우리의 언어(言語)문화가 세계를 감동시켰다. 한글은 가장 과학적인 문자로 표현하지 못할 말이 없거니와 우리의 언어는 논리적 체계와 예절의 등급이 갖추어 있어서 그 명칭이 바르고 그 말씨가 온순한바 상대에 따라 나·저·우리 등의 주어가 다르고 하십시요·하시요·하오·하게·해라 등의 술어가 다르니 그 사랑과 공경과 사양과 감사가 담긴 고운말에 감격하는 것이다.

일곱째 우리의 교육문화가 세계를 감동시켰다. 우리는 가정교육을 대단히 중시하여 임신하면 태교(胎教)를 시작하여 임신부를 특별대우하며 아이를 낳으면 바로 유아(幼兒)교육을 실시하고 7세면 서당이나 학교에 보내서 『소학(小學)』을 읽히고 15세가 되면 『대학(大學)』을 배워 가정과 국가세계에 기여하는 대인(大人)을 양성하는 학교교육을 숭상하여 서울에 성균관과 지방의 향교 및 서원 서당이 600년 동안 국민을 교육했던 학교시설이 그 자리에 아직도 보존되어 있을 뿐만 아니라 그 전인교육이념과 그 뜨거운 교육열에 탄복하고 있는 것이다.

여덟째 우리의 학술문화가 세계를 감동시켰다. 우리의 학술분야는 4서5경(四書五經)을 최고로 숭상하여 문학과 사학과 철학은 기본이고 정치학, 윤리학, 음악까지 달통하지 않은 것이 없도록 하였으며 심지어 병법(兵法)과 의술(醫術)과 지리학(地理學), 건축토목학, 농축산학에도 1가견이 있도록 하였으니 그 학문의 높은 도덕성과 영역의 방대함에 탄복하지 않을 수 없는 것이다.

아홉째 우리의 정치문화가 세계를 감동시켰다. 성왕(聖王)의 정치지도력과 현신(賢臣)의 행정책임감을 이상으로 하였던 조선왕조의 정치문화는 조선왕조실록(朝鮮王朝實錄)에 그대로 남아 있어 세계문화유산으로 정했으며, 공론(公論)에 의한 사림정치(士林政治)로 언론의 자유를 보장하여 상소문(上疏文)은 즉시 임금에게 보여서 답하게 하고 특히 봉사(封事)는 임금이 직접 뜯어보게 하였으며, 신문고를 설치하여 누구나 억울함을 고발함에 이르러서는 문명한 도덕정치의 표본으로 천명(天命)을 받들고 민심(民心)에 순응하는 정치의식은 세계에서 최고수준인 것이다.

열째 우리의 경제문화가 세계를 감동시켰다. 유교의 경세제민(經世濟民)사상은 정덕(正德) 이용(利用) 후생(厚生)을 숭상하여 근면·절약·신용으로 산업을 일으켜 회사와 공장과 농장을 경영하지만 반드시 윤리경영(倫理經營)을 하여 민부(民富)를 통해서 국부(國富)를 이룩하고자하였고, 재산을 통해 공덕을 베풀어 존경받는 사람이 되려고 힘썼으며, 돈이 아무리 많아도 음란사치를 멀리하고 호화방종을 경계하며 예절을 지키고 예술세계에서 놀면서 자자손손 영화를 누렸으니 부러워하지 않는 이가 없었던 것이다.

열한번째 우리의 과학기술문화가 세계를 감동시켰다. 1988년 서울올림픽 개막식전에 세계에서 울려퍼진 에밀레종의 그 웅장하고 아름다운 소리에 전세계인이 깜짝 놀랐으며, 고려의 청자와 활자술은 세계가 인정하는 바이고, 조선의 측우기, 물시계, 해시계, 그리고 거북선과 백자 등의 공예기술은 타의 추종을 불허한다.

열두번째 우리의 예술문화가 세계를 감동시켰다. 우리나라의 음악, 미술, 서예, 건축은 최고의 자연미를 추구하여 그 격조가 높고 우아하여 음악에 있어서 아악(雅樂)은 인류역사에 최고수준이고 또한 고상한 시조를 지어 부르는 풍류(風流)가 생활화하였으며, 그림에 있어서 사군자(四君子)와 진경산수화는 세계인이 보배로 여기고, 서예에 있어서 글씨의 중후함과 유려함을 겸비하였고, 건축에 있어서 자연과 조화를 시키면서도 인간중심적인 건축물은 사람의 마음을 가장 편안하게 만들어주는 집으로 공인된 바이다.

열세번째 우리의 농업문화가 세계를 감동시켰다. 오곡백과와 뽕나무를 논밭에 심고, 소와 말과 개와 돼지와 닭을 집에 길러 자급자족하면서도 농사일을 함에는 두레와 품앗이를 하여 깃발을 앞세우고 농악(農樂)을 울리며 농주(農酒)를 마시고 춤을 추며 울력다짐으로 하여 힘든 줄을 몰랐으니 그 지혜와 슬기는 세계에 자랑이다.

열네번째 우리의 공업문화가 세계를 감동시켰다. 우리나라는 과학기술의 실용화로 공업의 전문화가 일찍 되어서 분업협동의 체제로 옥공(玉工), 석공(石工), 목공(木工), 철공(鐵工), 죽공(竹工), 토공, 도공, 유기공, 각공(角工), 피혁공, 기와공 등등의 전문기능인이 있을 뿐만 아니라 도제를 두어 제자에게 기술을 전수하였으며 오늘날 한국의 사상의술(四象醫術)은 세계적으로 유명하다.

열다섯번째 우리의 상업문화가 세계를 감동시켰다. 우리나라는 일찍부터 시장교역을 숭상하여 유무상통(有無相通)의 편리함을 깨달아 상품의 규격을 통일하여 화폐로 교환하게 하였으며, 신용만 있으면 외상거래는 물론 덤까지 주어서 상거래를 인정(人情) 왕래의 수준으로 승화시켜 본인의 생전에 그치는 것이 아니라 죽은 뒤에 자손들까지 왕래교류하는 상도(商道)에 주변의 외국인까지 동방예의지국(東方禮義之國)이라고 찬미하였다.

열여섯번째 우리의 풍속문화가 세계를 감동시켰다. 우리나라는 나들이옷이 있어서 집밖에 나갈 때는 정장을 단정히 갖추고, 세시풍속이 모두 모여서 함께 즐기는 공동체 문화를 소중히 여기므로 설과 추석에 모두 고향에 모여 조상을 숭배하고 어른을 찾으며 어린이를 귀여워하며 동네에 남녀노소를 막론하고 한마당에 모여서 음식을 나누어 먹고 합창하면서 다같이 어울려 춤을 춤에 지나가는 손님이나 심지어 거지들이 와서 함께 놀아도 즐겁게 받아들였으니 그 너그러움에 귀신도 감동하였던 것이다.

열이곱번째 우리의 손님맞이문화에 세계가 감동하였다. 우리나라는 손님을 빈(賓)이라고 하고 손을 객(客)이라 하여 손님은 주인보다 높이 대우하고 손은 주인보다 낮추어 대접하는바 집에 손님이 찾아오는 것을 영광으로 생각하고 극진히 대접하여 손이 가겠다고 하기 전에는 결코 쫓아낼 수 없을 뿐만 아니라 오히려 옷과 음식을 마련해 주어야 되며, 만일 손님이 가겠다고 하면 반드시 노자와 전별금을 주어서 보내니 외국인이 그 따뜻한 인정을 평생에 잊지 못했던 것이다.

열여덟번째 우리의 반침략(反侵略)문화가 세계를 감동시켰다. 우리나라는 임금을 아버지처럼 사랑하고 나라를 집처럼 걱정하여 나라가 침략을 당하고 임금이 모욕을 당하면 관리나 민간인을 가릴 것 없이 전국의 남녀노소가 모두 봉기하여 침략자를 물리치고 적군과 싸웠으니 고려시대는 원(元)나라의 침략에 3별초를 중심으로 40년간 항쟁했고, 임진왜란 때는 의병(義兵)을 일으켜 7년간 왜군을 토벌하였으며, 또 일제침략기인 서기1907년부터 1910년까지는 13도에서 항일독립전쟁을 선포한 민군(民軍)30만이 일어나 3,000여회의 토벌전으로 일본군 1만여명을 사살하고 일진회원 2만여명을 처단하면서 우리 민군도 17,779명이 희생하였으니 그 장렬함은 세계사에 유례가 없는 것이었다.

우리민족은 이익만을 추구하는 세속적인 삶을 달갑게 여기지 않고, 나아가 지혜롭고 사랑하고 떳떳한 선비의 가풍을 일으키고,

도덕과 윤리와 예절을 지키는 군자국(君子國)을 건설하며, 금수강산의 아름다운 자연 속에서 스승과 어른과 노인을 고결하게 오래 살게 하는 신선세계(神仙世界)를 경영하며, 또 죽은 뒤에도 조상에게 돌아가서 길이 잊지 못하는 영혼(靈魂)으로 남아 자손과 영화를 함께 누리는 훌륭한 신령체(神靈體)가 되기를 기약했다.

이러한 역사적 저력이 바탕이 되어 현재 우리나라는 모든 방면에서 세계 10위권 안에 진입하였으니 이제 한류(韓流)의 거센 물결을 타고 더욱 비약하여 정진하면 세계 제1의 문화중심국으로 비상할 날이 멀지 않을 것임을 확신한다.

2005. 3. 30.
동양문화연구소 소장 서 정 기 씀

「世界속의 韓國文化를 내면서」

우리 東洋文化硏究所에서는 10여 년간을 東洋傳統文化의 연구와 보급에 힘써 왔으나 이제는 그간의 業蹟을 토대로 새時代 우리나라의 文化創造에 주력하여 연구하던 중 우리나라 傳統文化가 動機의 眞率, 方法의 善良, 結果의 優美와 같은 위대한 基本體系가 있음을 확인하고 이를 재창조하여 세계 속에 빛나는 韓國文化를 건설하는 방향을 설정하여야 된다고 생각하였던 것이다.

人間은 物質的 경제생활의 經營者요 또한 精神的 文化生活의 創造者인바 文化精神은 經濟經營의 理念이 되고 物質經濟는 文化創造의 底力이 된다. 그러므로 經濟生活의 切迫함을 인식하면서도 文化創造의 重大함을 잊어버릴 수 없는바 국가의 부강과 民族의 문화가 아울러 성취되는 길을 함께 모색하여야 되기 때문이다.

오늘날 우리나라의 문화는 庚戌國恥로 말미암아 傳統文化가 斷絶되었고 乙酉光復 이후에는 正統文化의 형성 없이 學說의 分裂과 宗派의 亂立 속에 人文科學, 自然科學, 社會科學에 統一되는 원리가 서지 못하고 檀君敎, 儒敎, 佛敎, 仙敎, 基督敎, 天道敎 등 여러 종교 사이에 共通의 意識이 밝혀지지 못함으로 말미암아 비록 세계의 모든 思想宗敎가 總集結하는 땅이 되기는 하였으나 國民大同의 文化體系는 아직 創出하지 못함으로써 비단 대내적으로 衣食住의 生活文化로부터 冠婚喪祭의 社會文化와 政治, 敎育, 土地, 城廓, 音樂, 藝術 등의 國家文化에 이르기 까지 두루 人情味가 넘치는 合理的인 體制를 定立할 수 없었을 뿐만 아니라 또한 對外的으로는 世界文化發展에 物心兩面으로 크게 기여하지 못하였다고 하겠다.

文化는 人類가 創造하는 가장 아름다운 模範이다. 따라서 模倣文化는 創造文化보다 剛健篤責하지 못하고 低級文化는 高級文化보다 光輝가 오래가지 못한다.

高級文化를 創造하는데 있어서는 우선 天地의 公理를 精密하게 밝혀서 明確한 宇宙論이 확립되고 나아가 人間의 善德을 온전하게 밝혀서 眞實한 人生論이 定立 되어야만 人類의 아름다움을 다 발휘하는 價値있는 文化를 創造할 수 있을 것이다.

궁극적으로는 物理에 精通한 自然科學의 發達과 人心에 順應한 人文科學의 開發을 토대로 하여 世道에 達通한 社會科學의 發展을 기약할 수 있으므로 學術의 完成없이 高級文化를 建設할 수 없고 또한 현상의 社會는 宗敎의 敎理가 信仰人의 觀念이나 行動을 規制하므로 自生宗敎는 完壁한 敎理體系의 確立이 必要하고 外來宗敎는 土着化 過程에서 韓國의 正統文化를 형성할 수 있는 공통요소를 抽出하여 우리의 가정과 사회생활에 共存共營 할 수 있는 門戶를 開放하지 아니하면 한국적인 純粹文化를 創出할 수 없게 될 것이다. 이에 우리는 傳統文化의 本質을 찾아서 文化發展의 法則을 解明하고 사람과 하늘사이에 떳떳한 善德과 사람과 事物關係에 마땅한 普遍의 公理를 導出하여 民國時代의 韓國文化를 建設하는 座標로 設立하고자 하는 바이다.

文化는 직접적으로 人類를 感動시키는 힘이 있어야 된다.

人間을 感動시키는 것은 여러 가지가 있으나 가장 크고 강력한 힘을 요약하면 세 가지가 있다.

첫째가 善德의 實體인 誠이요, 둘째가 公理에 徹底한 明이요, 셋째가 生活에 豊饒로운 財이다.

精誠이 깃들고, 聰明이 갖추어지며, 財貨가 생기는 文化이어야만 人類最高의 文化가 될 수 있다.

우리는 새 時代를 맞이하여 눈앞에 不誠實하거나 不合理하거나 非生産的인 要素가 있는 旣存의 文化를 決然히 反省하고 誠實하며, 公明하며, 價値있는 政治文化, 敎育文化, 農業文化, 工業文化, 商業文化를 創造하여 偉大한 文化傳統을 繼承發展 시켜야만 우리民族 至上課題인 國土統一의 底力을 蓄積할 수 있고 마침내 世界文化에 빛나는 貢獻을 할 수 있을 것이다.

그간 우리 연구소에서는 수년에 걸쳐 學術大講演會를 개최하였는바 1979년도 「現代社會와 傳統思想」 1982년도 東洋思想의 諸問題, 1983년도 「世界속의 韓國文化」 등의 講演原稿를 중심으로 하여 엮어 펴낸다.

이 책이 위대한 祖國文化建設에 조금이라도 도움이 되고 앞으로 韓國文化를 世界에 宣場하는데 보탬이 있기를 삼가 仰望하는 바이다.

1983. 11.

東洋文化研究所 編輯委員會 理事長 韓甲東 謹識

차 례

Ⅲ. 유교문화

Ⅳ. 불교문화

Ⅴ. 도교문화

Ⅵ. 기독교 문화

Ⅶ. 풍토문화

I. 문제의 제기

韓國文化의 構造

徐　正　淇
(동양문화연구소 소장)

1. 韓國文化의 本質

　東北아시아 溫帶地方의 廣大한 領域에서 上古時代로부터 살아온 우리 한民族은 檀君의 "弘益人間"의 思想에 의하여 弘大하게 人類世界를 建設하려는 意志를 품고 누구나 直接만나서 敎化하여 함께 사는 "接化群生"의 精神을 發揮하여 半萬年의 長久한 歷史 위에 仁慈하고 智慧롭고 勇氣있는 偉大한 文化를 創造하였다.

　韓國文化의 傳統構造를 크게 나누어 보면 대개 세 가지로 분류할 수 있는바 氣像이 雄建한 힘의 文化를 創建하기도 하였고, 絶妙하게 調和된 멋의 文化를 이룩하기도 하였으며 때로는 또한 怨恨에 사무친 넋의 文化를 남기기도 하였으나 그 底流에는 한결같이 참되고 착하고 아름다운 人間의 本質을 蘊蓄하고 있어서 씩씩한 힘이 넘치면서도 사납지 아니하고, 玄妙한 멋이 감돌면서도 꾸밈이 없고, 애절한 넋이 깃들어 있으면서도 꺾이지 않는 特質을 가지고 있다.

　文化란 人類가 自然現實을 活用하여 그 理想을 實現하려는 精

神의 表出이므로 그 主體는 人間의 精神이요 그 質料는 自然의
事物이다. 그러므로 現實을 把握하는 認識能力과 理想을 模索하
는 思惟能力의 優劣에 따른 精神活動이 그 文化의 性格을 規定하
게 되고, 天時와 地利의 自然資源과 開發된 事物의 多少와 精粗
가 그 文化의 構造를 決定한다. 따라서 物質的 材料가 貧弱했던
原始文化라고 하여도 그 文明的 構造의 粗惡때문에 그 文化的 性
格까지 低劣하게 斷定할 수 없는 것이요. 동시에 오늘날 物資의
豊足으로 이루어진 巨大한 構造가 반드시 精神的 性格의 高貴함
을 隨伴한다고 볼 수도 없는 것이다.

다만 精神도 氣力인 까닭에 肉身의 活達한 삶을 이루어 주는 物
質이 바로 精神에 關係됨으로 마침내 高度의 精神文化는 物質文明
을 開發하고 豊富한 物質文明은 精神文化를 培養하는바 物質的인
衝動이 文化意識을 觸發하여 精神的인 自覺이 文化水準을 向上시
키는 것이다.

氣候와 風俗은 文化生活을 規制하고 敎育과 政治는 文化의 性
格을 決定하며, 經濟와 技術은 文化의 構造를 節度하는 까닭에
마침내 文化는 時代性과 地域性을 投影하고 民族性과 社會性을
內包하면서 蓄積되므로 자연히 그 歷史 속에 定型의 體系를 樹
立하고 그 文化의 自己本質을 構築하게 된다.

한 겨레가 이룩한 定型文化의 形成도 그 時代狀況에 따른 所
産인바 領土가 滿州에 걸치고 나라가 富强할 때에는 언제나 雄
健躍動하는 힘의 文化를 建立하였고, 國土가 한半島에 局限되고
國力이 뻗치지 못할 때에는 調和安定하는 멋의 文化를 이룩하였
으며, 變亂이 계속되거나 國命이 艱險할 때에는 確固不變한 넋의
文化를 凝結하여 어떠한 때라도 끊임없이 人類世界를 建設하고
만나면 가르쳐서 함께 살려는 文化本質을 계승하여 構築하지 아

니함이 없었다.

그러므로 한民族이 構築한 그 文化理念의 性格은 매우 高尙하여 힘센 나라를 세우고 멋들어진 집안을 꾸미며 넋 있는 사람이 되려는 充滿한 精神活動을 한번도 그친 적이 없었다.

널리 外來文物을 輸入하여 土着化함으로서 우리 文化의 質量을 向上發展 시키는 度量과 智慧를 갖추었고 또한 우리의 文化를 中國과 日本 등 四海 밖으로 放流하여 世界人類文化 發展에 寄與하는 誠意와 努力을 아끼지 아니하였다.

오늘날 한국국민은 傳統文化의 特質을 明確하게 再認識하여 지난날의 怨恨에 사무쳤던 넋의 文化를 憤然히 되돌려 멋의 文化로 가꾸어야 하며 더 나아가 힘의 文化를 復興하여야 될 것이다.

우리나라 傳統文化의 本質은 自然事物의 實質的인 利用을 바탕으로 人間의 義理와 恩惠로 맺어진 組織社會를 構築하여 人生의 充實한 삶을 이룩하는데 있었다.

現實가운데서 理想을 세우고 生活 속에서 價値를 찾아 보람 있는 人生을 개척하는 데는 먼저 眞善美의 세 가지 德目을 모두 갖추어야만 된다.

하나의 高尙한 文化를 創造하는데는 반드시 그 動機와 方法과 結果가, 참되고 착하며 아름다워야만 되므로 傳統文化에서는 사람의 眞實한 마음씨와 大地의 質朴한 度量과 하늘의 아름다운 文彩에서 文化의 基本理念을 定立하였다.

人間의 文化는 당연히 天文의 節度, 地理의 方正, 人事의 公明을 俱備한 뒤에야 高明한 精神, 廣大한 體系, 悠久한 價値를 간직하므로 마침내 天地人物의 理致에 어긋나지 아니하는 文化觀念을 가지게 되었다. 그러므로 傳統文化는 正德, 利用, 厚生을 本質로 삼고 道德政治, 忠孝敎育, 民生經濟, 自主國防, 實用藝術,

醇厚風俗 등을 理想으로 세웠는바 이는 五千年 歷史의 한결같은 소망이었다.

이와 같은 文化는 人間活動의 總體的 業績인바 人間의 活動에는 또한 動機意識과 方法準則과 結果處理의 세 가지 選擇契機가 있으니 動機의 眞實, 方法의 善良, 結果의 美麗를 모두 갖추어야만 이룩할 수 있다.

中國古代 國家에서는 실제로 時代마다 이중에서 한 가지를 특별히 重點的으로 强調하였는데 夏나라에서는 人道의 忠直을 重視하였고, 殷나라에서는 地道의 質朴을 重視하였으며, 周나라에서는 天道의 文彩를 重視하였는바, 각각 그 風氣의 變化와 人智의 開發에 따라 文化趨向이 달라진 까닭만이 아니라 人間活動에 있어서 어느 한 부분에만 중요한 價値를 부여할 때 그것이 오래 가면 반드시 末弊가 생기게 되기 때문이다.

動機意識의 眞實함을 강조하면 眞實無妄의 風과 剛健不屈의 氣가 있어 아름답지만 지나치면 非妥協, 無節制의 병폐가 따르고, 方法準則의 善良함을 강조하면 恩義敦篤의 風과 質朴調和의 氣가 있어 아름답지만 지나치면 無分別 不條理의 병폐가 따르고 結果處理의 美麗함을 강조하면 文彩鮮明의 風과 節度明確의 氣가 있어 아름답지만 지나치면 奢侈虛禮의 병폐가 따른다. 結果的 奢侈虛禮는 動機의 眞實함이 缺如했음이요, 方法的 無分別 不條理는 結果의 美麗함이 缺如했음이요, 動機的 非妥協 無節制는 方法의 善良함이 缺如했음이다. 이와 같은 文化의 병폐를 根絶하고 항상 新鮮莊嚴한 文化를 유지하기 위하여 우리나라에서도 傳統的으로 文化의 理念을 中庸의 調和로 세워 眞善美의 統一的 完成에 두었으면서도 그 重點價値는 交代하여 施行하였다.

三國時代에는 文彩華麗하고 節度分明한 아름다운 文化創造에 힘썼고, 高麗朝에는 眞實忠直하고 剛健莊嚴한 文化創造에 힘을 썼고, 朝鮮王朝에는 恩義敦篤하고 質樸調和한 文化創造에 힘썼으니, 三國時代는 結果 重視文化요, 高麗朝는 動機重視文化요, 朝鮮王朝는 方法重視文化라고 하겠다.

오늘날 우리나라는 朝鮮王朝의 뒤를 이은만큼 당연히 結果重視의 文化創造로 進行되어야 하겠지만 이에 앞서 유념하여야 할 것은 그 병폐인 奢侈와 虛禮를 未然에 防止하는 대책이 있어야 할 것인 바, 結果가 動機를 合理化시킬 수 없는 것을 알아야 할 것이다.

2. 文化의 一般的인 構造

天時와 地理의 條件과 人間의 性格이 文化의 構造를 결정하는데 人間의 性格이란 政治와 敎育에 의하여 貫習과 趣向이 달라질 수 있고 天時와 地理의 條件도 經濟와 科學에 의하여 利用 改良될 수 있다. 이러한 一切의 與件을 槪括하여 人間의 活動樣相을 分類하면 欲望을 達成할 수 있는 때와 安全을 圖謀하여야 할 때 와 忍苦를 甘受하여야 할 때로 나누어 볼 수 있다. 欲望을 達成할 수 있는 때에는 自己의 力量을 主宰發揮하여 能動的으로 運命을 開拓하는 進取强健한 文化를 創造한다. 文化創造의 領域을 한없이 넓힐 수 있는 까닭에 天文地理를 測量하여 曆法을 制定하고 疆域을 劃定하므로서 天惠와 地利를 活用하고 敎育을 實施하여 知識과 德性과 體力을 向上시키며 精神을 發揮하여 天下를 自任하는 氣風을 일으켜서 政治를 維新하고 經濟를 復興하며 科學技術을 發明하여 그 功名이 後世에 떨치고 그 文物이 天下에 빛나게 하여 民族의

榮光과 國家의 威嚴 앞에 거칠 것이 없는 剛健한 氣像이 흘러넘친 힘의 文化를 建立한다. 오늘날 意氣軒昂한 歷史的 遺産은 대개 이러한 時代에 計劃되고 作業되었던 産物이다. 그 雄建勇躍한 壯觀은 人工의 極致라고 할 것이다.

다음으로 生活의 領域이 안으로 不足함은 없으나 밖으로 뻗어나갈 수 없는 두터운 限界에 부닥칠 때에는 現實을 調節하여 共存共榮의 길을 模索하게 됨으로 부득이 合理的인 中庸의 文化를 定立한다. 끊임없이 自己를 改革하여 卑陋한 것을 버리고 高尙한 것을 찾으며 外來의 汚染된 文物을 賤視하며 비록 時代를 救濟하고 世道를 匡正하지는 못하지만 中正한 主體를 定立하여 被動的 節制를 秋毫라도 容納하지 아니하고 오직 能動的 自制力으로 安定을 이룩하여 絶妙하게 調和하는 데서 즐거움을 느끼고 멋을 찾는다. 오늘날 柔軟美麗한 文化的 遺跡은 대개 이러한 狀況에서 開發되고 完成되었던 것 들 이라고 하겠다.

마침내 崎嶇한 處地에 떨어져 自己의 運命을 自己의 힘으로 開拓할 수 없는 悲痛한 時節을 만나면 사람은 누구나 사는 意味를 探求하게 된다. 왜 사는가? 어떻게 살까? 살아서 무엇하나? 등의 意味를 오로지 精神 속에서라도 渴求하려고 몸부림친다. 이미 民族의 優越感과 國家의 體統이 사라지고 軍事抗爭이나 外交救援의 希望까지도 없을 때에는 自己節制의 限界도 넘어서서 困苦艱難을 무릅쓸 수밖에 없는 것이다. 肉身의 처참한 몰골 속에서 恥辱을 안고 怨恨을 삼키며 마지막까지 버티는 길은 뜨거운 魂과 꿋꿋한 넋을 지키는 것뿐이다. 끊임없이 自己를 確認하고 自己 것에 執着하며 애절한 넋을 달래는 神靈스럽고 幻想的인 文化를 生産, 蒐集, 保存한다. 오늘날 神秘靈妙한 作品의 遺物은 대개 이러한 環境에서 만들어 진 것이다. 이와 같이 文化의 一般的인 構造는

人類의 生活現實을 바탕으로 그 類形이 크게 나누어지는데 이 세 가지 類形 속에서도 한층 더 具體的으로 살피면 더욱 多樣하다. 다 같은 힘의 文化라고 하여도 文明國과 野蠻國은 현격한 差異가 나는데 道德禮義가 있는 文明王道國의 힘의 文化는 知識과 德性과 勇氣를 俱備하여 廣大하면서도 財貨를 浪費하지 아니하고, 繁華하면서도 民衆을 괴롭히지 아니하며, 强健하면서도 교만하지 아니하여 그 文化는 마침내 人類의 빛이요, 民衆의 希望으로 崇仰받게 되는데, 野蠻覇權國은 그렇지 못하고 오직 힘만을 誇示하려는데 그치니 巨大한 것이 곧 民衆의 膏血을 收奪한 財貨의 浪費요, 繁盛한 것이 곧 戰慄에 떨게 하는 사나운 것이라 겉모양은 비록 크지만 그 속에는 詛呪로 가득할 뿐이다.

또한 다 같은 멋의 文化라고 하여도 開放社會와 閉鎖社會는 顯著한 간격이 있다. 人間의 自律意志가 尊重되는 開放社會의 멋의 文化는 禮節로서 制度를 세우고 數理로서 度量을 헤아려 活發한 人間關係와 自然과의 調和 및 天命에 順應하는 公明誠實한 멋을 갖추어 힘을 蓄積하고 솜씨를 다듬는 반면에 統制社會에서는 劃一的인 同化의 틀 속에서 新奇怪辟한 것이 멋지게 보이므로 歲月이 흐를수록 國俗이 退敗하고 被動的인 惰性에 젖어 安逸과 快樂만을 추구하므로 괴상야릇한 것만을 量産하게 된다.

끝으로 다 같은 넋의 文化라고 하여도 선비와 小人은 따르다. 보는 바가 넓고 속이 트인 선비는 世上運勢를 達觀하여 困窮할수록 더욱 단단하며 뜻을 깊이 감추고 傳統을 지키며 때를 기다릴 줄 알아 한번 말하고 한번 움직임에 하늘을 感動하고 神靈을 감격케 하여 天下의 共感을 받아서 마침내 救援을 얻거나 壯烈하게 한 몸을 희생하고 넋을 남겨 節義를 세우는 반면 하는 것이 없고 생각이 좁은 小人은 不安과 恐怖와 絶望 속에 現實을

外面하고 은둔자폐하여 하늘을 怨望하고 사람을 허물하며 넋두리를 하거나 괴로움을 참지 못하여 變節하므로서 苟命徒生의 길을 걸어 恨嘆을 거듭한다. 선비의 넋은 비록 죽어도 살아 있는 넋이라 반드시 끝이 있으나 小人의 넋은 마침내 迷夢을 벗어나지 못하니 再生力이 없는 것이다.

文化의 一般的인 構造는 이와 같은 定型이 人類歷史에 反復되고 있다고 크게 나누어 볼 수 있는 것이다. 결국 豪放膽大한 文學, 藝術 등의 作品은 힘 있는 社會 또는 힘이 넘치는 個人에 의하여 創作된 것이요, 精巧周密한 文學, 藝術 등의 作品은 安定된 社會나 操心謹勤한 個人에 의하여 이룩된 것이며, 悲痛悽絶한 文學 藝術 등의 作品은 怨恨의 社會나 또는 怨痛한 個人에 의하여 만들어진 것이다.

3. 韓國傳統文化의 特徵

우리나라는 아름다운 氣候風土와 檀君의 가르침에 의하여 끊임없이 힘센 나라를 세우고 멋있는 가정을 꾸미며 넋 있는 사람이 되려는 노력과 연구를 그치지 아니 하였다.

古朝鮮 이래로 우리 民族은 한번도 文化創造의 주체적 機能을 完全히 暴棄하거나 또는 民族保存의 精氣를 喪失한 적이 없었다. 한민족의 發祥地인 滿州의 古境에 있을 때에는 그 氣像이 雄健活達하여 어떠한 危險이나 苦難도 두려워함이 없이 剛堅한 意志를 四方에 펼쳐 그 領土를 寒帶地方에까지 넓히고 生活의 터전을 廣闊하게 개척하여 山岳의 密林 속이나 海上의 風浪위에 까지 舟車와 足迹이 미치지 않은 곳이 없었다.

檀君은 애당초 黑水와 白山 사이에다가 神市를 建設하고 朝鮮 王國을 開國하였으니 그 天下가 北海, 東海, 南海 西海의 四海에 이르렀고, 天性의 德을 밝혀 때를 따르고 民心에 順應하여 억지로 함이 없는 自然의 政治를 베풀어 앉아서 世界를 安定하였으며, 玄妙하게 道를 스스로 깨달아 만나서 教化하여 함께 사는 眞理를 가르침에 문을 닫아걸고 香을 피우며 敬虔하게 潛心하여 몸과 마음을 닦는 修養方法을 敎示함으로서 마침내 郎徒들로 하여금 精神을 淸明하게 기르고 知覺을 明哲하게 개발하여 事理에 融會貫通하도록 하였다.

그러므로 우리 民族은 古代로 부터 가장 合理的인 田地開墾法·養蠶衣裳法·飲食調理法·宮室建築法·醫藥卜筮法·書契數理法·刀劍弓矢法·調律彩色法 등등을 獨創的으로 創制發展시켜 왔던 것이다. 더욱이 豁達한 度量은 나와 남을 가리지 않고 안과 밖을 따지지 아니하여 活潑하게 外交를 展開함으로서 外國의 文物을 迅速하게 導入하고 더욱 改良發達시킴으로서 世界文化의 進度와 발맞추어 나아가 홀로 뒤 떨어진 일이 없었다.

일찍이 箕子의 洪範思想을 직접 受容하여 土地制度를 改革하였을 뿐만 아니라 나라가 비록 夫餘와 馬韓, 辰韓, 弁韓 등 七十餘個國으로 나누어 졌을 때에도 往來를 그친 일이 없었고 高句麗와 百濟, 新羅 때에는 儒教와 佛教, 道教를 모두 輸入하여 우리 民族社會의 固有한 檀君思想과 葛藤없이 溶解시키어 土着化하였다. 비단 新羅의 國仙이나 花郎徒 뿐만 아니라 高句麗와 百濟에서도 國師 仙郎 선비를 길러서 歷史的으로 國家를 興隆케 하였던 開國始祖나 外敵을 물리친 將相은 물론이요 家門을 어여쁘게 빛낸 孝子烈女 및 超人的인 肉體와 精神을 鍛鍊한 사나이 狹客을 欽慕敬愛하지 아니한바가 없었으므로 어려서는 누구나

千里를 멀다고 아니하고 스승을 찾아 나섰고, 자라서는 또한 생명을 돌보지 않고 道를 따라 實踐하였다. 그러므로 高句麗는 滿州의 古土를 收復統一 하였고 百濟는 日本에 千字文과 論語 등의 文字, 文化를 傳達하여 주었으며 新羅는 唐나라의 野慾을 꺾어버렸다.

新羅가 三國을 統合한 다음에는 國土가 한半島 안으로 局限됨으로서 民族의 自主文化를 正統으로 繼承하여 옛날과 같은 힘의 文化는 비록 이룩하지 못하였으나 安定社會를 바탕으로 合理的인 調和의 美를 獨創하였던 것이다.

하나의 큰 것 보다는 여러 개의 多樣한 것을 찾고 겉으로 나타난 힘 보다는 속으로 감추어진 德을 길러 生活의 律動을 重視하는 멋의 文化를 탄생시키었다. 制度의 多樣化와 文物의 周密化는 결국 文化發展의 必須的인 過程이라고 하겠지만 本質的으로 對外的인 强力한 矛盾 속에서 힘을 밖으로 發揮하지 못한 멋의 文化는 原則的으로 技巧나 修飾에 주로 의지하게 되어 버린다. 따라서 初期의 新鮮한 律動은 점차 規格化, 模型化 되어 退色하기 마련이다.

한民族은 멋의 本質까지도 能動的으로 바꾸어 가면서 構築하여 그 新鮮味를 維持하는 大眼目이 있었으니 新羅文化의 멋은 視聽의 文彩에 있었고, 高麗와 渤海 文化의 멋은 心靈의 성실에 있었고, 朝群王朝文化의 멋은 手足의 端雅에 있었다. 統一新羅의 文彩를 重視하는 華靡한 멋의 文化가 形式化로 轉落되었을 때에 高麗는 이를 改革하여 마음속의 眞實을 重視하는 誠實의 멋을 밝혀서 눈과 귀의 멋으로부터 마음과 情感의 멋으로 한층 深化시키었다. 이것은 밖에서 안으로 들어오는 멋의 本質을 돌이켜 속에서 밖으로 나아가는 멋의 性格으로 바꾸어 놓은 것이다.

朝鮮王朝는 虛構的이고 妄想化 되어 가는 高麗朝의 마음과 情感의 멋을 바로잡아 손과 발의 行動하는 멋으로 바꾸었으니 곧 質朴을 重視하는 端雅한 멋을 다시 개척하였다. 이것은 생각만 하는 知性의 美를 발전시켜 손과 발의 行動으로 實踐하는 멋의 槪念으로 發展시킨 것이라고 할 것이다.

우리나라는 이와 같이 客觀的으로 보는 멋을 主觀的으로 생각하는 멋으로 昇化시킬 줄을 알았을 뿐만 아니라 主觀的으로 생각하는 멋을 主體的으로 實踐하는 멋으로 發展시킬 줄을 알았으니 舊態依然한 것을 墨守固執하는 陳腐한 文化의 나라가 아니라 時代에 따라서 換然히 一新變化 시키는 淸新한 文化意識을 發達시켜온 겨레이다.

이것은 最善을 探求하는 대안목이 열리고 中和를 推求하는 心性을 確然히 깨달으며, 마땅함을 헤아리는 손발이 있어야만 찾아낼 수 있는 中庸의 文化이다.

눈과 귀의 멋은 自然과의 調和에 있고, 마음과 情感의 멋은 사람과의 調和에 있으며 손과 발의 멋은 能力과의 調和에 있다. 곧 正確한 象數가 아니면 自然의 멋을 만들 수 없으니 지금도 남아 있는 瞻星臺나 石窟庵, 多寶塔 등은 新羅文化의 華麗한 標本的 特質이요, 至極한 精誠이 아니면 人間의 멋을 이룩할 수 없으니 지금도 남아 있는 靑磁나 八萬大藏經 등은 高麗文化의 精誠스러운 標本的 特質이며, 明哲한 分數가 아니면 行動의 멋을 가꿀 수 없으니 지금 남아 있는 韓屋과 朝鮮王朝實錄, 冠婚喪祭禮, 墳墓碑 등은 朝鮮文化의 標本的 特質이라고 할 것이다.

世界文化의 一般的인 潮流는 뜻을 얻어 힘 있는 文化를 建設할 때에는 대부분 피지배자를 壓迫하여 膏血을 略奮하고 征服民을 虐待하여 勞役에 충당하여서 이룩된 支配者의 榮華를 象徵하는 文化構造일 뿐이다. 따라서 비록 그 構造가 巨大하다고 하여도 그 文化性格은 아주 보잘것없는 것이지만 우리의 歷史에는 힘을 갖추고도 항상 禮義와 道德을 崇尙하여 힘의 文化라고 하여도 人類의 善德과 自然의 公理에 違背되는 構築物이 없었고, 또한 멋의 文化라고 하여도 天命의 尊嚴과 民衆의 公論을 逆行한 制度를 强行함이 없었다.

이러한 文化의 底力은 近世에 와서 帝國主義列强의 植民策略 때문에 한 때나마 國權을 잃은 倭政 아래에서 우리 겨레는 또다시 넋의 文化를 일으켜 恨 많은 恥辱의 삶 속에서도 自暴自棄하는 일이 없이 人類의 種子를 保存하고 禮義의 文化를 守護하기 위하여 義兵抗爭을 계속 하고 國祖 檀君을 더욱 崇慕하는 宗敎를 크게 일으키며 傳統風俗을 固守하였으니 눈물 속에 恨을 어리고, 피 속에 넋을 뿌리면서 나라 안팎에서 倭賊을 討滅하고 祖國의 光復을 찾기 위한 運動을 그침이 없었던 것이다.

人間이 견딜 수 없는 極限狀況에서 넋두리라도 할 줄을 모른다면 禽獸만도 못할 것이라고 할지나 그러한 때에 우리 民族의 氣魄은 매우 꿋꿋하여 오직 暴力 앞에 壓殺 당할지언정 그 넋이야 꺾인 일이 없었던 것이다.

이 氣魄이 넋의 文化를 개척하였던 것이니 現實을 批判하고 過去를 뒤돌아보며 未來에 대한 希望을 確信하는 達觀 속에서 一切을 忍耐自制하는 文化가 이룩되었던 것이다. 暴惡이 極度에 이르면 반드시 天罰이 있는 것이요, 意氣가 衝天하면 모름지기 神靈이 感動하는 것이라 怨痛한 恨으로 맺힌 넋의 文化는 반드시 힘의 文化로 昇化되고 마는 것이 우리 文化史의 實證이다.

우리 겨레는 暴惡無道한 侵略支配者의 壓迫으로부터 언제나 다시 自立하여 主權을 찾았으니 예로부터 한때나마 侵入하였던

衛滿, 漢四郡, 胡元, 蠻淸, 島夷들이 더럽혔던 野蠻들의 흔적을 靑邱江山에서 하나도 남김없이 깨끗이 掃淸하여 버렸던 것은 우리의 자랑이 아닐 수 없는 東邦禮義文化의 特徵이었다.

　결국 古朝鮮의 人類世界를 建設하려는 雄渾한 精神哲學은 意志의 힘으로 세운 文化요, 新羅의 自然美를 探求하는 솔거의 그림이나 백결의 방아타령 및 鄕歌 등은 귀와 눈의 멋의 極致라고 할 것이요, 高麗의 心性美를 推求하는 詩, 別曲, 時調 등의 詩文學은 마음과 情分의 멋을 表現하는 極致라고 할 것이며, 朝鮮王朝의 人格美를 探索하는 靜庵, 花潭, 退溪, 栗谷, 尤庵 등의 道學文章은 智異山처럼 무거운 발과 맵시 있는 손의 멋을 다듬는 極致라고 할 것이다. 힘의 文化의 純全性과 멋의 文化의 周密性과 넋의 文化의 强靭性은 人類文化史에 다시 찾아 볼 수 없는 偉大한 文化傳統이라고 할 것이다.

4. 새 시대 文化暢達의 길

　새로운 時代는 새로운 意識을 일깨우고 새로운 意識은 새로운 價値를 創造한다. 우리는 乙酉光復으로 國權을 回復하였으나 領土가 韓半島 안으로 限定된데다가 그 國土마저 分斷되었는데 中原은 巨大하게 安定이 되었고 日本은 다시 成長 하였으며 世界最强의 美國과 蘇聯은 우리와 直接關係 속에 놓여 있다.

　周邊의 巨大한 힘을 意識할 때에 스스로 意氣가 銷沈하여지고, 6·25變亂으로 얼룩진 同族相殘의 傷處는 사는 것이 오히려 苦痛이었으니 半萬年의 文化史가 도리어 짐이 되었고 新生의 獨立國이 짐짓 不安하였다. 이 땅에 일찍이 보지 못하였던 이와 같은 混亂의 소용돌이 속에서는 힘의 文化를 創設하기에는 아직 虛構였고, 멋의 文化를 建立하기에는 눈앞에 眩氣를 일으켰으며, 넋의 文化를 凝結하기에는 이미 徒勞였다. 虛構的인 힘은 웃음거리요, 眩氣나는 멋은 구역질이요, 徒勞의 넋은 안타까움이다.

國家에 大小는 없고, 民族에 優劣은 없다. 나라를 繁榮시키는 것은 內治와 外交에 있는 것이지 土地의 廣狹에만 있는 것이 아니며, 國家의 主權을 지키는 것은 軍隊의 精銳에 있는 것이지 民衆의 多寡에만 있는 것은 아니며, 民度를 높이는 것은 教育과 風俗에 있는 것이지 先天的 特惠에 있는 것이 아니며, 항차 오늘 날의 國力은 科學技術에 있는 것이요, 天然의 資源에만 의지할 수 없는 時代이다.

사람이 사는 意味가 깊을수록 좋다면 悠久한 歷史와 傳統은 우리에게 한없는 삶의 意味를 줄 것이요, 사람이 사는 길이 쉬울수록 좋다면 新生의 孤單한 運命은 우리에게 거칠 것이 없는 삶의 手段을 줄 것이며, 사람이 하는 일에 보람이 클수록 좋은 것이라면 分斷된 國土나 不安한 現實은 우리에게 祖國을 統一하는 聖業과 國家를 復興하는 榮光에 參與할 수 있는 것이니 精神을 收拾하여 뜻을 세우고 憤發한다면 저절로 神明이 나고 힘이 솟을 것이다.

主人文化는 自己가 宇宙의 經營主라는 主體意識이 있는 社會에서 創造되고 奴隷文化는 사람은 宇宙의 被造物이라는 運命觀念이 깔린 社會에서 造成된다.

한 겨레가 5000년에 걸쳐 極東에 建設한 主人文化의 遺産은 아직도 이 땅에 혼연하다. 純全함을 이룩하려는 힘찬 意志, 聰明한 귀와 눈, 人情이 넘친 心性, 能通한 手足, 感慨한 넋이 完備된 우리 國民은 오늘날처럼 어려운 逆境을 가장 슬기롭게 打開

하여 나아가고 있는바 당장 動機의 純粹性과 方法의 一貫性 및 結果의 完全性을 모두 다 갖추는 데는 아직 이르다고 하겠다.

動機를 重視한 나머지 그 動機가 結果를 合理化 시키는데 이르면 實效가 없고, 方法을 重視한 나머지 그 方法에 얽매여 目的을 度外視하는데 이르면 쓸데없는 짓이 된다. 實事適用만이 벅찬 課業을 迅速하게 達成할 수 있는 것이다. 온전한 結實을 얻지 못하며 現在에 實用性이 없는 文化는 마침내 歲月만 虛送하고 國力만 浪費하는 幻想的 徒勞에 지나지 않을 것이다.

現在 우리에게 벗어나지 못할 굴레는 없으므로 부질없이 넋두리나 하고 있을 狀況은 아니라고 할 것이다. 新生獨立國民으로서 앞으로 힘의 文化를 세우기 위하여 이제는 눈앞에 現實을 能爛하게 調節하여 시급히 安定된 멋의 文化를 이룩하여야 될 때이다. 멋의 文化를 이룩하기 위하여 嶄新한 變易을 主導 할 수 있는 知慧와 冒險을 무릅쓸 수 있는 勇斷이 있어야 된다. 安定을 추구하는 나머지 意識이 굳어져 버리면 시들어 滅亡하게 될 것이요, 제멋에 陶醉되어 創造精神이 사라질 때 迷路에 빠져 방황할 것이다. 能手能變한 솜씨만이 生氣潑剌한 멋의 文化를 創造하고 힘을 蓄積하여 크게 發展할 수 있다.

人文科學은 人間의 內部構造를 남김없이 밝혀 사람의 無限한 能力을 開發하고, 自然科學은 事物의 本質을 남김없이 硏究하여 文明의 無窮한 發展을 이룩하고, 社會科學은 人間의 善德과 自然의 公理를 빠짐없이 綜合하여 光大公明한 世界를 열어주어야 할 것인바 오늘 우리 社會에 旣存한 哲學 文學 藝術 宗敎 등은 僥倖이나 呪文의 逃避에서 벗어나 超人的 能力을 啓發하는 修練으로 昇化되어야 할 것이요, 科學 技術 등은 模倣이나 輸入의 便法에서 벗어나 獨創的 發明을 崇尙하는 實驗으로 向上되어야 할 것이

며, 政治經濟 外交 軍事는 固陋한 我執과 獨斷에서 벗어나 天理
에 順應하고 民心에 調和하는 體制로 發展 되어야 할 것이다.

閉鎖社會에서 開放社會에로, 模倣文明에서 發見文明으로, 限界
能力에서 無限能力으로 變化시키지 아니 하고서는 弱少國家가
强大國家사이에서 悠久한 將來를 保障 받을 수 있는 길은 없을
것이다. 宗敎의 敎理라든가 歷史의 史觀이라던가 또는 學術의 風
潮 등에 얽어 매여 國力을 培養하는 目標를 喪失한다면 이거야
말로 奴隸文化를 移植하는 愚昧群像의 생떼라고 할 것이다. 主體
性이 있는 多樣化는 調和를 新鮮하게 하지만 主體性을 喪失한
雜多化는 腐敗요 混亂이다. 따라서 끝끝내 同化할 수 없는 異質
思潮는 時代의 異端이요 社會의 矛盾이 될 뿐이다.

넓고 두텁게 包容하는 우리 傳統文化의 底力은 이미 東西南北
의 各種學術思想을 빠짐없이 受容하였다. 더욱 부지런히 韓國의
風土 속에 發展시켜 뿌리를 내리어 모두 함께 발맞추어 힘센 나
라를 세우고 멋들어진 家庭을 꾸미며 氣魄이 있는 人格을 다듬
는데 충분한 寄與를 다하여야 될 것이다. 知慧와 仁愛와 勇氣를
갈고 닦아 적은 分野일수록 더욱 精密하고, 큰 分野일수록 더욱
廣大하여 徹上徹下하여 周流貫通하는 輝光燦爛한 現代文化를 創
造하는 것은 바로 우리의 誠意와 努力에 달려 있는 것임을 銘心
할진대 名利에 燥急하거나 小成에 滿足하여서는 아니 될 것이다.

오늘날 政治社會의 大病은 能力이 制度에 묶이어 버리고, 公德
이 私欲을 이기지 못하는데 있다. 制度의 法網 속에 創意는 사라
지고, 私欲의 熱望 앞에 外勢에 屈服하면 어떻게 永遠不朽한 人道
文化를 이룩할 수 있겠는가! 당할 자가 없는 郎徒의 武藝나 따를
자가 없는 선비의 文藝가 모두 타고난 能力을 마음껏 發揮할 수
있고 公德이 앞선 氣風 가운데서만 꽃을 피웠던 歷史的 事實을 認

識하여야 될 것이다.

恐怖를 지나치게 意識하여 安定을 못 찾으면 自滅로 轉落한다. 現在의 情勢가 不安하면 不安 할수록 冷徹한 理性으로 沈着하게 安定을 이룩해야 되며, 民主時代의 새로운 文化建設에 대한 希望이 높으면 높을수록 그 文化暢達의 길은 더욱 着實하여야 될 것이다.

新生獨立民主國家의 文化理念은 新鮮하고 躍動하며 自律的인 힘과 멋을 갖추어야 할 것이니 그러한 理念을 具現하기 위하여 人類의 善德과 自然의 公理에 더욱 철저해야 할 것이다.

文化의 主體는 사람이요, 사람이 文化를 創造하는 것이다. 그러므로 어떠한 사람이 創造하였느냐가 그 文化의 水準이 된다.

사람은 착한 마음씨가 있다. 사람은 누구나 태어날 때 하늘로부터 받은 固有한 마음씨(性)가 있어서 사람이 말미암아 살아가는 바이다.

마음(心)은 사람이 한 몸을 主體하는 原理로서 착한 마음씨(性理)를 모두 갖추고 있으니 하늘이 한없이 커도 마음씨는 그 全部를 받은 까닭으로 사람의 本性도 그 實體가 넓고 막힘이 없어서 또한 한량이 없다. 오직 氣質의 私心에 얽히고, 아는 것이 적은데 막히면 본심을 가리고 다하지 못한 바가 있게 된다.

사람이 日用事物을 接함에 이치를 窮究하고 깊이 생각하여 남김없이 會通貫徹하면 그 本然의 實體를 온전히 간직할 수 있는 바 이렇게 되면 人間의 德性과 하늘의 天理가 모두 그 가운데 있는 것이다.

나의 浩然한 氣는 곧 天地의 正氣이며, 나의 中和한 마음은 곧 天地의 마음으로서 이는 絶對普遍的 善德의 實體요, 自然節中한 善德의 作用이다. 그러므로 사람이 생각을 성실히 하거나 행

동을 戒愼하여 이 固有한 善德을 온전히 發揮하지 않으면 高度
의 文化社會를 건설할 수가 없다.

絶對普遍的인 善의 實體는 實理의 誠으로서 知, 仁, 勇을 모두
갖추어 剛健, 中正, 純粹한 精蘊으로 天地의 公理에 밝지 아니함
이 없으며 天下의 萬物을 사랑하지 아니함이 없으며, 天下의 萬
物을 包含하지 아니함이 없어서 안팎을 統合하고 物我를 함께
成就하는 眞實無妄하고 永遠絶對의 善이다.

이와 같이 萬物이 나에게 갖추어 있어도 氣質이 濁駁하고 學問
이 淺薄하면 思慮分別이 온전하지 못하여 公理와 私欲을 분간하
는데 어두워져서 마침내 好惡의 感情이 그 基準을 喪失하게 된다.
그러나 사람에게는 끝까지 消滅하지 아니한 한줄기 人間性이 있
으니 마침내 惻隱慈愛의 情이 없을 수 없는 것이다. 이것이 또한
한줄기 善의 실마리이니 이를 붙잡아 擴充하여 實事에서 때와 장
소와 분수에 알맞게 調節하면 착한 人間味를 찾을 수 있다.

사랑의 感情에 充實하고 사랑의 意識에 正直하는 것이 바로
善의 作用이므로 父子, 君臣, 夫婦, 長幼, 朋友의 모든 人間關係
에서 이것을 바탕으로 하여야 된다. 孝悌忠信의 人間事가 본래
사랑을 源泉으로 하는 까닭에 惻隱慈愛의 人情味가 메마른 文化
는 驕慢, 醜惡, 亂暴하고 만다.

善德의 實體인 誠이 아니면 德性스럽고 氣像있고 體系있는 不
朽한 文化를 建設할 수 없고 善德의 作用인 愛가 아니면 人情이
넘치고 활발하고 分別있는 빛난 文化를 建設할 수 없다. 文化는
天賦의 自然資源을 利用하여 創造한다. 그러므로 文明이 그 尺度
가 된다. 事物에는 반드시 法則이 있다. 現象의 世界는 本體의
眞理가 갖추어 있으므로 事物의 表象은 곧 眞理의 實現이다. 따
라서 事物의 本質構造를 明確히 밝히지 못할 때 虛妄을 眞實로

誤認하고, 夢昧를 明覺으로 錯覺하여, 邪妄에 빠지고, 盲信에 떨어져, 마침내 眞理를 외면하며, 放縱을 恣行한다.

事物의 實理를 남김없이 推究하여 天下의 正理를 밝혀야만 自然事物을 바르게 利用하여 神秘로운 文化를 建設할 수 있다. 理란 形而上의 眞實인바, 저 理의 絶對的 普遍原理를 바른(正) 命이라고 하며, 이 理의 具體的 分殊原理를 온전(中)한 性이라고 하는바, 事物個體가 現在性分의 自然律과 使命의 當爲律을 따라 가는 것을 정(定)해진 道라고 한다. 따라서 公理의 槪念은 天地共通의 正理인 命과 事物自體의 온전한 實理인 性과 個體當爲의 定理인 道를 모두 統攝한다.

命에는 生成消滅의 數가 있고, 性에는 仁義禮智의 常이 있으며, 道에는 元亨利貞의 則이 있는 바 이 세 가지 槪念 가운데 한 가지라도 빠지면 完全한 公理라고 할 수 없다.

첫째, 萬物은 모두 각각 固有한 存在關係(本末, 上下, 內外, 前後, 左右)가 있는 바 이 構造가운데서 存在하는 한 그 生成消滅의 限界를 전혀 벗어날 수 없는 까닭에 이를 命이라고 하는 것이요, 동시에 이 관계를 두루 均齊方正하게 끝까지 維持하는 것을 바른 命이라고 한다.

둘째, 萬物은 모두 각각 本有한 生成能力(大小, 多少, 長短, 輕重, 剛弱)이 있는 바 이 原質로서 生存하는 한, 그 智覺運動의 實存이 갖추어 있는데 이를 性이라 하는 것이요, 이 實理를 모두 完全充實하게 存養하는 것을 온전한 性이라고 한다.

셋째, 萬物은 모두 각각 自有한 發展法則이 있는바 크게 나누어 天道의 陰陽法則과 地道의 剛柔法則과 人道의 仁義法則이 있다. 天地의 道는 盡性至命하는 自然의 道로서 動靜, 變化, 合散, 盈虛, 消息하는 循環變易의 法則이 스스로 있는데 이것을 또한

天理라고도 하는 바이다. 그러나 人間社會의 道는 天理를 따를 뿐만 아니라 人心까지도 順應하여야 되는 까닭에 自然의 道를 바탕으로 公私, 正邪, 善惡, 是非, 利害의 一定不變의 法則인 人道를 定立하여야 된다. 天道의 自然變化는 晝夜反復, 寒暑交代처럼 비록 好惡, 美醜는 있을지언정 서로 待對的인 連續繼起하는 單元 속에 있으므로 그 價值의 優劣을 明確히 分別할 수는 없는 것이다. 그러나 人道의 當然法則은 吉凶禍福이 전혀 相反하므로 그 價値가 또한 矛盾된다.

仁과 不仁, 義와 不義, 禮와 非禮, 智와 無智는 그 價値가 전혀 相反할 뿐만 아니라 現實社會의 發展에는 矛盾的으로 作用한다. 그러므로 때와 장소와 신분에 따라 반드시 정해진 길이 있는 까닭에 사람은 天道와 人道를 함께 밝혀야만 完全한 길을 찾을 수 있다.

自然科學은 萬物의 象數를 硏究하여 天下의 바른 命을 밝히고, 人文科學은 人間의 心性을 硏究하여 人類의 온전한 性을 밝히며, 社會科學은 事業의 價値를 硏究하여 社會의 정해진 道를 밝혀 全體的으로 公明正大한 公理를 完成하여야만 가장 高明하고 廣大하며 悠久한 文化理念을 樹立할 수 있을 것이다. 우리 민족의 힘차고 멋있는 사나이 精神과 氣質을 갈고 닦으면 어찌 저와 같은 理想을 實現하지 못하겠는가!

Ⅱ. 단군문화

檀 君 思 想

金 顯 瑒
(동양문화연구소 부소장)

1. 서 론

檀君은 위대한 政治家이기도 하였지만 또한 宗敎·思想家로서도 뛰어난 人物이었다. 檀君을 出發點으로 하는 宗敎를 古朝鮮에서는 蘇塗敎(소도교)라 하였다. 이 蘇塗敎는 當時 滿州 뿐만 아니라 中國에서도 커다란 影響力을 가졌던 것으로 보인다. 여하튼 이 蘇塗敎는 부여에서는 代天敎, 三韓에서는 天神敎, 신라에서는 崇天敎, 혹은 風流敎, 고구려에서는 敬天敎, 발해에서는 眞宗敎, 고려에서는 王儉敎(檀君敎), 滿州에서는 主神敎, 遼와 金에서는 拜天敎, 朝鮮에서는 檀君敎, 大倧敎, 現在에는 大倧敎로써 그 代를 이어가고 있다.

이렇게 유구한 세월을 거쳐 傳해 내려온 檀君의 宗敎는 現在 大倧敎의 信徒數가 全國 50餘 敎堂에 30만이고, 또 檀君을 모시는 宗敎로서 한얼교는 全國 137個 敎堂에 425,975名의 信徒를 가지고 있다. 한편 宗敎的 次元이 아닌 政治的, 思想的 혹은 國祖로서의 檀君을 모시는 團體로는 이희승 博士가 주재하는 顯正會가 있고, 사단법인으로는 檀君精神宣揚會가 있고, 또 弘益人間學會가 있으며 오늘날에는 10月 3日을 開天節로 하여 檀君의 開國을 국가적으로 崇拜하고 있다.

이렇게 4千年이나 흐른 오늘날까지 檀君의 思想이 유유히 이어져 오고 있는 데에 對하여 우리는 檀君의 政治思想은 勿論 그의 宗敎, 哲學思想에 關한 궁금증을 갖지 않을 수가 없다. 그 다양한 이름이지만 긴 세월을 극복하고 그 勢力이 오히려 上昇하고 있는 檀君의 진면목은 과연 무엇인가?

2. 檀君思想의 背景이 되는 經典

檀君의 政治·社會的 側面의 經典으로는 參佺戒經과 八條之敎(聖經)를 들 수 있고, 宗敎思想의 經典으로는 天符經과 三一神誥가 있다.1) 天符經은 宇宙觀을 기록하였고 三一神誥는 百姓敎化를 目的으로 한 眞理觀을 기록한 冊이다. 그러면 먼저 百姓敎化書인 三一神誥를 검토하여 보고, 後에 檀君思想의 核을 이룬다고 볼 수 있는 天符經을 다룸으로써 天符經이 우리 한국사상에 최초의 思想的 礎石이라는 點에서 그것이 갖는 國家的 重要性을 論하고, 그들의 內容이 갖는 思想的 意義가 무엇인가를 검토하여 본다.

◆ 三一神誥

三一神誥는 檀君의 말씀으로 太白山 報本檀의 石室 內에서 寶藏되었던 石刻原文에 渤海高王 大祚榮이 贊文을 쓰고 그 아우 大野

---

1) 天符經과 三一神誥에 關한 고증은 宋鎬洙 著 韓民族의 백의사상, 民族文化研究所 刊. 1983, 서울 參照

渤先生의 序文이 附記되어 있는 大倧敎(檀君敎) 代代의 經典이다.

本經典은 天訓一節, 神訓一節, 天宮訓一節, 世界訓一節과 眞理訓四節로 總 八節 三百六十六字로 되어 있다.

本經典은 百姓敎化의 지침이 되었던 經典이다. 本經은 檀君思想 中 特히 天神과 人間과의 關係 및 人間의 眞面目이 무엇인가를 말해 주고 있다. 同時에 人間의 本質과 人間이 걸어야 할 길이 제시되어 있다. 여기서는 同經典 卽 檀君의 가르침이 무엇이었는가를 各 訓의 解釋과 아울러 說明하기로 한다.

1) 天訓: 檀君께서 臣下인 원보 팽우에게 말씀하시되―푸르고 푸른 것이 하늘이 아니며 검고 검은 것이 하늘이 아니니라. 시작과 끝이 없으며, 上下와 四方이 없으며, 비고 빈 가운데 비임 없이 비었고, 있음 없이 있으며 어느 것 하나 포용하지 않음이 없느니라.[2]

2) 神訓: 神은 더 이상 높을 수 없는 윗자리에 계시며, 큰 德과 큰 智慧와 큰 힘으로써 하늘을 만드시고, 無量世界를 主宰하시며, 造化로서 萬物을 만드시니, 티끌만큼도 빠진 것이 없으며, 맑고 밝고 신령하여 이름과 수량으로도 감히 헤아릴 수 없는 것이다. 큰 소리로 정성스럽게 기구하면 끊어지는 자리에서 神을 親見할 수 있느니라. 또 스스로의 性品으로부터 그를 찾으면 하늘로부터 강림하느니라.[3]

---

2) 帝曰元輔彭虞蒼蒼非天玄玄非天天無形質無端倪無上下四方虛虛空空無不在無不容

3) 神在無上一位有大德大慧大力生天主無數世界造牲牲物纖塵無漏昭昭靈靈不敢名量聲氣願禱絶親見自性求子降在爾腦

3) 天宮訓: 하늘은 神이 계신 나라이다. 하늘에 宮이 있으며, 이 宮은 많은 善으로 계단이 만들어져 있고, 많은 德으로 그 문이 만들어져 있으니, 여기가 바로 神이 계시는 곳이다. 또한 많은 영령스런 哲人들은 神을 지키고 모시느니라. 이 宮은 크게 상서로우며, 大光明處니라. 오직 本性을 통달하여 人格을 完成한 者라야 永遠한 快樂을 얻을 수 있으니라.4)

4) 世界訓: 너희들은 한량없이 펼쳐진 저 별들을 보아라. 그 數가 끝이 없고 大小, 明暗과 苦樂이 同一치 않느니라. 神이 여러 世界를 만드시고 세계의 使者로 하여금 七百 世界를 나누어 주시니, 너희 땅이 크다고 하나 조그만 世界에 不過하니라. 땅 한가운데에서 불이 일어나 뒤집히면서 바다가 되고, 또 땅이 되어 눈으로 볼 수 있는 모습이 되었느니라.

神이 입김을 불어 낮은 곳을 싸시고 太陽의 빛과 熱로 쪼이니, 걷고, 날고, 헤엄치고, 자라나는 온갖 生物들이 번식하느니라.5)

5) 眞理訓: (眞理圖 參照)

사람과 萬物은 天神으로부터 同等하게 세 가지 眞理를 받으니, 그것이 곧, 性(성품)과 命(生命)과 精(정기)이다. 진정한 성품에는 善과 惡이 따로 없는 것이며 진정한 命에는 맑고 흐림이 없고, 진정한 정에는 두터움도 엷음도 없는 것이다.

人間은 태어날 때부터 心과 氣와 身을 부여받는다. 心은 性品

---

4) 天神國有天宮階萬善門萬德一神攸群靈諸哲護待大吉祥大光明處惟性通功完者朝永得快樂

5) 爾觀森列星辰數無盡大小明暗苦樂不同一神造世界神勅日世界使者轄七百世界爾地自大一丸世界中火震海幻陸遷乃成見象神呵氣包底煦日色熱行翥化游栽物繁殖

에 따라 善하고 惡함이 없으니, 善하면 福이 되고 惡하면 禍가 된다. 氣는 命에 依하여 或은 맑게 或은 흐리게 되니, 맑으면 오래 살고, 흐리면 일찍 죽는다. 身은 精氣에 依持하는 것으로 厚薄이 있으니, 厚하면 貴하고 薄하면 賤하다. 그러니 모름지기 사람은 苦行과 修養을 쌓음으로써 마음을 善하게 하고, 氣를 맑게 하며, 몸을 厚하게 길들이도록 努力하여야 한다.

사람에게는 또한 感과 息과 觸이 있다. 感에는 기쁨과 두려움, 슬픔, 노여움, 탐욕, 염증이 따르고, 息에는 맑고, 흐리고, 차고, 덥고, 메마르고 습함이 있으며, 觸에는 소리, 색깔, 냄새, 맛, 음란, 맞닿음이 있다.

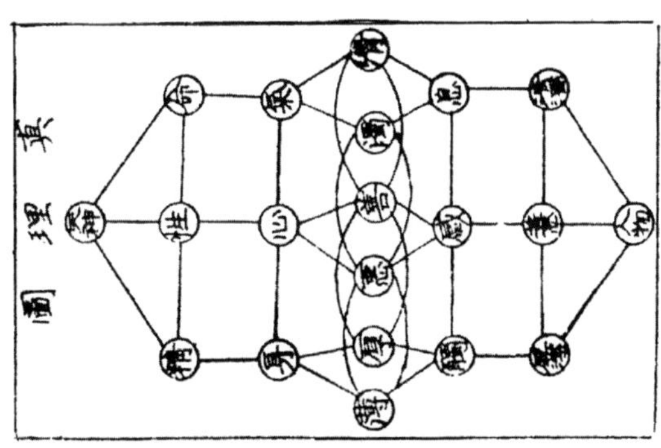

무릇 사람은 善惡, 淸濁, 厚薄이 엇갈려 있어서 生老病死의 고통을 당하지마는 賢哲은 感性을 고르게 하고, 호흡을 조절(調節)하며, 觸을 禁하여, 오로지 修行을 부지런히 함으로써 眞實된 本

性을 通達하여 自己完成을 하여야 한다.6)

◆ 三一神誥에 관한 評

三一神誥는 366字의 짧은 글로 구성되어 있음에도 檀君思想이 宗敎思想으로 發展할 수 있는 뛰어난 神學을 갖추고 있다. 三一神誥는 이미 본 바와 같이 四個訓으로 나누어져 있는바 天宮訓에서는 宇宙論을 說하고 있으며 世界訓에서는 地球生成論을 神訓에서는 神의 概念을 眞理訓에서는 倫理道德을 펴고 있다. 三一神誥의 특징은 다음 세 가지로 분류할 수 있겠다.

첫째, 神誥의 내용은 現代科學의 입장에서 관찰하여 보아도 추호의 모순점이 없으며 本經이 四千여년 前의 것임을 상기할 때 오히려 그 科學性에 놀라움을 금치 못한다.

둘째, 神誥에 나오는 神의 概念은 기독교적인 초월신의 면모를 갖추고 있으면서도 修道를 바탕으로 하는 儒佛仙의 특성도 갖추고 있다.

셋째, 檀君思想은 儒佛仙 기독교보다도 二千여년을 앞선 思想이면서도 眞理訓에서의 倫理道德의 가르침은 후자들의 道德律에 비교하여 손색이 없다는 점이다.

이로써 神誥는 檀君思想의 긴 歷史性과 그 우월성을 잘 말해

---

6) 人物同受三眞曰性命精人全之物偏之眞性無善惡上哲通眞命無淸濁中哲
　　知眞厚薄下哲保返眞一神
　　　　惟衆迷地三妄着根曰心氣身心依性有善惡善福惡禍氣依命有淸濁淸
　　壽濁身依精有厚薄厚貴薄賤
　　　　眞妄對作三塗曰感息觸轉成十八境感喜懼哀怒貪厭息芬殠寒熱震濕
　　觸聲色臭味淫抵
　　　　衆善惡淸濁厚薄相雜從境途任走墮生長肖病歿苦哲止感調息禁觸一
　　意化行返妄卽眞發大神機性通功完是

주고 있음을 알 수가 있는 것이다.

◈ 天符經

♦ 天符經의 發見

天符經은 桓雄으로부터 檀君이 물려받은 神書라고 봄이 타당
할 것이다. 그러나 檀君을 開國의 國祖로 볼 때, 우리는 이 經을
檀君의 것이라 할 수 있는 것이다. 처음에는 口傳에 古文字로
傳하여 왔고 當時에도 이 經의 어려움으로 해서 一般化가 되지
않은 것으로 보인다. 이 天符經에 對한 첫 기록으로 檀君의 長
子이며 古朝鮮帝國 第2대 王인 부루帝가 敬神官인 石子文으로
하여금 처음으로 天符經을 解說하게 한 것이 있었다.

崔致遠의 天符經 發見

當時 神誌纂이나 古代 碑文에 보이는 古子로 된 天符經을 신
라 학자 崔孤雲이 解字해서 太白山 某處에 刻字立碑하여 이를
鸞郞碑(鸞郞碑 序文은 三國史記 眞興王章에 포함되어 있다.)라
하였다.

檀奇古史에도 天符經에 對한 記錄이 실려 있는데, 이 記錄에
依하면 天符經은 檀君이 桓仁과 桓雄으로부터 傳하여 받은 것으
로 되어 있다. 檀奇古史는 발해국을 創建한 대조영의 親弟 大野
勃이 지은 冊으로, 고구려가 敗亡함에 檀君朝鮮에 대한 史書가
모두 소각되어 이를 再構成하고자 무려 13年에 걸쳐 資料 수집
차 터키를 두 번이나 往來 하였다고 한다.

그 뒤 朝鮮朝時代 卽 지금으로부터 300年 前에 지은 北崖者
揆園史話에서는 直接 天符經을 論하지는 않았으나, 崔孤雲의 鸞

郞碑 序文을 引用하고 있다.7)

그 후 1916年 桂延壽가 太白山의 石碑에서 天符經을 發見한 것이 現代 우리에게 傳하여진 것이다. 즉, 朝鮮王朝의 국운에 風雲이 감돌 때 太白山修道人인 桂延壽가 1916年 9月 9日에 發見한 것이다. 다음에는 그때의 發見하던 모습을 그의 便紙로 보기로 한다.8)

「採藥爲業하야 名山을 十餘年에 걸쳐 헤매던 中, 太白山에 들어가 人跡이 닿지 못할 험한 곳에 이르니, 石壁에 古刻이 있는지라 字劃이 分明하여, 보니 과연 天符神經이라 雙眼이 황홀하여 경배하고 읽어 보니 檀君의 寶經이라 이 얼마나 큰 기쁨인가! 孤雲 崔致遠 先生의 寄跡과 같아 心中에 만족하야 이를 얻음에 虛言은 하지 말아야 되겠음을 깨닫고, 道路를 確認하면서 山에서 물러나, 紙墨을 휴대하고 다시 入山하니, 前의 經過處를 찾지 못

---

7) 尹致道, 民族正史, 大聖文化社, 1971. pp.120-123란

8) 「……前略. 採藥爲業하야 雲遊各山十許年矣라가 昨秋에 入太白山하야 信步窮源에 行到人跡不到之處하니 澗上石壁에 若有古刻이라 手掃苔鮮하니 字劃分明에 果是天符神經이라 雙眼이 忽明에 拜敬謙하니 一以喜檀君天祖之寶經이요 一以喜弧雲先生之寄跡이라 心中에 充然하야 若有所得에 始覺吾師不發虛言하고 乃百步疊石하야 記其道路하고 歸携紙墨하야 更入山中하니 非復 前 日經過處라 東尋西覓에 暗禱山靈하야 三宿而始得하니 時出 九月 九日也라 繩搭一本하니 字甚模糊라 故로 更欲搭之하니 雲霧忽起라 乃間關而返山寺하야 終夜解釋호대 不得要領하니 自顧少 短學識에 老減聰明으로 無復硏鑽之道하고 但國誦而己矣러니 適有自京來人하야 說到京城에 有 檀君敎云耳라 聞甚欣然하야 意欲躬往이나 足跡이 齟齬하야 未得遂意하고 荏苒發春이라 路逢歸京人하야 玆以搭本을 獻上하오니 望須解釋經旨하야 開喩衆生則衆生이 必受福祿하고 敎運이 從此發興矣리라 爲貴敎賀之이오며 又聞 檀世에 有神志氏古字文하야 傳來于高麗云하니 惟求之하야 苦得之면 更當付呈爲計나 然이나 得之則 幸矣요 苦不得而 不送이라도 勿以無言으로 垂諒焉하라 爲祝誠心修道 丁已正月初十日(檀君敎復興經略, pp.23-26)

하야 四方으로 헤매다가 三日 밤을 지새고야 겨우 찾게 되니, 때는 9月 9日이라.

搭一本하니 그 字가 심히 모호하여 다시 搭을 하려하니, 구름이 일어나는지라 山寺에 돌아와서 밤새워 해석하니 不得要領이라. 스스로의 짧은 學識에 다 나이 들어 聽明도 감하여 이를 解釋치 못하던 中 路上에서 서울에 가는 사람을 만나 "이제 搭本을 獻上하오니 願컨대 이 經을 解釋하여 衆生을 제도하면 반드시 福이 있고 敎運이 發興할 것입니다." 이는 또한 "貴敎에 祝賀할 일이며, 내가 듣기로 檀君時節에 神志氏가 있어, 古文字를 만들고, 高句麗에 傳해 오니, 그것을 求하려 함에, 애써 그것을 求하면 마땅히 다행이나 求하지 못한다면 보내지 못한다 하더라도 無言으로 양해하여이다. 祝賀하오며 誠心 修道하여이다" 丁巳年 正月 初열흘」

◆ 天符經에 關한 意見

天符經에 對하여는 여러 가지 評이 있으나 대체적으로 共通된 評이 있다. 그것은 天符經이 神의 경지에서만 可能한 經典이라는 것이다. 다음에 天符經에 對한 몇 사람의 意見을 알아본다.

尹致道의 글을 보면, 「天符經은 天符를 文字化한 經이다. 天符經은 글이로되 天地間 萬事 卽 宇宙萬有의 生成運營 一切의 原理書요 法典이다. 그러므로 天符經의 完全한 解得이나 解說이란 至極히 어려운 것이어서 오늘날 學界는 그 解說에 注力한 學者도 非一非再하나 아직도 硏究의 餘地가 적지 않다. 그 無限히 玄妙한 理致는 宇宙萬有의 創造를 비롯하여 天體의 運行으로부터 天地間 萬事萬物의 生成·運營의 理致요 法度인지라 現世人間에 있어서

萬事에 適合치 않는 바가 없는 全知全能의 理致를 담은 聖스러운 神秘한 글이라 하겠다.」9)

그리고 申正一의 글을 보면, 「天符經은 글자 뜻 그대로 한얼님의 말씀을 증거한 것으로써 한울의 神秘를 암시한 神書이다. 하나로부터 열까지의 敎理에 依한 天地創造와 그 運行의 法則, 또는 萬物의 生長, 原理를 81字의 짧은 말씀으로 가르치신 것이다.」10)

◆ 天符經의 特徵

天符經은 다른 經典과는 다른 獨特한 特徵을 갖고 있다. 첫째, 數字로서 科學的인 道의 表現을 해 놓았기 때문에 經의 歷史가 四千年 以上이나 되었지만 一切 神話的 要素가 가미되어 있지 않다. 둘째, 經은 數字 一로 始作하여 一로 끝난다. 一의 數字는 太極數로서 孔子의 一以貫之, 힌두교의 宇宙를 創造하는 숭고한 하나 思想, 佛敎의 萬法歸一, 道家의 道生一思想은 모두 다 一의 重要함을 共히 말해 주고 있다. 셋째, 天符經은 周易의 原理와 一致하고 있다. 故로 天符經을 해독하는데 周易의 象數體系를 적용시킬 수 있다. 또 洛書의 象數運用總數인 八十一字와 天符經의 八十一字가 一致하고 있음은 重要한 상관관계가 있음을 시사하여 주고 있다.

◆ 天符經의 原文

天 符 經

一始無始一하고 析三極이로되 無盡本이니라. 天一一이요 地一

---

9) 尹致道, 民族正史, 大聖文化社, 1971. pp.90-91
10) 申正一, 단군바른님. 正華社, 1975. p.181

二요 人一三이니라. 一積十鉅이나 無匱化니라 三天二요 三地二요
三人二이니 三大三合六生이니라. 七八九運三四하고 成環五七하야
一妙衍하니 萬逞萬來로다. 用變不動本이니라. 本心本이요 太陽昂
明하니 人中天地一이로다. 一終無終一이니라.

解　釋

　하나의 始作은 始作 없는 하나로부터 비롯되며 天地人三極을
쪼개어 나누어도 그 根本은 다함이 없느니라. 하늘이 하나로 하
나이며, 땅도 하나로 둘이며, 사람도 하나로 셋이니라. 하나로부
터 쌓아 올려 가장 큰 열(十)을 이루니, 결코 다함이 없는 無限
한 變化의 世界니라. 하늘이 셋인즉 둘이요, 땅이 셋인즉 둘이
요, 사람이 셋인즉 둘이며, 큰 셋에 셋을 합하니 六을 生하고 天
地人은 七, 八, 九로 生成되며, 三과 四로 運用되고, 五와 七로
成環한다.
　하나수는 妙하고 衍한 것으로서 萬逞萬來에 그 現狀은 變化하
되 그 根本은 언제나 變함이 없으며 사람의 本心은 宇宙의 本이
요 太陽과 같이 밝은 것이니 사람은 天地에 中心이므로 하나이
로다. 하나의 끝마침은 끝마침이 없는 하나이니라

3. 結　論

　崔致遠은 한국 固有의 道인 玄妙之道가 三敎를 포함하고 있다
고 鸞郎碑(난낭비) 序文에서 말한 바 있다. 위에서 검토한 三一神
誥와 天符經에는 儒・佛・仙 三敎와 기독교의 主要한 思想이 내포
되고 있음을 알 수가 있다. 구체적으로 그 例를 들어보면, 첫째,

天符經은 이미 지적했듯이 儒敎經典인 周易과 그 原理에 있어 매우 一致하고 있는 經典이다. 天符經은 81字로 周易의 64卦의 理致를 다 말해주고 있다.

둘째, 三一神誥 第一章 天訓은 佛敎의 空(Sunyata) 思想과 매우 類似하다. 즉, "하늘은 모양과 바탕이 없으며, 비고 빈 가운데 비임 없이 비었고, 있음 없이 있으며, 어느 것 하나도 포용하지 않음이 없다."와 또한 天符經의 "하나의 始作은 始作없는 하나로부터 비롯되며, 하나의 끝마침은 끝마침 없는 하나니라." 等의 文句는 佛敎에서 法, 즉 空을 定意할 때와 같은 論理를 전개하고 있음이 明確하다 하겠다.

셋째, 三一神誥의 眞理訓 第四章에 調息이라는 말이 나온다. 이는 仙道에서의 단법과 同一한 것이다. 國仙道에서 檀君을 第二代 宗祖로 생각함도 調息이 단법에서 나온 말임을 立證해 주고 있다.

넷째, 三一神誥의 第二節 神訓에 보면 儒佛仙에는 나타나지 않은 特異한 神의 槪念이 있다. 기독교의 神은 神訓의 神과 매우 닮고 있음을 그 內容으로써 알 수 있다. 또한 기독교의 3위일체론은 檀君思想의 3神論과 比較 硏究될 수 있는 소지가 많다 하겠다.

以上의 例로 볼 때, 地上의 가장 중요한 宗敎思想들인 儒·佛·道·기독교가 이 땅에 들어와 그 풍성한 수확을 거둔 것은 우리의 傳統思想인 檀君思想에 四敎의 핵심적인 思想을 모두 내포하고 있었기 때문인 것이며, 이것은 결코 우연이 아닌 것이다. 즉 檀君思想은 世界의 모든 主要 思想을 널리 갖추고 있음으로 해서 이 思想들과 서로 만날 때 큰 충격 없이 이 思想들을 수용할 수 있었던 것이다.

　또한 檀君思想에는 깊은 人間愛로서 世界 人類에 最大의 봉사를 한다는 弘益人間之道가 있다. 十五世紀의 西歐에 있어서의 文藝復興은 잃어버렸던 로마 文化를 再發見, 再創造한 것이었다. 우리도 가지고 있으면서도 잊어버리고 있던 三一神誥, 天符經과 같은, 高度의 文化를 담고 있는 經典을 再發見하여, 이를 바탕으로 溫古而知新함으로써 世界의 指道者的 文化를 創造하는 것이 祖上의 높은 뜻에 報答하는 것이며, 現代를 사는 우리들의 課題가 될 것이다.

參 考 圖 書 目 錄

大野勃: 檀寄古史, 蓋馬書院, 1981.

朴相和: 正易과 韓國, 共和出版社, 1981.

徐正淇: 周易象數體系, 東洋文化研究所, 1980.

申正一: 檀君바른님, 正華社, 1975.

안호상: 단군과 화랑의 역사와 철학, 사람원, 1979.

尹致道: 民族正史, 大聖文化社, 1971.

鄭鎖洪: 檀君敎 復興經略, 서울, 昭和 28年

崔　棟: 朝鮮上古民族史, 東國文化史, 1966.

檀君의 歷史와 文化

宋 鎬 洙

(단군사상 연구가)

1. 檀君朝鮮은 實史인가

우리 민족사의 기구한 수난은 나라 안팎이 다 공지하고 있는 사실이다. 民族史觀과 植民地史觀의 득세는 광복을 분기점으로 하여 뒤바뀌었어야 당연할 것이었는데 光復 이후에도 아직 국사 광복이 안된 채 그대로 식민사관이 굳혀져 있다. 그러나 그 동안의 민족사관의 연구 업적은 丹齋를 중심으로 하여 대단한 연구가 진전되었다. 그런데도 아직 단군조선을 부정하는 부류가 없지 않다.

「단군조선사」를 부정하는 측의 이유들을 대략 압축해 보면, 첫째는 신화적 요소가 있다. 둘째는 고고학적 자료가 적다. 그 셋째는 기록사가 희박하다는 등을 들고 있다. 그러면 여기서 이상에서 열거한 3가지 조건들이 확실한 부정 논리의 정당한 이유가 되는지를 하나하나 검토해 보기로 하겠다.

(1) 단군임금의 신화적 요소

세계적으로 위대한 인물치고 신화적 요소가 붙지 않는 사람이 드물다. 멀리는 그만두고라도 우리 주변에서 많이 알려져 있는 인물로서 우선 「박혁거세」는 박과 같은 알에서 태어났고, 「김수로왕」은 하늘에서 내려온 金卵에서 태어났으며, 「고주몽」도 유화부인이 끼친 알에서 태어났다고 되어 있다. 이와 같이 김씨, 박씨, 고씨의 시조들은 알에서 태어났다는 난생설이다. 그런가 하면 「석가」는 마야부인의 오른쪽 옆구리로 태어났고 또 「노자」는 그의 어머니 태중에서 80세가 된 뒤에 백발노인으로 태어났으며, 「그리스도」는 동정녀인 마리아에게서 태어났다고 되어 있다.

그런데 여기서 만약, 박씨, 김씨, 고씨들을 향하여 「그네들은 그네들의 시조 탄생에 신화적 요소가 붙어 있으니 그네들은 시조도 없는 집단이다.」라고 했을 경우 과연 용납이 되겠느냐 말이다. 만약에 박혁거세, 김수로, 고주몽 등에서 신화적 요소가 기술되어 있다고 해서 그 인간적 존재 자체를 부정한다면 신라, 가야, 고구려라는 이 국가들의 개국 창업주를 누구라고 역사에 기록할 것인가? 또 그들의 직계 후손인 이 방대한 박씨, 김씨, 고씨 등의 현재 실재하는 후손 씨족들의 존재를 어떻게 부정할 것인가? 목전에 지금 이 땅에서 삶을 누리고 있는 그 많은 씨족들을 유령적인 존재로 기술할 것인가!

또 「석가」나 「노자」나 「그리스도」 등 역사적 대성자들에게 신화적 요소가 첨가되어 있다고 해서 그 존재를 부정한다면 그 수많은 세계의 교도들에게, 최고의 성자로서 충앙하고 따르는 신앙자들에게 무어라고 말할 것인가? 만약 「그대들의 교조는 신화적 요소가 있으니 그대들의 교조의 존재를 인정할 수 없다.」라고 하였을 경우를 생각해 보자. 삼국유사 등의 기록에 의하면 「단군임금」은 박혁거세나, 김수로, 고주몽, 예수그리스도보다 약 2,000여 년 전에 이 세상에 태어났고 석가나 노자보다는 약 1,500여 년 전에 태어났다. 그런데 「단군임금」보다 1,500년 내지 2,000년 이후에 탄생한 박혁거세, 김수로, 고주몽, 그리스도, 노자, 석가모니 등의 인물에게 기록된 신화는 부정 못하면서 하필이면 이들보다 1,500년 내지 2,000여년이나 앞선 우리의 「개국조 단군」에 관한 신화만이 그 존재 부정의 이유가 되는 것인지 납득하기 어렵다. 더구나 「단군임금」의 직계 후손이라는 우리 동족들 가운데서 조상을 부인하는 단군 부정론자가 다소라도 있다는 것은 서글픈 일이 아닐 수 없다.

(2) 고고학적 출토품

지금 「단군조선」의 중심지였던 만주가 중공의 국경 안에 있고 더구나 한반도는 남북이 양단된 채 학술 조사단의 임의 교류가 안되고 있다. 정치적 이념의 극한적인 대치로 인하여 문화 교류가 없으니 고고학적 발굴 작업이 공동으로 이루어지지 못하고, 자료 교환조차도 어렵게 되어 있는 것이 중요한 원인이기도 하겠지만 「단군조선」에 관한 고고학적 발전은 매우 부진한 상태임을 부인할 수 없는 것이 현실적 사실이다.

그렇다고 하여 그간의 실적이 전무 상태라는 것도 아니다. 가령 예컨대 중공학자 唐蘭이 1977년(7월 14일; 중공 光明日報)에 발표한 것이 산동반도(동이족이 살던 곳)의 大汶口 文明圈인데 여기서는 문자까지 출토되었으며, 이것이 방사선 탄소의 측정에 의하면 5,785년 전 것이라 하여 그 지역이 한강 이남의 한반도 넓이만한 광대한 지역이라는 것이다.

또 소련의 여류 민속학자 「R. S. H. 자리가시노바」가 발표한 「한반도에는 구석기 시대에 이미 사람이 살았고 신석기 시대(약 10,000년 이후)에는 고도의 독특한 문화가 형성되었다.」라고 했으며, 또 1977년 2월 중공에서는 절강성 부근에서 7,000년 전의 벼농사지를 발굴했다고 발표하였다.(중공 光明日報)

또 최근 중공의 「사회과학원 고척추 동물 연구소」와 중공의 서북대학 「발해연안 발굴조사 보고서」를 인용한 발표(1982. 6. 25; 이형구)에 의하면 「우리 조상들이 신석기 시대부터 5천년 이후의 사람들과도 인류의 발달 과정에서 혈연적인 관계가 있었을 것」이라고 하면서 「발해 연안이란 광의로 발해 남쪽의 산동반도, 서쪽의 하북성, 북쪽의 요서, 동쪽의 요동반도를 위시하여 길림성(만주) 한반도 일부를 포함하여 지칭하다.」고 하였다. 또, 1981년 8월 18일 북한 중앙통신은 평양 부근의 남경 유적지에서 4,000년 이전의 집터와 청동기, 생활 도구, 곡식 종자 등을 발굴했다고 발표하였다. 또 국내의 고고학계에서는 최근(1982년 10월 28일; 손보기)의 발표에 의하면 「몽고계에 속하는 우리 한족 집단은 오랫동안(9만~1만2천년 전) 바이칼호 북쪽과 빙하가 덮이지 않았던 남쪽인 몽고, 만주, 중국, 한국에서 살았던 것으로 보인다.」고 말하고 「6천 년 전, 8천 년 전 정도의 유물도 출토되었다.」고 말하였다.

다시 국립 경주박물관발굴단(단장 韓炳三)에서 발굴 발표한 바에 의하면(1983년 1월 5일자: 부산일보) 신라 건국 이전의 삼한(고조선)문화의 유적이 출토되었다. 즉 三韓 時代의 토관묘와 청동기 이전의 반수혈식 주거지 등에서 청동제 칼자루, 옻칠한 용기 및 화살통, 철촉과 쇠도끼, S형 말재갈 등이 발굴되어 「밝혀지는 三韓 文化」라고 신문에서는 특필하고 있다.

이상에 열거한 몇 가지의 출토품은 「단군조선」에 관한 직접 아니면 혹은 그 방증이 될 성한 자료들이 될 것이다. 앞으로 중공과의 관계와 또 남북간의 학술 연구 및 발굴 공동 조사 문제가 호전된다면 보다 획기적인 수확이 있을 것으로 짐작된다. 그런데 또 하나 우리가 여기서 생각해야 할 점은 설사 출토품이 발굴되지 않았다 치더라도 고조선의 문화 활동을 출토품이 없다는 고고학적 이유만으로 전면 부정하지는 못할 것이다. 예컨대 누구나 10대 조상(약 300년 전)의 묘지를 파 보면 아마 특수한 경우를 제외하고는 그 10대조 무덤에 유골이 남아 있을 리 없을 것이다. 이러한 경우 10대조의 분묘에서 백골이 나오지 않는다고 해서 과연 우리가 나의 직접 조상인 10대조 할아버지를 실재한 인물이 아니었다고 부정하겠는가! 자기 조상의 묘지에서 유골이 출토되지 않았다는 이유를 들어 자기 선조가 과거에 생존하지 않았었다고 우길 자는 이 세상에 아무도 없을 것이다. 자기 조상의 존재를 부정한다면 현재 하는 자기의 실재를 어떻게 설명할 것인가?

(3) 단군조선에 관한 사료

「단군조선」에 관계되는 사료가 빈약하다는 것은 사실이다. 그것이 그렇게 된 상당한 이유는 대체로 두 가지로 들 수 있는데, 그 일면은 외세에 대한 타의적 소각 혹은 탈취에서이고, 또 다른 한 면은 그렇게 어려운 외세적 여건 하에서도 다소나마 비전된 이른바 야사류의 사료도 있기는 하였으나 지금까지의 사학적 판도에서는 말하자면 사대사관이나 식민지사관의 측면에서 말하는 소위 정규 사료권 밖의 것이라는 이유로 소외해 버렸다. 이를테면 自主 사관적인 부면이 짙은 등의 사료들은 아예 국수주의 혹은 세계성을 무시한 편협한 민족주의 능의 딱지를 붙여 일고의 가치도 없다고 팽개치고 그러한 사료를 소지하였거나 거론하는 사람까지도 비학자 층으로 몰아버리는 풍토에서였다.

이런 상황 아래에서 먼저 고대사에 관한 사료가 유실되게 되었던 실례를 몇 가지 들고 다음에 현존하는 국외 사료 및 국내 것과 따라서 이른바 등의 자료라고 외면하는 것들을 몇몇만 열거해 보기로 하겠다.

① 고대사의 십대 수난

첫째, 고구려 동천왕 18년(244) 위(魏)나라 장수 「관구검」이 고구려 수도 환도성을 공함하여 많은 사서들을 소각하였음.

둘째, 백제 의자왕 20년(660) 나당 연합군으로 사자성이 함락되면서 사고가 소실되었음.

셋째, 고구려 보장왕 27년(668)당장 「이적」이 평양성을 공격하여 전적을 모두 탈취하였음.

넷째, 신라 경순왕 원년(927)후백제의 「견훤」이 경애왕을 치고 신라책을 전주(후백제 수도 완주)로 옮겼다가 왕건에게 토멸당할 때 방화 소각함.

다섯째, 고려 인중 4년(1129)금나라 서포를 바친 후 주체 서적은 철수해 갔음.

여섯째, 고려 인종 20년(1233) 몽고난으로 훌필열에 의해 많은 전적이 소각되었으니 삼한고기, 해동고기가 이때 없어짐.

일곱째, 근세조선 태종 11년(1411) 5부학당을 송나라 제도에 의하여 설치하면서 유교를 권장하고 비 유교 서적을 일체 소각하였음.

여덟째, 선조 25년(1592) 임진왜란으로 무수한 전적이 방화에 의하여 소실되었음.

아홉째, 병자호란(1636)때 아까운 사서들이 수없이 잿더미가 되었음.

열째, 일본 강점(1910) 이후 식민지 교육 정책으로 군경을 동원하여 탈취, 개조 혹은 소각해 버림.

이렇게 우리의 역사서가 큰 고비만 들어서 자그마치 열 번의 수난사를 헤아려야 했다. 그러던 중에서도 지금 쌍벽으로 잔존하는 삼국사기와 삼국유사 또한 종교적 외세에 의한 침해가 적지 않다는 것이다. 즉, 불승 일연이 쓴 [삼국유사]는 불교 사적으로 각색되어 있고, 김부식이 지은 「삼국사기」 존화 숭유적으로 윤색되어 있으니 말하자면 민족적 자주사관이 결여된 사록으로서 이것들을 지금까지 정규 자료로 인용하였던 것이다.

이렇게 빈곤한 사료와 민족적 자존성이 결여된 사학 위에서 어떻게 민족적 자주성과 강한 애족 애국 의욕을 기대하겠는가 말이다. 민족사관이 정립되지 못한 사학을 익히고도 민족의식이 솟아나리라고 기대할 수 있을까 하는 것이다. 아무래도 배지 못한 어린애는 기대하지 못할 것이다. 이러한 국사적 자료로서 국민의 정신 교육을 시킨다면 사대성과 식민지 의식을 조장하는 결과밖에 따로 무엇을 기대할 수 있을까 하는 것이다. 지금에 와서 우리의 의식 구조가 지나치게 자학적이고 자기 비학적이며 자기 훼멸적이면서 자기 부정적이라는 비판이 일각에서 일고 있다. 이 비판은 옳게 본 것이다. 그런데 우리의 민족의식이 그렇게끔 되게 된 배경은 바로 다름 아닌 사학계가 책임을 져야 할 것이다. 누가 무슨 소리 하더라도 그 나라 국민 의식의 형성 조건은 그 나라 사관 교육의 영향이 절대적이라고 보기 때문이다. 전술한 바와 같이 이렇게 혹독한 십대 수난사의 틈바구니에서 버젓이 잔존할 수 있었던 사료라면 그것은 어디까지나 민족 국가의 저해적인 요소가 짙은 사료일 것이요, 반면 비전되어 내려 온 떳떳이 사대와 식민적 통치하에 제대로 도습을 들어내지 못 한 야사류로 쫓겨 온 숨은 사료야말로 민족 자주적이요 애국적 인 사료인 것이 분명할 것이다.

② 단군조선에 관련된 국내외의 기존사료

중국사서 중에서 「단군조선]을 명기한 사적들을 대략 다음 몇 가지만 들어 본다. 언제나 우리를 지배 의식으로 짓눌렀던 중국 측 기록에 우리 편의 사록들이 실제대로 적혀졌을 리가 없다. 어디까지나 축소, 격하, 비루하게끔 사실 이하로 낮추어 서술되 어 있었을 것임은 당연하다.

山海經[夏禹 혹은 伯益의 著] 東海之內北海之隅 有國名曰 朝鮮 天毒其人水居……三國志[中國二十五史의 一] 夫餘 在長城之北 去 玄千里……

明一統志[增補文獻備考]에 朝鮮城 在永平府境內 相傳 箕子受封 之地後魏置懸 屬北平郡……

盛京統志[增補文獻備考에] 遼西之廣寧懸 在周爲朝鮮界……

魏書[中國 北齊의 學者 魏收(506~572)著, 失傳됨] 乃往二千載 有檀君王儉 立都阿斯達. 開國號朝鮮, 興高同時……

古朝鮮硏究[北韓史學者 리지린著, 1963년 東京에서 出版]…… 어쨌든 삼국유사에 인용된 [魏書]가 삼국지 이전에 있었던 [魏 書]라고 인정되니 기원 3세기 초에는 이미 중국사적에 단군 전 설이 기록되어 있었음을 알 수가 있다. 따라서 우리는 단군 전 설이 불교가 삼국에 수입된 이후에 조작된 망설이 아니며 기원 3세기 초기 이전에 이미 존재했음을 알 수 있다. 또 소련 「과학 원 시베리아 分院 역사 언어 철학연구소」에서 발간한 「유엠 푸 진」의 ‘古朝鮮’은 고고학자 「아페아클라드니코프」의 감수로 되어 있는데 여기서는 日本國史史觀이 역설해온 중국제 기자가 古代 한국을 지배했다고 날조했으며 "고조선의 수도인 王儉城의 왕궁과 중앙 행정 기관의 유적이 발굴되었다"고 한 획기적인 연구는 주목할 일이다. 다음은 「단군조선」을 기록한 국내 사료, 국내사서 중에서 「단군조선」을 명기한 전적들은 상당히 많은 양이 있었으리라고 보이나 전술한 바와 같이 10대의 수난사를 호되게 겪는 통에 살아남은 전적이란 매우 적은 수량이다. 그 중에서 대략 몇 종류만 들어 보면 다음과 같다.

三國遺事[普覺一然撰] 古記云, 昔有桓國庶子桓雄, 數意天下, 貪求人世, 父知子意, 下視三危太伯 可以弘益人間,……號曰檀君王儉, 以唐高卽位五十年庚寅, 都平壤城. 始稱朝鮮. 又移都於 白岳山阿斯達……

帝王韻記[李承休 著] 初誰開國啓風雲, 釋帝之孫名檀君……本記曰……據朝鮮之域爲王

東國輿地勝覽[盧思愼 編, 五十四卷, 寧邊, 古跡, 太伯山 注] 古記云……檀君立國, 號曰朝鮮 檀君聚匪西岬河伯之女 生子夫婁……

朝鮮史略[卷之一檀朝記] 上古有桓因時代 桓雄時代 稱神市氏上元甲子有神人……戊辰十月團衆推戴爲壬儉   國號曰檀   是爲檀君……聚河伯之女爲後生四子 曰扶婁 曰扶虞 曰扶蘇 曰扶餘……庚寅: 移都平壤改國號曰朝鮮……

世宗實錄[地理志, 平壤府] 檀君古記云 上帝桓因 有庶子名雄……婚而生男名曰檀君立都號曰朝鮮……

東國通鑑[外紀, 檀君朝鮮] 東方初無君長 有神人降于檀木下 國人立爲君是爲檀君 國號朝鮮 是唐堯戊辰歲也……

增補文獻備考[歷代國界] 檀君朝鮮 注 東史寶鑑 朝鮮音 地在東表 日先明故名……

三一神誥奉藏記[渤海第三世 大欽茂(文王) 記(AD739) 謹按古朝鮮記曰……戊辰歲上月三日 御靈宮 誕訓神誥……後朝鮮記 箕子聘一士山人 王受競……

揆園史話[檀君紀]……桓儉神人爲君長是爲王儉 王儉者君長之意也……檀君者檀國之君也而東語謂檀曰朴達 或曰白達 謂君曰王儉當時無漢字故 只稱白達王儉而 後世之述史者 譯以檀君 復傳至後世……

靑鶴集[趙汝籍 撰]……桓仁爲東方仙派之宗 桓雄天王桓仁之子也……以化東民 檀君繼業……

東事[檀君世家, 許眉叟著]……神市에서 檀君이 生하여……나라를 세워 이름을 朝鮮이라 하니……檀君에게서 夫妻가 生하니……

海東異蹟[洪萬宗著, 檀君] 東方之有君長 自檀君始 古記云……國號朝鮮……

三聖紀[安含老 撰, 安含은 신라 十聖 중의 一人이며(AD579~640, 신라 진평왕 22년), 海東高僧傳, 三國遺事에도 보임]……檀君王儉 復神市舊規設都阿斯達 開國號朝鮮……

三聖紀[元董仲 撰, 安含의 三聖紀와 다름]……自是九桓悉統于三韓管境之天帝子乃號曰檀君王儉……密記云桓國之末……時族號不一俗尙漸歧 原住者爲虎新住者爲熊

檀君世紀[李嵒(1297~1364) 編], 古記云 王儉父檀雄 母態氏王女……開天一千五百六十五年上月三日 有神人王儉者……復神市舊規 立都阿斯達 建邦號朝鮮……戊午五十一年帝命雲師倍達臣 設三郎城于穴口 築祭天壇 於摩璃山今塹城壇是也……四十四世檀君丘勿, 丙辰元年三月十六日 築壇祭天遂卽位于藏唐京 改國號爲大夫餘 改三韓爲 三朝鮮 自是三朝鮮……雖奉檀君……

朝代記[太白逸史 神市本記. 이 朝代記는 渤海의 祕藏書였던 바 고려의 李茗이 震域遺記 三卷을 지을 때에 이 朝代記를 많이 引用했다고 揆園史話에 明記되어 있음]……三危太伯而太伯可以弘益人間……乃授天符印三個遺往理之, 雄率徒三千 降于太伯山神壇樹下……號曰檀君王儉 立都阿斯達今松花江也始稱國爲朝鮮三韓……高離 尸羅 高禮 南北沃沮 東北夫餘 濊與貊 皆其管境也……(지면 제한으로 다른 자료는 생략함), 安含老, 元董仲의 三聖紀 및 朝代記 등은 世祖 睿宗, 成宗의 實錄에도 보인다.

이상에서 몇 가지 자료만 제시하였지만, 특히 그 중에서 三聖紀, 檀君世紀, 太白逸史(朝代記) 등 새로 최근에 발굴된 자료들에 대하여는 일본 사학자 「五鄕 淸彦」씨는 「本書는 거듭된 焚書에 의하여 잃어버린 古代의 史實을 전하여 한민족과 倭人의 루트를 가리킬 아세아의 至寶」라고 말하면서 「韓日 兩民族의 制世紀」라고 단정하고 있다. 그 외에도 판본은 없으나 단편이 발견되고 있는 자료로서는 東國史朝鮮本紀(海東異蹟), 東史寶鑑(海東異蹟, 朝鮮史略), 檀君本紀(帝王韻紀) 檀君紀(三國遺事 고구려조), 三韓史, 夫餘史(단군세기)」 등이 있다. 뿐만 아니라 「檀奇古史, 檀君世紀, 揆園史話」는 단군조선의 47대 각 편년사가 구체적으로 기술되어 있으며 「神壇實記, 檀典要義」 등은 그 고증 자료가 상당히 정연하게 정리되어 있다.

어떻든 신라사 중심적으로 된 [삼국사기]와 불교사 본위로 엮어진 [삼국유사]만을 언제까지나 우리민족의 정위에 두고 보는 그 안경으로 「단군조선」에 관한 기록이 없다고만 자탄할 수 없다. 가령 자기 조상이 족보에 누락되었다고 해서 아예 없었다고 전면 부정하는 그런 누를 범하는 위험은 말끔히 지워버려야 할 것이다. 광대한 대륙을 통할하였고 위대한 문화의 꽃을 만발케

했던 『고고선』의 역사 사실을 국사의 첫 장에다 등재하지 않고서는 하나 된 민족적 총회의 구심점을 설정하기란 난제일 것이다. 따라서 우리나라 교육법 제1조가 『弘益人間 理念』으로 되어 있고 건국 이후의 최초의 국경일이 『개천절』이다. 홍익인간, 개천절은 국조단군의 개국에 근거하였다. 「반만년 역사」란 말은 우리의 뇌리에 오랫동안 박혀 있는 『구호』다. 반만년 역사, 개천절, 교육법 제1조 이것이 이미 사문화되어 버린 것이 아니다. 천진한 국민은 이를 그대로 믿고 있다. 부정을 위한 정론은 명석해야만 설득력이 있다. 외세의 입김으로 조작된 사관이라면 외세가 물러간 이후에는 민족 앞에 대죄하고 하루라도 빨리 개과천선했어야만 옳을 것이다.

그런데도 자기 자신의 조국사를 부정적인 측면으로만 고집하는 의도는 이해하기 어렵다. 아무리 부정적인 자세를 못 버리고 굳이 고수하더라도, 주변국에서의 긍정에로 행하는 석학들의 예리한 학설이 속출하고 있는 데는 어쩌랴!

2. 韓民族의 起源

단군에 관한 인식 태도를 검토해보면 부정적인 입장과 긍정적 입장에 서려는 측으로 나눌 수가 있는데 그중에 부정적인 편에 서는 사람은 대게 日本의 침략적인 소위 「植民史觀」을 답습하고 있는 층이라 하고 단군역사를 긍정하려는 측은 식민지 교육 정책의 일환으로 축소 내지 격하해 놓은 그 「植民地史觀」을 탈피하고 본래의 모습대로 과감히 정립해야 한다는 측이다.

그런데 우리나라 古今의 史書 중에 檀君의 歷史 사실을 등재하지 않은 책은 혹 있어도(삼국사기) "檀君의 역사는 實史가 아니기 때문에 記錄 할 수 없다"고 하는 持論을 주장한 책은 없다. "역사적 기록을 빠뜨리고 등재하지 않은 것"과 "그 역사 사실을 부정하는 주장" 그것은 전자와 후자가 전혀 다르다.

여기서 우리가 다시 또 깊이 고찰해야 할 것은 "檀君의 歷史에 神話가 있다"는 표현과 "檀君 역사의 否定論"과는 또 다른 것이다. 말하자면 모든 事物의 역사에는 神話가 붙어 있는 역사가 있고 신화가 붙지 않은 역사가 있다. 다시 말하면 하나의 역사 事實을 신화적인 표현으로 記述된 부분이 있고 신화가 전혀 첨가되지 않고 역사적 사실만으로 기술된 것이 있는 것이다.

우리는 자칫 그 實體에 덮여 있는 장식품(神話)때문에 實存한 事物 자체를 보지 못하고 아예 없는 것으로 착각하는 그런 위험을 범하는 수가 많다. 마치 광대놀이를 하는 가면극(假面劇)을 보고 그 괴이하게 생긴 가면 속에 진짜 사람의 實物이 없다고 생각한다면 그야말로 얼마나 유치한 소견일까! 가면이라는 그 장식품만을 보고 그 실상(實像)을 못 알아보는 몰이해가 없어야 할 것이다.

그런데 이 神話란 아무에게나 붙어지는 것이 아니다. 人類 역사에서 聖人들이나 偉人들치고 神話없는 이가 별로 없다. 말하자면 위대한 人物이나 특이한 事件에는 神話나 傳說이 있지만 보통으로 평범한데는 神話 傳說이 있지 않다. 다시 말하면 神話가 있는 역사 사실과 신화가 없는 역사 사실이 있을 뿐이지 신화가 없어야만 역사적인 사실이고 신화가 붙어 있으면 그것이 역사적인 實史(拙文 위대한 조국: 檀君朝鮮은 歷史的 實史 PP49, 56 참조)가 아니라는 그런 準則은 없는 것이다

국조단군(國祖檀君)은 우리 겨레의 血統的, 精神的, 求心點이

다. 血統的 구심점이 없는 곳에 민족적 一體感이 솟구칠 수 없고 정신적 구심점이 없는 데에 총화적인 뜨거운 愛國意識이 치솟을 수 없다. 민족적 일체감과 뜨거운 애국 의식이 있어야만 우리의 최대 과업인 국가 발전과 祖國統一이 확실히 보장되는 것이다.

그러면 여기서 檀君朝鮮에 직접 관계되는 古文獻들을 몇 가지만 소개해보려 한다.

우리 한(桓)은 建國이 가장 오래 되었다……이르되 桓國이니 天帝는 桓因이라 七世(代)를 傳하였는데 그 年代는 可考할 수 없다.……

그 後에 桓雄氏가 代를 이어서 白山 黑水之間에 내려서 天神의 詔勅을 받들어……天符印을 가지시고 五事(穀 命, 病, 刑, 善惡)를 맡아 世上을 弘益人間으로 다스리고 神市(검벌: 聖域)에 立都하여 나라를 倍達이라 하였는데……神市(桓雄)의 傍季에 治尤天王이 있어 靑邱를 개척하였으며 그의 (桓雄)傳統은 18世, 1565年間이었다.

그 뒤 神人王儉이 代를 이어 不咸山 檀木의 터에 이르러 그는 至神之德과 聖賢의 仁을 兼하였었다. 天王의 詔勅을 이어받아 나라를 세우니 天下백성이 모두 기뻐하여 天帝의 化身으로 추대하여 檀君이 되었다. 단군왕검은 神市(한웅)의 옛 규범을 다시 이어받아 아사달에 도읍하고 開國하니 朝鮮이라 하였다……第44世 丘勿임금 때에 國號를 大夫餘라 하였으며……檀君 王儉은 戊辰 開國으로부터 그 國統이 47世를 傳하였고 歷年은 2096(癸亥까지)年間이었다. 壬戌(단기 2095)년 秦나라와 같은 때에 大解慕漱가 熊心山에서 일어나 나라를 열었다.(安含老가 지은 三聖紀의 內容인데 撰者 安含(579~640)은 新羅 十聖 [我

道, 厭觸, 惠宿, 安含, 義湘, 表訓, 蛇巴, 元曉, 惠空, 慈藏]의　一
人이다.　참조:　海東高僧傳)

　三聖紀:　安含老　撰

　吾桓建國最古……謂之桓國　是謂天帝桓因氏亦稱安巴堅也　傳七
世年代不可考也

　後桓雄氏繼與奉天神之詔　降于白山黑水之間……持天符印　主五
事　在世理化　弘益人間　立都神市　國稱倍達……神市之季　有治尤
天王　恢拓靑邱　傳十八世　歷一千五百六十五年

　後神人王儉　降到于不咸之山檀木之墟其至神之德兼聖之仁　乃能
承詔　繼天而建極　巍蕩惟烈　九桓之民　咸悅誠服　推爲天帝化身而
帝之　是爲檀君王儉　復神市舊規　設都阿斯達　開國號朝鮮……丙辰
周考時改國爲大夫餘.……

　檀君王儉　自戊辰統國　傳四十七世　歷二千九十六年.　壬戌秦始時
神人大解慕漱起於熊心山.

　이상은　安含老(579~640)가　지은　三聖紀의　관계부분만　발췌하
였으나　다음은　元董仲이　지은　三聖紀를　소개한다.

　옛적에　檀國이　있었다.……처음　桓仁은　天山에　居하여　得道
長生하여……赫胥桓仁,　古是利桓仁,　朱于襄桓仁,　釋提千桓仁,　邱
乙利桓仁,　智爲利桓仁　或은　檀仁에게까지　傳하여졌다.　古記에
이르되　桓仁氏의　나라가　있었으니　天海以東　지역이었다.……그
땅의　넓이가　南北이　五萬里요　東西가　二萬里니　總言하여　桓國
이라　하고　分國은……(十二國名이　다　있음)………合하여　12國이
여　天海는　지금의　北海라　하고　傳7世에　역년은　3301년이었다.

　桓國之末에　한인(安巴堅)이　三危　太伯을　굽어보시고　그곳은
可히　弘益人間할　곳이라　하여　누구를　보냄이　可할까!　하니　五加
《五加:　혹은　五家인데　牛家,　馬家,　狗家,　猪家,　羊家　等임》는

아뢰어 桓雄이 있으니 그는 勇과 仁智를 겸하였으며 弘益人間할 易世의 뜻이 있으니 보냄이 가 하리다 하니 이에 天符印 三種을 주어 가서 다스리게 하였다.……

桓雄은 三千의 率衆을 거느리고 太伯山頂 神壇樹 아래 다다르니 여기를 神市라 하고 이가 桓雄天王이다.……그때에 熊族과 虎族이 같은 이웃에 살며 항상 신단수 아래에서 빌기를 원컨대 神戒를 받아 지키는 百姓이 되게 하소서 하니 桓雄이 듣고 가르쳤다. 쑥 한 묶음과 마늘 20개를 주며 너희들은 먹고 百日間을 햇빛을 보지 말라.……熊族과 虎族은 모두 받아먹고 三七日(21日)을 禁忌했다. 熊族은 飢寒을 능히 견디어 天戒를 지켜 儀容을 얻었고 虎族은 태만하여 禁忌를 못 참아 善業을 얻지 못하였는데,

熊氏의 딸은 신단수 아래에서 잉태하기를 빌며 원하였드니 이에 한웅이 짐짓(假化)桓(平民)이 되어 地域(封國)을 주고 혼인하여 아들을 낳았다.……九桓을 三韓으로 統一한 天帝之子를 檀君王儉이라 하였다.

密記에 이르되 桓國之末에 雛治之族이 있어 桓雄이 三神教를 설하여 戒로서 業으로 하여 무리를 모아 勸善 懲惡之法을 誓願케 하였다. 그때에 族號가 여러 갈래였는데 原住者는 虎族이었고 新住者는 熊族이었다.

昔有桓國……初桓仁居于天山得道長生……傳赫胥桓仁,　古是利桓仁,　朱于襄桓仁,　釋提壬,　桓仁,　邱乙利桓仁,　至智爲利桓仁,　或檀仁, 古記云……桓仁氏之國 天海 以東之地……其地廣 南北五萬里 東西二萬餘里 總言桓國分言則……合十二國也, 天海今北海 傳七世歷共三千三百一年…….

桓國之末 安巴堅 下視 三危太白 皆可以弘益人間 問誰可使之五加僉曰 庶子有桓雄 勇兼仁智 嘗有意於 易世以弘益人間 可遣太白而理之 乃授天符印三種 仍勅曰…….

於是　桓雄率衆三千　降于太白山頂神壇樹下謂之神市　是謂桓雄
天王也.……時有一熊一虎　同隣而居　常祈于神壇樹　願化爲神戒之
氓　雄聞之可敎也.……靈其艾一炷蒜二十枚戒之曰　爾輩食之不見日
光百日　便得人形　熊虎二族皆得而食之忌三七日　熊能耐飢寒　遵戒
而得儀容　虎則放慢不能忌　而不得善業……熊女者無與爲歸故　每
於神壇樹下　呪願有孕　乃假化爲桓而　使與之爲婚　懷孕生子有
帳……

自是九桓悉統于三韓　管境之天帝子　乃號曰　檀君王儉.

密記云桓國之末　有難治之强族患之　桓雄三神設敎以　佺戒爲業
聚衆　作誓有勸善懲惡之法　自是密有剪除之志.

時族號一俗　尙漸岐　原住者爲虎　新住者爲熊……

라고 하였는데 또 朝代記에서는 다음과 같이 적혀 있다. 즉

……庶子之部에　大人桓雄이 있어　興情을　探聽하여　地上에　光
明世界를　열고 져　하였다. 이에　天符印　三個를　주어 가서 다스
리라 하였다.　桓雄은　率徒　三千으로　太伯山　神壇樹下에 내리니
이곳을　神市라　한다.　風伯·雨師·雲師를 거느리고　穀·命·
病·刑·善惡을 맡아　人間의　360餘事를　主管하고　在世理化　弘
益人間하니 이가　桓雄天王이다.

그때에　一熊族과　一虎族이 있어 같은 이웃에 살았는데 항상
신단수에 빌면서 한웅에게　天戒之氓이 되기를　願하였다. 한웅은
이에　神呪로서　換骨移神하고　神奇로운　靈驗을 얻게 하여 쑥 一
와 마늘　二十枚로　靈戒를 주며 이것을 먹고 너희들은　百日동안
햇빛을 보지 아니하면　自由成眞하고　平等濟物하여　大人의　形틀
을 얻으리라 하니　熊家와　虎家의　兩家가 모두 이를 얻어먹고
三七日(三週)을 힘써　修鍊하였는데　熊家는　飢寒과 고통을 견디
어　天戒를 존중하여　桓雄과의　約束을 지켜　健實한　女性　容貌를
얻었다. 그러나　虎家는　怠慢하여　禁忌를 못하고　天戒를　遵守치

못하여 이를 얻어 이루지 못하였다. 그런데 熊氏네 딸들은 愚直한 고집이 있어 돌아가지 아니하고 신단수 아래서 무리지어 呪願만 하고 있었더니 이에 桓雄이 桓으로 假化하여 管境을 주어 婚姻하니 子女들을 낳았다. 그 後孫에 檀君王儉이 있어 阿斯達(지금 松花江)에 都邑하고 비로소 朝鮮三韓이라 하였다.

朝代記曰……庶之部 有大人桓雄者 探聽興情 期欲天降 開一光世界于地上……乃授天符印三個 遣往理之 雄率徒三千 降于太白山神壇樹下 謂之神市 將風伯 雨師 雲師而 主穀 主命 主病 主刑 主善惡 凡主人間三百六十餘事 在世理化 弘益人間 是謂桓雄天王也.
時有一熊一虎 同隣而居 常祈于神壇樹而又請於桓雄 願化爲天戒之氓 雄乃以神呪 換骨移神 又以神遺 得驗靈活 乃其艾一炷蒜二十枚也 仍戒之曰 爾輩食之 不見日光百日 自由成眞 平等濟物便得化人 踐形之大人者也. 熊與虎兩家 皆得而食之 忌三七日 務自修鍊而 熊耐飢寒苦痛 遵天戒 守雄約 而得健者之女容 虎則誣慢 不能忌遵天戒而 終不得與之.……熊氏諸女 自執愚强而無與之爲歸故 每於壇樹下 群聚以呪願有孕有帳 雄乃假化 爲桓得管境而使與之婚孕生子女 自是群女群男 漸得就倫 其後有 檀君王儉 立都阿斯達(今松花江也) 始稱國爲朝鮮三韓.

이상에서 본바와 같이 桓仁(7代 3301)의 나라 桓國이 있었고 또 뒤를 이어 桓雄(18代 1565年)의 倍達國이 있었으며 그 다음 단군王儉이 다스린 (47代 2096年)朝鮮國이 있어 不斷히 이어져 왔음이 昭然하게 明記되어 있음을 알 수가 있다. 또 다음 한편 더 소개하면

……斯瓦羅桓雄(第13世 한웅)의 처음이자 熊女君의 後에 비로소 壇墟를 得封하여 王儉이 樹德으로 愛民하니 그 土境이 漸

大하여 모든 土境의 王儉들이 方物을 獻上하고 歸化者가 千餘
數에 달했다. 그로부터 460年 뒤에 神人王儉이 있어 民望을 大
得하여 神王에 올라 24年을 攝行하였더니 熊氏王이 戰爭에서
崩御하였다. 王儉이 그 位를 이어 九桓을 統一하니 이가 檀君王
儉이다.……드디어 三韓으로 分土하여 다스리고 辰韓의 天王이
되어 都邑을 阿斯達에 정하고 開國하여 朝鮮이라하니 이가 一
世 檀君이다. 阿斯達은 三神에게 祭天하던 곳인데 後人이 王儉
城이라 칭하였으니 王儉의 舊宅이 尙存한 연고이다.

  ……斯瓦羅桓雄之初 熊女君之後 曰黎始 得封於檀墟爲王儉 樹
德愛民 土境漸大 諸土境王儉 來獻方物 以歸化者千餘數 後四百
六十年 有神人王儉者 大德民望 陞爲神王 居攝二十四年 熊氏王
崩於戰 王儉遂代其位 統九桓爲一 是爲 檀君王儉世. ……遂與三
韓分土而治 辰韓天王白爲也. 立都阿斯達 開國號朝鮮 是爲一世檀
君阿斯達 三神所祭之地 後人稱王儉城以 王儉舊宅尙存故也.－(太
白遺史 三韓管境 本紀 第四)－

라고 하였는데 끝으로 三國遺事의 古朝鮮조의 古記편을 보면 다
음과 같다.

  古記에 이르되 옛 桓國에 庶子 桓雄이 있었는데 자주 天下에
人世를 貪求하니 父는 그 子의 뜻을 알아 三危와 太伯을 下視
하니 弘益人間 할 곳이라 天符印 三個를 주어 가서 다스리게
하였다. 이에 桓雄은 三千徒를 거느리고 太伯山頂 神壇樹下에
降臨하니 神市라 하고 이를 桓雄天王이라 한다. 風伯·雨師·雲
師 등을 거느리고 穀·命·病·刑·善惡을 맡아 무릇 人間의
360餘事를 主管하여 世上을 다스렸다.
  이때에 熊族과 虎族이 한 마을에 살았는데 항상 神雄에게 仙
人되기를 빌었다. 그래서 한웅은 쑥과 마늘을 주며 너희들은 이

것을 먹고 百日 동안 열심히 기도하면 仙人이 될 것이다 하니
熊族과 虎族은 쑥 마늘을 먹고 三七日(21日)을 禁忌하고 齋戒하
니 熊氏네 딸은 곧 仙女가 되고 虎族은 되지 아니 하였다. 웅씨
네 딸은 늘 婚配者를 원하던 차에 한웅이 짐짓 이와 혼인하여
子息을 낳으니 이가 단군왕검이다.

　　古記云　昔有桓國庶子桓雄　數意天下　貪求人世　父知子意　下視
三危太伯可以弘益人間　乃授天符印三　遣往理之　雄率徒三千降於
太伯山頂神壇樹下　謂之神市　是謂桓雄天王也·將風伯雨師雲師·
而主穀主命主病主刑主善惡·凡主人間三百六十餘事·在世理化·
時有一熊一虎·同穴而居·常祈于神雄·時神遺靈艾一炷·蒜二十
枚曰·爾輩食之·不見日光百日·便得人形　熊虎得而食之忌三七
日·熊得女身·虎不能忌·而不得人身·熊女者無與爲婚·故每於
壇樹下·呪願有孕·雄乃假化而婚之·孕生子·號曰壇君王儉……
壽一千九百八歲……

　이상에서 安含老의 「三聖紀」와 元董仲의 「三聖紀」 및 渤海書인
「朝代記」와 太伯逸史의 「三韓管境本記」 그리고 三國遺事의 「古記」
等 다섯 本을 비교해 보았다.
　지금까지의 단군을 거론하는 데에 대개 三國遺事만을 들고 설
왕설래하면서 시비하여 왔다. 그런데
　소련 과학원이 펴낸 「유 엠 푸진」의 「古朝鮮」은 괄목할 업적
으로 봐야 할 것이다. 푸진은 「日本國史史觀이 역설해온 中國계
箕子가 古代 한국을 지배했다는 箕子朝鮮은 漢時代에 꾸며진 것
이다.」라고 비판한 事實이며, 古朝鮮에

　靑銅期의 편년을 서기전 2천년(4차년 전) 후반기와 1천년 전

반기로 높여 잡고……

　王儉城의 王宮과 중앙 행정 기관의 유적을 발굴 했으며……
漢四郡이 한국 국경 밖에 존재했다.

고 한 최근의 소련과학원의 연구 업적과 아울러 같은 소련 학자
「알에스에취 자를가시노바」가 밝힌바

　韓半島에는 구석기 시대에 인류가 살았고 신석기 시대(약
8000년 이후)에는 高度의 獨自 文化를 가지고 있었다.

라고 하였으니 이러한 폭넓은 연구 업적은 文獻과 出土品을 통
한 합주적인 연구였으며 또 中共의 唐蘭이 발표한「大汶口文明
圈」(5785년 전 것)이라든지 같은 중공 光明日報에서 발표한「七
千年前의 벼농사址」와 북한 중앙통신이 발표한「4차년전의 집터,
청동기, 생활도구, 곡식 종자」등(拙著 韓民族 뿌리 思想 第二장
참조) 일련의 國外 연구는 植民地史觀으로 熟寢에든 國內史學界
의 恥慾이 들춰지고 만 셈이다. 앞에서 例示한 4.5種의 새로운
국내 史料는 식민사학도들의 外面 거리였지만 國外學者의 韓國
史 연구說과는 너무도 一致하는 點이 많다. 때문에 例示의 이
史料(三聖紀·朝代紀·檀君世紀·揆園史話 등)의 史觀 方向을 重
視해야할 至急한 단계라고 본다.

3. 三大經典에 나타난 民族思想

　檀君의 思想을 우리는 흔히 한마디로「弘益人間」 사상이라 말

한다. 단군 시대에 이 弘益人間 사상이 얼마나 발전하였는가를 주변국과의 그 수준을 대비해 본다면 山海經에 「東方에 有君子國」이라 했다. 이 말을 잠시 검토해 보면 “동방에 君子의 나라가 있다”고 했으니까 필시 西方 사람이 한 말이다. 西方이 東方의 對稱이 되기 때문에 西方 사람의 말인 것은 틀림없는데 그 西方이란 곧 中國이다. 그렇다면 中國 사람이 우리를 東方人이라 했고 따라서 그 東方族인 우리는 中國人이 他稱한 「君子國」이다. 中國에서 우리 東方國을 君子國이라 했으니까 이 말을 바꾸어 놓으면 西方族인 中國 自己들의 나라는 君子國이 못된다는 말이다. 東과 西가 모두 같이 君子國이라면 何必 우리만을 지칭해서 君子國이 東方에 있다라고 강조할 이유가 없기 때문이다.

그런데 君子國과 非君子國과를 대비한다면 물론 말할 것 없이 非君子國에 비해서 君子國이 文化 水準이 높다는 말이다. 말하자면 중국인이 말한바 이 말 한마디는 우리 東方 文化가 西方 漢族 자기들의 文化보다 월등히 높았다는 重要한 증거이다. 그러기에 서방 漢族들의 선망의 對象이었던 그 君子國사상이 바로 「弘益人間」 사상이었던 것이다. 中國의 韓族들이 쓴 옛적의 여러 가지 記錄들을 들추어 보면 우리를 퍽 높이 평가하였다. 즉,

① 君子의 나라가 북쪽에 있는데 그 사람들은 서로 사랑하고 다투는 일이 없다.(山海經)

② 東方은 仁國이라 君子들이 살고 있는데 예절이 바르고 서로 사양하기를 좋아한다.(山海經)

③ 그들은 서로 칭찬하기 좋아하며 헐뜯지 않으며 사람이 환란을 당하는 것을 보면 서슴지 않고 죽을 데라도 뛰어든다.(東方朔 神異經)

④ 부여 사람은 체격이 크고 용감하여 謹厚하여 무던하여 남의 것을 빼앗는 일이 없으며 밤낮없이 모여 노래 부르기 좋아한다.(後漢書)

⑤ 그들은 人間性이 곧고 굳세고 용감하다.(後漢書)

⑥ 그 나라 풍속이 길을 가다가 서로 마주치면 먼저 길을 비켜 사양한다.(三國志)

⑦ 그 사람들의 성품은 참하고 욕심이 적고 廉恥가 있다.(三國志)

⑧ 그들은 도둑질하는 사람이 없어서 어느 집도 문을 잠그지 않으며 婦人들은 정조가 강하여 음란한 데가 없다.(漢書)

⑨ 夷란 根本을 뜻하여(東夷)生育의 뜻이다. 中國에서 禮를 잃었을 때에는 東夷에 가서 배워와야 한다.(後漢書)

이상 몇 가지는 高度의 文化國이었던 東方 君子國을 칭송한 中國 文獻에 나오는 기록들이다.

이렇게 西方 漢族들이 극찬해 마지않았던 東方 君子國의 弘益 文化는 그 弘益思想의 알맹이가 과연 무엇이었을까 하는 것이다. 말할 것도 없이 弘益人間思想의 本質은 三大 經書에 集約되어 있는 것이다. 즉 「天符經·三一神話·佺 戒經」인데 天符經은 81字로 된 造化 原理요, 三一神話는 366字로 된 敎化 原理요, 佺 戒經은 366條目으로 된 治化 즉 다스림의 原理인 것이다.

이 三大 原典을 基盤으로 해서 偉大한 弘益文化가 滿開하였던 것이다. 즉 三神一體思想을 根幹으로 하여 三倫·三根·五戒·六藝·八條·八關·九誓 등의 실천 倫理로 昇華되었고 수두(蘇塗)祭壇의 花郞·皂衣의 仙徒들을 통해서 國家의 棟梁이 되었던 賢佐·忠臣·良將·勇卒·明師·德友(六正) 등의 爲國人材가 쏟아져 나왔으니 어찌 國勢가 신장되지 않으며 思想 文化가 발전되지 않을 수 있었겠는가! 三大 민족 경서의 그 條條目目의 珠玉같은 哲學的 明理는 감히 他의 어느 敎理도 견줄 수 없는 최상인 것으로서 확신한다.

고운 최치원은 우리의 正統思想을 일러 「三敎의 要素가 包含되어 있는 玄妙之道」라고 하였다. 그렇다면 佛敎나 儒敎나 道敎의 원천사상이 된 이 함축 원리인 「玄妙之道」란 무엇일까 하는 것이다. 「抱朴子」가 말하기를 "玄이란 것은 自然의 始祖이면서 萬殊之大宗이니 아주 그윽이 심오한 것이다."라고 하면서 "故로 정미롭고 綿綿하여 深遠하기 때문에 妙라고 한다."라고 하였으니 이것이 "玄妙"에 관한 포박자의 표현이다.

말하자면 만갈래로 서로 다른 流派들의 大宗이요 大自然을 낳은 始祖라고 한 "玄"과 심원하면서 면면하고 정의로우면서도 아주 그윽이 깊기 때문에 "妙"라고 한 것이 즉 "玄妙"인 것이다. 이러한 玄妙之道가 곧 우리 民族의 正統思想이었다. (國有玄妙之道)고 고운은 언급하였다.

이 玄妙之道의 原理를 具體化한 文獻이 곧 造化·敎化·治化의 三化原理인 三大 天書(天符經·三一神話·戒經)인 것이다. 현묘지도는 조화의 원리를 천부경 81자에다 함축하였고 교화의 원리를 삼일신고 366자로서 理論化 했었고 또 치화 원리를 참전계경 366조목에다 비축하였다.(拙著韓民族의 뿌리 思想 참조)

이 三大 天書가 基盤이 되어 三倫 五戒와 八條 九誓 등으로 실천 德目이 전개되고 있다. 이것은 皁衣 花郎들의 心身 연마에서 실천하던 行動 강령으로서의 準律들이었다.

靑邱國의 大風山(太伯山)에 있는 자부(紫府) 선생에게서 三皇內文經을 받아간 황제(黃帝)는 「黃帝內經素問」을 지었는데 이 素問은 지금까지 東醫學界에서 醫學의 最古 원전으로서의 그 값을 간직하고 있다. 그런데 이 黃帝內經素問은 꼭 "八十一篇"으로서 黃帝思想의 원천이 되는 天符經의 구성字數인 81字의 數를 그대로 준용하고 있다. 養生의 원리가 총괄되어 이 황제의 「素問」은 81편으로 구성된 의학서로서의 최초의 古典인데 천부경 81字의 造化 섭리에 字數를 그대로 인용하여 편성되어 있다는 것은 원칙적인 상통성을 잘 나타내어 주고 있다.(졸저 韓民族의 뿌리思想: 한 사상의 文化史的 世界性 제1절 道敎思想과 「한」 사상과의 관계 참조)

또 회남자(淮男子)의 地形訓에서는

天一 地二 人三, 三三은 九, 九九는 八十一로 一은 日을 主管한다.
日의 數는 十으로 日은 사람을 主管한다. 그러므로 사람은
十個月 만에 出生한다.……

라고 되어 있으니 이 地形訓은 바로 天符經의 총수 81字 안에서 動物과 人間의 出生 과정이 섭리되고 있음을 잘 설명하고 있다.

또 朶 戒經의 "三百六十六 條目"은 그대로 三一神誥의 366字의 총수를 그 구성 원리로 하고 있다. 三一神誥가 366字인데 참전경은 366편의 조목으로 전개되어 있다는 것은 역시 저 天符經 81字가 황제 소문경 81편과 그 원리적인 면에서 상관관계를 갖듯이 三一신고 366자와 참전계목의 366事편조는 일맥으로 직통되어 있음을 확인할 수 있는 것이다.(졸저 한민족의 뿌리사상: 제4장~5장 참조)

그리고 참전계경의 366조목은 대우주의 366日(1年은 365日을 초과한 시간수이고 윤년은 366日이며 書傳이나 檀奇古史에도 1년이 366日임)과 소우주인 인체의 366骨·366穴의 수리와 연관

되어져 있다. 이렇게 보아 참전계의 구성 원리 역시 大宇宙와
소우주와의 그 수리적인 섭리상으로의 상관성이 밀접한 것이다.
(졸저 한민족의 뿌리사상, 제5장 366事의 意味: 참조)

　이상에서 살핀 바와 같이 天體인 大宇宙와 人體인 小宇宙와가
위선 그 구조적 수리상으로 면밀한 조화를 이루고 있음을 관찰할
수가 있었다. 그런데 이 三大 經書의 內容을 그 일부분만 살펴보
면 天符經은

　　　一始無始一………一終無終一.

　즉 이 우주의 기본 道體를 제시한 章으로 보아「一의 始는 無
에서 始하나 一이라……一의 終은 無에서 終하나 一이라.」라고
하였다. 그런가 하면 三一神誥의 첫 章에서는「天」을 定義내림에
있어서

　　　……蒼蒼非天　玄玄非天　天無形質　無端倪　無上下四方　虛虛空
　空　無不在無不容……

이라 하였으니 즉「天이란 蒼蒼한 것도 아니며 玄玄한 것도 아
니다. 天은 形質이 없는 것이며 端倪(끝)도 없다. 虛虛하고 空空
해서 不在도 없고 不容도 없다.」라고 되어 있는데 여기에 대한
발해 태조 高王의 贊文에서는

　　　理起一無　體包萬有.

라고 했다. 즉「理致는 一無에서 일어남이요, 그 本體는 萬有를 包
容하고 있다.」다시 말하면 天符經의 一始無一・一終無一 사상은

三一神誥의　天無不在　天無不容　사상과　일맥으로　상통되고　있음을
역력히　들어내고　있다. 또　참전계경(366事)에서는　誠·信·愛·
濟·禍·福·報·應의　八綱領中「濟」의「農災」편을　예시해　보면

　　　農災란　농사에　부지런하지　아니하여　재앙을　만남이니　농사란
　　天下의　大本이며　네　가지　직업(農·學·工·商)의　으뜸이　된다.
　　敎化가　높아　흡족하면　사람들이　한가한　게으름이　없나니　건장
　　한　자는　농사를　짓고　총명한자는　학문을　하며, 민첩한　자는　장
　　사를　하고　재교가　있는　者는　공업을　한다. 工人은　물리를　잘　궁
　　구하며　상업에는　탐욕을　일삼지　말고　학자는　그　도리에　통달하
　　며　농부는　때를　놓치지　않아야　하나니　농사에　때를　잃지　않으
　　면　사람에게　재앙이　없느니라.

라고　하였다. 말하자면　천부적으로　주어진　자기의　체질　적성에
직업을　선택해서　국가　사회에　이바지　할　최대의　역량　발휘가　되
어야　한다는　원리가　제시되어　있고　농사는　天時를　잘　파악해서
그　天道　순환의　때를　놓쳐버리지　않으면　사람에게　재앙이　없으
니　천시에　순응해야　함을　강조하고　있다. 자연을　정복하는　것이
아니라　대자연의　法則에　순응하는　것이　인간의　常道라는　것이다.

　　　이렇게　三大　經書의　思想을　근간으로　해서　전개된　실천　규범
　　가운데　또「九誓」가　있다. 단군　제3세　가륵　元年　己亥에

　　　수두(蘇塗)를　세우고　三倫과　九誓訓을　베풀어　治化가　大行하
　　였다.(제3세　단군　가륵)

　　　戒를　爲하여　경당(扃堂)을　세우고　七回祭神의　儀式을　정하고
　　三倫과　九誓之訓을　講하여　韓道文明이　旺盛하였다.(제11세　단군

도해: 道奚)

　　大政을 革新하고 三七日을 週期로 九誓文을 낭독하여 九誓之
會를 열었다.(제44세 단군 丘勿: 九誓全文 생략. 孝·友·信·
忠·遜·明知·勇·廉·義 이상은 9서의 강목임)
　　三倫九德歌를 부르며 皂衣仙人을 선발했다.(고구려 단군 東川帝)

　　宣皇帝仁秀는 天姿英明하고 德氣가 如神하여 그 재주가 文武
를 겸하여 太祖의 風儀를 갖추어 南北의 地廣이 9千里였고 文
治를 大開하여 위로는 國都에서부터 아래로는 州縣에 이르도록
九誓와 五戒를 朝夕으로 誦習하다. (渤海: 大震國本紀)

라고 되어 있어 檀君朝鮮에서 비롯한 九誓가 발해시대까지만 해도
상당히 성행하였다는 것을 알 수 있다. 이러한 九誓文 中에서 제7
「勇」의 誓文을 소개하면,

　　戰陣에서 용감하게 하라, 전진이란 生死 存亡의 결단을 내는
곳이니 國家가 없으면 君父가 木偶와 같고 主權이 서지 않으면
妻子는 남의 노예가 되느니라. 이가 곧 우리의 行道이니 세상에
이 가르침을 傳하는 것이 또한 우리의 일이다. 나라와 主權 없
이 存立함은 정녕코 나라 있으면서 죽는 것과 같으니 주권을
유지하고 희생적 풍조가 있어 규제가 정숙하여 群衆을 잘 다스
려 상벌이 반드시 正平하며 서로 信義와 절제가 있고 공중의
윤리를 기르면 능히 千萬人이 福될지니 이 勇膽과 武俠을 감히
修行치 않으랴.

라고 하였다. 이렇게 전술한 바 三倫五戒나 八條九誓 및 戒經의

366조목 속에는 가정 윤리에서 사회 윤리 및 국가 윤리에 이르기까지 金科玉條가 너무나도 많다. 이것이 어찌 낡은 死文化한 것으로만 돌릴 수 있으랴!

서구적 물질, 문명의 급습으로 인한 동양 윤리의 붕괴는 고도로 이룩된 기계 문명 스스로가 도리어 몰락의 위협을 받고 있다.

Ⅲ. 유교문화

韓國儒教文化

林　東　綴

(한국정신문화연구원 철학종교연구실장)

1. 問題의 提起와 研究의 接近方法

人類가 이 地球上에 棲息하면서 創建한 文化는 다른 生命體群에서 찾아볼 수 없는 偉大한 所産이다. 人類 文化의 本據地가 되어있는 이 世界 속에서 韓國이라고 하는 命題는 우선 地理的으로 東北 亞細亞의 中核的 位置를 占有하고 있음을 알 수 있다. 이러한 地緣的 連繫性을 文化 創造의 構造的 前提條件으로 하고 있기 때문에 韓國 文化는 東北 亞細亞 農耕 文化의 特質 속에서 創出된 것이라고 하는 形式論理가 成立될 수 있겠다. 人類가 이룩한 古代 四大文化[1]의 發祥地中에서 黃河 流域의 文化圈에 속하고 있는 것이 韓國 文化이며 黃河 流域의 文化를 漢字文化라고 하는 槪念으로서 普遍的으로 使用하고 있기 때문에 우리 韓國 文化가

---

1) 여기에서 文化라고 하는 意味는 文明으로도 通하는 뜻이겠으나 오히려 文明의 意味를 包括하면서 廣義의 意味로 解擇이 될 수 있는 文化의 槪念이다.

東北 亞細亞 漢字文化圈에 속하고 있다고 할 수 있겠다.

文化라고 하는 槪念은 두 가지의 立場에서 그 意味 規定을 가능하게 한다. 첫째 廣義의 意味에서 使用하게 되면 人間이 만들어 낸 모든 것이 文化라고 말할 수 있기 때문에 歷史的인 遺産이 곧 文化라는 槪念이 成立된다. 둘째 狹義의 意味에서 使用하게 되면 一般的으로 學問・藝術・宗敎・思想・道德 등의 領域을 가리키는 言語로써 規定할 수 있는 槪念이 成立된다.2) 여기에서는 狹義의 義味로 使用된 文化槪念에 焦點을 맞추기로 한다. 그리고 廣義의 意味로서 使用된 文化의 槪念 속에는 物質文明까지를 包括할 수 있는 意味가 內包될 수 있겠지만 여기에서는 주로 狹義의 意味로서 使用하기 때문에 物質文明을 排除한 精神文化의 立場에 立脚해서 考察하여 보고자 한다.

韓國文化史에서 儒敎文化를 論하는 데 있어서 文化 槪念의 狹義的 意味로서 敍述한다고 하더라도 너무나 크고 넓은 學問的 範疇를 차지하기 때문에 실로 어려운 作業이라 아니 할 수 없다. 때문에 韓國 文化史에 있어서 哲學思想의 精神史的 機能과 役割에 對한 觀點에서 韓國 文化를 客觀的으로 眺望할 수 있는 方法이 더욱 韓國儒敎 文化의 原型을 抽出할 수 있는 捷徑이라고 思料된다. 이러한 側面에서 實際的으로 硏究 對象의 根幹을 이루는 領域이 韓國의 儒敎 哲學 思想이며 동시에 儒敎思想의 韓國的인 展開가 韓國 儒敎文化를 論述하는 方式이 될 것이다.

周知하는 바와 같이 儒敎 思想은 孔子(B.C. 551~B.C. 479)가 唐・虞時代의 文化와 夏・殷・周 時代의 文化를 集大成하여 體系化시킨 人間中心의 人本主義 思想이라고 하겠다. 孔子의 核心思

---

2) 家永三郎著 「日本文化史」(岩波書店) p.1.

想은 한마디로 말하여 「仁」 思想이다. 이 「仁」 思想은 堯·舜·禹·湯·文·武·周公의 一貫된 道脈에서 生成된 哲學 體系로서 東北 亞細亞 漢字文化圈의 二千五百年 文化史에서 가장 偉大한 힘으로 作用하였다. 儒敎의 中心 思想인 「仁」의 哲學 體系는 人間이 世上에 태어나기 以前에 關하여 問題를 삼고 있는 思想도 아니며 아울러 人間이 살다가 죽는 死後의 일에 關하여 問題를 삼고 있는 思想도 아니고 오직 人間이 살고 있는 이 世界의 現世的 「存在」와 「當爲」를 問題 삼아서 가장 理想的인 形態의 人間 中心 社會 建設을 위한 「仁道의 實現」을 目標로 하고 있는 點에서 餘他의 啓示 宗敎 思想과는 次元을 다르게 하고 있다. 그렇기 때문에 佛敎 思想에서 現世 否定的 解脫을 前提한 「慈悲」哲學이나 基督敎 思想에서 來世 志向的 天堂을 前提한 「사랑」哲學과는 立場을 달리 하는 現世 肯定的·積極的·人本的인 삶의 態度가 基底에 깔려있는 人間中心에서 人間을 對象으로 하는 人間主義의 哲學 思想이라고 할 수 있다.

　儒敎 文化의 中心 思想인 「仁」은 天賦的인 德性으로 人間의 人間된 存在理由를 밝힌 것이며 人間의 사랑의 理致와 人間의 마음의 德3)을 當爲의 原理로 밝힌 것이라고 할 수 있다. 「仁」은 그 文字의 構造에서 나타내고 있는 것처럼 「人」字가 두개 겹쳐서 된 글자로 한 개인 存在의 「尊嚴性」과 두 사람 以上이 이루는 共同體 社會의 理想的인 當爲의 「調和性」을 闡明하고 있는 思想이다. 人間 存在의 尊嚴性은 사람 위에 사람 없고 사람 밑에 사람 없다는 天賦的 價値를 부여한 것이며 人間 行爲에 있어서 當爲의 調和性은 더불어 함께 生을 營爲하고 있는 社會의 平

---

3) 「論語(朱子集註)·學而篇」 參照.

和的 價値를 부여한 것이다. 「仁」 思想은 天賦的 價値哲學과 平和的 價値 哲學을 합한 人道主義 哲學 思想이라고 할 수 있다.

孔子는 人道主義 哲學 思想의 實現을 위하여 全生涯를 一貫된 求道的 姿勢로 살다가 一生을 마친 분이다. 아침에 道를 들어 깨우치면 저녁에 죽어도 좋다4)고 하였다. 이러한 態度는 「仁」이라고 하는 人道主義 哲學의 實現을 위해서는 貴重한 生命을 버릴 수도 있다는 強靭한 意志의 發露라고 하겠다. 人間으로써 生과 死의 問題를 넘어 서서 「仁道의 實現」을 위하여 超然할 수 있었던 孔子의 求道精神이 東北 亞細亞 文化의 主流를 形成하여 온 儒敎思想의 人道主義的 特質을 創出하였다고 하겠다.

韓國文化史에 最初로 傳來된 儒敎 思想이 時代의 變遷과 함께 어떠한 樣態로 作用하였는가에 對하여 三國과 統一新羅·高麗朝·朝鮮朝의 順位로 특히 ① 統治理念 ② 敎育制度 ③ 人材登用 ④ 人間修養의 問題에 焦點을 맞추어서 檢討하여 民族文化의 主流를 形成하여 온 韓國儒敎思想의 機能을 傳統文化에 있어서 또 하나의 主流라 할 수 있는 佛敎思想과 比較하면서 論述하고, 다음으로 東北 亞細亞 漢字文化圈의 同質性을 그 文化史에 담고 있는 中國 佛敎 文化와 日本 儒敎 文化에 對한 韓國儒敎思想의 役割을 探究하여 보고자 한다. 中國 儒敎 文化에 對한 韓國儒敎思想의 役割에 對하여는 韓國儒敎라고 하는 틀을 넘어 서서 考古學的인 方法論을 通하여 中國 漢文化의 淵源에 對한 韓國古代 東夷文化의 役割에 對한 것으로 局限할 것이며 日本 儒敎文化에 對한 韓國儒敎思想의 役割에 對하여는 日本 文字文化의 始源과 近世 日本 儒敎文化에 미친 影響을 中心으로 한 役割을 探究하

---

4) 「論語·里仁篇」「朝聞道夕死可矣.」

여 보고자 한다.

本 論文은 韓國 儒敎 思想이 民族文化史에서 어떻게 機能하였는가 對하여 檢討하는 作業이 問題가 되겠으며 다른 하나는 韓國 儒敎 思想이 東北 亞細亞 文化史에서 어떻게 役割하였는가 對하여 檢討하는 作業이 問題가 되겠다. 韓國 儒敎 文化를 認識하는 視角을 韓國 儒敎 思想의 民族 文化史에 있어서의 機能과 東北 亞細亞 文化史에 있어서의 役割에 焦點을 맞추기로 한다.

2. 韓國 文化史에서 본 儒敎思想의 機能

(1) 儒敎思想 受容의 文化史的 意義

韓國 文化史에 最初로 傳來된 儒敎 思想은 古代 韓國 民族의 祖上崇拜思想과 密接한 關係를 가질 수 있었기 때문에 受容이 可能했을 뿐만 아니라 成長 發展하여 民族 文化의 主流를 形成했다고 본다. 人間의 尊嚴한 存在性과 人間된 行爲의 當爲性을 調和있게 含蓄하고 있는 「仁」 思想은 祖上崇拜思想과 連繫性이 깊은 思想이라고 하겠다. 論語에 「君子는 根本을 힘쓸 것이니 根本이 서면 道가 생기는 것이다. 孝道하고 恭敬하는 것은 仁을 行하는 根本이 되는 것이다.」5)라고 하였다. 魯나라의 大夫 孟懿子가 孔子에게 「孝」를 물었을 때 「어김이 없는 것(無違)」이라고 하고 그 뜻을 다시 敷衍說明을 하여 孔子는 「어버이가 살아 계실 때 섬기기를 禮로써 하며, 돌아가셔서 장사를 지낼 때 禮로써 하며, 제사를 모실 때 禮로써 하는 것이다」6)라고 하였다. 仁

---

5) 「論語・學而篇」「君子 務本 本立而道生 孝弟也者 其爲仁之本與.」
6) 「論語・爲政篇」「生事之以禮 死葬之以禮 祭之以禮.」

을 行하는 根本이 되는 德目이 孝이고, 孝를 具體的으로 實踐하
는 德目이 禮이다. 仁·孝·禮는 祖上에 對한 崇拜思想을 오히려
더욱 體系化시켜 준 明倫思想이라고 할 수 있다. 禮를 배우지
않으면 스스로 獨立할 수 없다.7)고 하였다. 여기에서 우리는 두
가지 視角에서 考察할 必要가 있다고 생각한다. 하나는 傳統 社
會의 韓國人은 禮節을 배워서 밝았고, 또 하나는 傳統 時代의
韓國 社會가 禮儀를 崇尙하는 獨立된 나라였다는 點이다. 그러한
緣由로서 傳統時代의 韓國을 東方禮儀之國이라고 부르게 되었다.

祖上 崇拜 思想이라고 하는 우리 民族 固有의 本質的 倫理思
想은 人倫과 道德을 밝힌 儒敎 思想의 受容으로 말미암아 洗鍊
된 東方 第一 禮儀之國의 倫理思想으로 發展할 수 있었고, 빛나
는 民族 文化를 創造할 수 있었다.

그러나 儒敎 思想이 어느 時期에 어떠한 形態로 우리나라에
傳來되어 受容하였는가에 對하여는 明確하지는 않지만 대개 다
음과 같은 四期로 나누어 考察할 수 있다. 첫째는 三國時代에
들어온 漢나라의 五經思想이요, 둘째는 統一新羅·高麗前期에 들
어온 隋나라·唐나라 時代의 文學的 儒學 思想이다. 셋째는 高麗
末葉·朝鮮初期에 들어온 朱子思想인데, 이는 宋代 性理學을 代
表한 것으로 近世 韓國 學術 文化 思想에 劃期的인 影響을 준
것이라고 하겠다. 넷째로는 朝鮮朝 後半期에 들어온 淸代의 實學
思想이다.8)

儒敎 思想이 처음 傳來되어 受容된 具體的 記錄으로는 高句麗
第十七代 小獸林王 二年(A.D. 372)에 國立大學인 太學을 設立하
여서 子弟를 敎育하였다는 三國史記의 內容이다. 그러나 國立大

---

7) 「論語·李氏篇」「不學禮無以立..」
8) 柳承國 著 「韓國의 儒敎」(세종대왕기념사업회) p.16~17.

學을 設置하였다는 것은 社會的 文化에 對한 認識이 成熟되었다는 것을 뜻한다고 하겠다. 때문에 儒敎思想이 最初로 傳來된 것은 적어도 A.D. 4世紀 以前으로 遡及되어야 할 것이다.

韓國民族의 文化史的인 體質과 맞는 儒學 思想이 傳來 受容되어서 使用된 것은 漢字가 뜻글자이기 때문에 漢字의 傳來와 함께 보는 것이 妥當할 것이고, 漢字의 起源을 밝혀 보는 일이 더욱 重要한 作業이 되어야 할 것이다. 다만 우리 民族이 有文字의 文化活動을 始作하게 된 것이 漢字이며 同時에 儒敎 思想을 受容했다고 하여야 할 것이다. 이 問題에 對하여는 後述하기로 한다.

儒敎 思想의 受容이 古代 韓國人의 祖上崇拜 思想에서 한 次元 더 높은 東方禮儀之國의 倫理 思想으로 發展을 시켰고, 다시 A.D. 4世紀頃 儒學六學인 民族 最初의 國立大學을 設置하여 그 後 1600年 동안 政治·敎育·社會·倫理·文學·藝術 等 모든 領域에 이르는 文化의 源泉的 役割을 하였으며 長久한 文化史 속에서 充分히 그 機能을 發揮하여 民族 傳統 文化의 源流的인 所任을 다하여 왔다고 보아야 할 것이다.

(2) 三國·統一新羅의 儒敎思想

民族 傳統 文化의 源流的機能을 擔當한 韓國 儒敎 思想이 具體的 社會制度로써 登場하여 그 機能을 發揮하기 始作한 것은 只今 現在의 文獻的 考證으로 可能한 것이 三國時代이다. 高句麗에서 小獸林王二年(A.D. 372)에 太學을 세워 子弟를 敎育하였고, 百濟에서 大學의 設立年代는 알 수 없으나 古爾王五十二年(A.D. 285)에 벌써 日本에 論語와 千字文을 傳하였으며, 新羅에서는

神文王二年(A.D. 682)에　國學을　設立하였다.9)　즉　本格的인　制度
的　國立　儒學大學을　設立하여서　能動的이고　積極的인　儒敎　思想
을　受容했다고　하겠다.

　三國時代에　있어서　子弟　敎育　內容은　道德的인　倫理思想과　政
治的인　統治理念의　問題를　中心으로　이루어졌다.　그　敎科內容을
보면　高句麗에서는　五經・三史・三國志・晋春秋를　주로　읽혔고,
百濟에서는　五經・子・史를　주로　읽혔고,　新羅에서는　詩・書・
禮・傳이　주로　읽혔는데,　學問上으로　經學과　史學이　中心이　되었
다.10)　이것은　漢代의　五經思想의　影響으로　이루어진　것이며　經學
과　史學을　通한　道德的　倫理思想과　政治的　統治理念에　對한　關心
은　儒敎를　통한「社會秩序의　樹立」을　意味한다.　儒敎思想을　通한
社會秩序의　樹立을　위해서는　그　德目　中에서　가장　重要視되는　것
이「忠」과「信」의　德目이다.11)　忠과　信을　통해서　心身을　닦았던
花郎徒의　戒律이　그　좋은　例證이　될　수　있으리라고　생각된다.　이
것은　옆으로는　信을　通한　團結을　바탕으로　하고　이를　위로　忠과
連結지어　줌으로　해서　全體的인　融和를　가져오기를　期하는　것12)
이라고　하겠으며,　여기에서　強調된　信속에는　또한「仁」과「義」와
「禮」와「智」의　四德思想이　包括되어　있다고　보겠다.

　高句麗　第十四代　烽上王　九年(A.D. 300)에　國相　倉助利가　王
에게　말하기를「임금이　백성을　矜恤히　여기지　아니하면　仁이　아

---

9)　玄相允　著「朝鮮儒學史」(民衆書館) p.13.
10)　李家源　編「韓國學硏究入門」(知識産業社) p.264.
11)　李基白 [儒敎受容의　初期形態]「新羅時代의　國家佛敎와　儒敎」(韓國
　　　硏究院) 1978.
12)　上揭論文

니고, 신하가 임금에게 直諫하지 못하면 忠이 아니다.」13)라고 하였다. 여기에서 「仁」은 存在論的인 側面의 모든 德目을 總括하는 體概念으로서의 뜻을 지니고 있으며, 同時에 當爲論的인 側面의 仁·義·禮·智·信 等 用概念으로서의 뜻을 아울러 內包하고 있는 것으로, 儒敎의 根本思想인 「仁」 思想이 古代 韓國政治的 統治理念에 具體的으로 發現된 한 證左라고 하겠으며 有德者만이 統治者가 될 수 있다는 孟子的 政治思想에도 符合되는 思想이 韓國 古代政治現象에 反映된 것이라고 하겠다. 그리고 忠思想을 「直諫」 思想으로 보는 倉助利의 義理精神은 春秋의 大義名分論으로 連繫를 맺을 수 있는 性格의 본보기라고도 할 수 있다.

百濟 第十三代 近肖古王 三十年(A.D. 375)에 「古記에 이르기를 百濟는 開國以來 文字로 記事한 일이 없다가 博士 高興을 얻게 되어 비로소 書記가 있게 되었다. 그러나 高興에 과해서는 다른 記錄에 드러난 적이 없으니 그가 어떤 사람인지 모른다.」14)라는 三國史記의 記錄이 있고, 第三十代 武王 四十一年(A.D. 640)에 「子弟를 唐에 보내어 國學에서 배우기를 請했다.」15)한다. 文獻 不足으로 充分히 알 수는 없지만 儒家的인 思想에 立脚해서 文化史의 記錄을 試圖했고, 遣唐 留學生이 있었으며 또한 A.D. 3世紀頃에는 日本에 王仁 博士를 通하여 論語·千字文을 전파하기도 하였다.

新羅 第二十四代 眞興王(A.D. 539~A.D. 575)代에 儒敎思想이 急進的으로 發展된 것으로 생각되는 實證이 있다. 그것은 「北漢山

---

13) 「三國史記·高句麗本紀」·「烽上王九年……助利曰 君不恤民非仁也 臣不諫君非忠也.」
14) 「三國史記·百濟本紀」「古記云 百濟開國以來 未有以文字記事. 至是得博士 高興始有書記 然高興未嘗顯於他書 不知其何許人也.」
15) 「三國史記·百濟本記」「遣子弟於唐請入國學.」

碑」·「黃草嶺碑」·「磨雲嶺碑」 등의 「莫不修己以安百姓」이라는 것이다. 帝王의 根本이 修己以安百姓이라 함은 原始儒學의 根本處인 것이다.16) 修己以安百姓이라는 말은 修己安人 혹은 修己治人으로 表示되는 儒敎 政治 哲學 思想의 根本問題이다. 여기에서 우리는 두 가지 側面에서 吟味할 必要가 있다. 첫째는 修己가 內包한 意味의 問題이다. 끊임없이 自己의 存在에 對한 人間的인 修養을 要求하고 있는 儒敎 思想의 本領인 것이다. 人間이 社會的인 相對的 存在라고 할 때 人間 個體의 主體性을 確立하는 自己完成의 一次的인 目標가 되는 것이다. 둘째는 治人이 內包한 意味의 問題이다. 修養을 通해서 이루어진 修己의 自己完成的 一次的인 目標에서 蘊蓄된 「仁」이라고 하는 德性의 社會的인 擴散을 말하는 人間된 自己實現의 二次的인 目標가 되는 것이다. 儒敎的 治人은 어디까지나 修養에서 이루어진 德을 바탕으로 하여 感化가 理想視되는 間接治인 것이며 直接治가 아닌 것이다. 眞興王代에 政治哲學의 儒敎的 原理가 잘 適用된 것이라고 하겠다.

　이상에서 살펴 본 바와 같이 高句麗·百濟·新羅가 한결같이 國家的 次元에서 國立 儒學大學을 制度的으로 設置하여 人材養成을 하였고, 儒敎 思想에 立脚한 人間修養을 理想으로 생각하였으며 仁·義·禮·智·信·孝·忠 등의 德을 바탕으로 한 修己治人의 統治理念이 肯定的으로 受容되었기 때문에 佛敎 思想과 共存을 이루면서 韓國 儒敎 思想으로 定立되었다고 본다. 特히 三國統一의 原動力이 되었던 花郞徒의 精神에 決定的인 機能을 發揮할 수 있었던 圓光의 世俗五戒에는 忠·孝·信·勇·慈의 思想으로 表現되는데 이는 儒敎 思想의 基本的인 德目으로서 佛

---

16) 劉明鍾 著 「韓國思想史」(以文出版社) p.118.

敎思想과 잘 融和된 民族思想의 表現이라고 할 수 있을 것이다.

統一新羅期로 접어들면서 儒學思想은 더욱 鞏固하게 確立되어 간다. 佛法이 世俗을 떠난 道라 하여 佛敎를 배우지 않고 人道主義思想인 儒者의 道를 擇한 强首(?~A.D. 692)는 貧과 賤은 부끄러운 것이 아니고 學問을 배웠으되 實行하지 못한 것이 참으로 부끄러운 것[17]이라고 한 修己治人과 學行一致의 實踐的 面目을 보였다. 薛聰(A.D. 655~A.D. 740)은 元曉의 아들이었는데 「經術 文章에 뛰어나 儒宗이 되어 方言으로써 九經을 解釋하여 後生을 가르침에 儒敎가 大行하게 되었다」[18]고 한다. 强首와 薛聰은 大頭品 階層의 儒學思想家이고, 國學으로부터 高級 人材가 官吏로써 輩出된다. 그리고 代表的인 儒學者로써 社會的인 役割을 六頭品 階層이 擔當하였음은 儒敎 思想에 立脚한 王權의 鞏固化가 新羅的인 特殊 與件에 맞게 이루어졌음을 意味한다.[19] 이것은 眞骨보다 낮은 六頭品이 人材로 拔擢되어 官吏로써 王權과 密着된다는 것은 德治와 禮治를 理想으로 하는 儒敎的 統治理念이 發展的으로 應用되었다는 것이라고 하겠다. 崔致遠(A.D. 857~?)은 「智證大師寂照塔碑銘」의 序에서 「仁義禮智信의 五常을 東方에 分配하면 仁이라 하고, 儒·佛·道의 三敎에 이름을 붙여 淨域에 나타난 것이 佛이니 仁心은 곧 佛이요, 佛目은 仁則이다」[20] 이것은 崔致遠의 思想을 通하여 우리 民族文化史에서 佛敎가 가장 隆盛하였던 統一新羅 時代의 儒家的 立場에서 佛敎

---

17) 劉明鍾 著 「韓國思想史」(以文出版社) p.120.
18) 張志淵 著 「朝鮮儒學史」(涯 東書館) p.2 參照.
19) 李家源 編 「韓國學硏究入門」(知識産業社) p.265.
20) 崔致遠 著 「智證大師寂照之塔碑銘幷書」 「序曰 五常分位 配動方者曰 仁三立名 現淨域者曰佛仁心則佛 佛目能仁則也.」

思想내지는 道敎思想과 融和的으로 共存했던 社會 文化 現象의
表現이라고 할 수 있을 것이다.

(3) 高麗朝의 儒敎思想

高麗朝 初期의 儒敎 思想은 統一新羅期의 儒·佛·道 三敎思
想이 調和를 이루면서 展開되었던 것과 같이 社會 文化的인 背
景下에서 그 機能을 發揮하게 된다. 먼저 太祖 王建의 十訓要를
分析하여 보면 역시 儒·佛·道 等 思想과 民間 信仰이 結合된
것이라고 하겠으나 그중에서 特히 「嫡子嫡孫을 繼承 原則으로
삼은 點」과 「小人을 멀리하고 賢人을 가까이 하라는 點」과 「經
史를 널리 읽어 古今을 거울삼되 周公의 無逸篇을 그림으로 그
려 살피도록 하라는 點」 等은 儒敎的 宗法思想·儒敎的 修身思
想·儒敎的 民本思想을 高麗 王朝 體制에 繼承하게 하여 儒敎
政治思想 統治理念을 具現시켜 보고자 한 굳은 意志의 發露라고
할 수 있을 것이다.

그러나 高麗朝에 있어서 儒敎 思想이 民族文化의 中世的 特色
을 나타내면서 더욱 發展的으로 變革된 것은 第四代 光宗九年에
施行되었던 科擧制度에 있다고 할 수 있다. 三國時代 A.D. 4世
紀頃 國立大學이 創設된 以來 六百餘年이 지난 A.D. 10世紀頃에
이룩된 것이다. 學校 敎育을 通하여 人材를 輩出 登用하던 文化
의 傳統을 좀더 體系的으로 政治의 一線에 優秀한 人材를 參與
시키자는데 科擧制度式 人材登用 方法일 것이다. 그리고 高麗 初
期 豪族들과의 聯合政權的 體質을 脫皮하여 中央集權化를 期하
려는 一連의 몸부림이 있었는데, 이러한 點을 考慮할 때 人材登
用을 위한 科擧制度의 實施 역시 中央集權體制의 整備 強化策의

一環이 아닐 수 없다21) 이미 高麗朝의 敎育制度로써는 新羅가 敗亡하기 六年前인 太祖 十三年 西京에 國立學校를 創設하고, 延號를 書學博士로 삼아 6部의 生徒를 모아서 修學하게 하였다22)는 點과 敎科內容이 儒敎의 經典이었다는 點을 考慮할 때 建國부터 儒敎思想 敎育에 專念하여 왔는데 人材登用의 公平을 期하고 優秀한 人材의 政治 參與를 制度的으로 保障하였다는 것은 儒敎思想을 政治的 統治理念으로 反映하기 위한 劃期的인 發展이 아니라고 할 수 없겠다.

그리고 高麗朝 第六代 成宗은 高麗의 歷代 임금 중에서 가장 儒敎 思想을 崇尙하고 儒敎 精神에 立脚해서 學術과 文化를 政治에 實踐하고자 한 임금이라고 하겠다.23) 成宗은 스스로 儒敎 哲學思想의 政治的 統治理念을 强調하여 下敎하기를 「무릇 國家를 다스림에는 반드시 먼저 根本을 힘써야 하나니 根本됨을 힘쓰는 것은 孝에 더함이 없다.……이러므로 法則은 六經에서 取하고 規範은 三禮에 依하여 한 나라의 風俗으로 하여금 孝子의 門으로 돌아가게 하기를 바란다.」24) 이것은 禮思想을 積極的으로 實踐하여 孝思想으로 發展하게 하여서 國家의 構成員인 百姓을 孝思想으로 武裝하여 儒敎 政治의 理想的 統治理念이라 할 수 있는 「仁政」을 펴 보고자 하는 成宗의 政治 哲學이라 할 수 있을 것이다. 이러한 成宗의 統治 理念은 儒臣 崔承老(A.D. 927~A.D. 989)의 時務策 二十八條에 影響을 받은 바가 컸으리라고 思料된다. 또한 崔承老의 時務策을 背景으로 이루어진 成宗의 行政體制整備도 高麗 初

---

21) 金龍德 [高麗 光宗朝의 科學制度 問題] 「中央大論文集 4.」
22) 「高麗史」 太祖十三年 參照.
23) 柳承國 著 「韓國의 儒敎」(세종대왕기념사업회) p.152.
24) 「高麗史」 卷三·世家 卷三·成宗九年九月條 參照

期의 政治 現象과 關係가 깊다고 보여 지며, 그것 역시 專制 君主
中心의 中央 集權化의 一環이라고 보여진다.25)

特히 高麗朝 創業期에 太祖의 十訓要에 儒敎 思想的 統治 理
念이 反映되고, 光宗 때에 人材登用을 위한 科擧制度를 實施하
며, 成宗 때에 行政機構를 改革하지만, 高麗朝 全般的인 儒敎思
想의 基盤을 造成한 것은 역시 崔承老의 時務二十八條였다고 말
할 수 있겠다. 이 時務論은 成宗뿐만 아니라 高麗末期에 이르기
까지 王과 臣下들이 政策 理論의 標本으로서 再吟味되었던 것이
니 恭愍王 때에도 崔承老의 時務論을 임금에게 講讀한바 있었다
고 한다.

太祖 王建의 高麗 建國 十三年 西京에 學校를 세워서 儒學의
經典을 敎育시켜 오다가 成宗 때 國子監을 創設하여 本格的인
儒敎思想 敎育을 시켰으며 十二牧에 經書博士를 두어 子弟를 敎
授하게 되었으므로 더욱 儒敎思想이 振興하게 되었다. 第十一代
文宗 때 崔冲(A.D. 974~A.D. 1068)이 樂聖·大中·誠明·敬
業·造道·率性·進德·大和·待聘 等 九齋의 私學을 設置하고
儒敎 振興을 하여 海東孔子라는 稱號를 받았다. 高麗朝 初期의
敎育制度는 漢唐 儒學의 五經中心 經典으로 施行되었으며 政治
制度 또한 唐代의 制度를 본떠서 施行한 바가 많았다고 하겠다.

高麗朝 儒敎 思想은 第二十代 忠烈王 十五年 安珦(A.D. 124
3~A.D. 1306)이 元나라로부터 性理學을 배워 高麗에 受容함으
로 해서 劃期的인 思想界의 變化를 招來하게 된다. 性理學 受容
以前의 儒學 思想은 漢唐代의 五經中心의 訓學思想이었다면 性
理學 受容 以後의 儒學 思想은 宋代의 四書中心의 程朱學思想이

---

25) 金哲埈 [崔承老의 時務二十八條에 對하여] 「趙明基記念佛敎史學論叢」

라고 說明될 수 있을 것이다. 高句麗에 太學이 設立된 A.D. 4世
紀부터 性理學이 受容된 A.D. 13世紀까지 900餘年間을 漢唐儒
學의 訓話學的이고, 혹은 先秦 儒學의 實踐 倫理學的인 儒學思想
이 우리 民族文化史에 그 機能을 하였다는 論理가 成立되며
A.D. 13世紀부터 A.D. 20世紀까지 700餘年間을 宋代 性理學의
哲學體系를 가진 儒敎의 形而上學이 우리 民族文化史에 그 機能
을 하게 된다는 점이다.

　性理學을 朱子學·新儒學·道學·程朱學 等 여러 가지로 부르
는데 똑같은 同義語이다. 性理學은 北宋 諸儒의 思想을 南宋의
朱子(A.D. 1130~A.D. 1200)가 集大成한 哲學體系로 佛敎 思想
과 老莊 思想을 儒學 思想에 融和시켜서 創造한 新儒學의 形而
上學인 것이다. 性理學은 四書를 五經과 똑 같이 儒家의 經典으
로 끌어 올리는 威力을 발휘한 것으로, 性理의 性은 佛敎의 「佛
性」이나 老莊의 「自然性」을 말하는 것이 아니라 「人間性」을 말
하는 것이요, 이 人間의 本性은 하늘의 命이 人間性에 內在해
있다 [天命之謂性]고 하는 中庸 思想의 天性을 말하는 것으로,
이 人間 本性에 關한 理致를 「性理」라 하며, 이 性理를 硏究하
는 性理學이라 부르는 것이다.26)

　性理學이 傳來된 以後 安珦·白頤正·禹倬·權溥·李齊賢·李
穀·李穡·鄭夢周 等 數 많은 儒學者가 輩出되는데, 高麗末期의
性理學者들은 한결같이 佛敎를 排斥하는 立場을 취하게 된다. 900
年 동안 사이좋게 지내왔던 佛敎를 왜 排斥을 하는가? 에 對한 疑
問이 생긴다. 그것은 儒敎思想이 倫理問題政治問題에 强했던 反面
人間修養의 問題에 對하여는 弱했던 것 같다. 그리고 佛敎思想은

---

26) 柳承國 著 「韓國의 儒敎」(세종대왕기념사업회) p.167.

人間修養의 問題에 强했으며 倫理・政治의 問題는 弱했던 것 같다. 때문에 儒敎思想은 貴族 志向的이며 佛敎는 庶民 志向的이었던 것 같다. 그런데 性理學에는 儒敎 思想의 脆弱點인 人間修養의 問題까지 擔當할 수 있는 思想的 力量을 가지게 되었다는 點이라고 하겠다. 그것은 하나의 例證으로서 性理學에서 經典의 地位를 確保시켜 준 四書中「大學」에 「天子로부터 庶人에 이르기 까지 일체 모두 修身하는 것을 根本으로 삼는다」27)라고 하는 修身思想이라든가, 「中庸」의 誠思想 等이 그것이라 본다.

(4) 朝鮮朝의 儒敎思想

麗末 鮮初에 있어서 韓國 儒敎 思想은 새로운 性理學的 哲學 思想 體系를 受容함으로 해서 活發한 社會 文化的 機能을 하게 되었다. 三國時代 以來 儒・佛・道 三敎가 鼎立하여 오면서도 아무런 鬪爭없이 共存하여 왔으며 特히 佛敎가 國敎的인 地位를 占有하면서도 儒敎 思想과의 사이에 서로 調和된 狀態로 民族文化의 二大 主流를 形成해 왔던 것이 事實이다. 그러나 漢唐 訓話學的이요 五經中心의 先秦 倫理思想을 基底로 한 儒敎思想은 佛敎 思想의 人間 修養을 通한 大衆의 敎化 問題를 說得力 있게 擔當할 수 없었으나 A.D. 13世紀末 人間의 心性의 根本 問題를 形而上學的인 體系下에서 再構成을 한 性理學은 佛敎의 强한 思想的 背景을 吸收할 수 있는 思想的 力量을 스스로 가지게 되었고, 朝鮮王朝의 開國과 함께 儒敎思想을 統治理念으로 한 抑佛崇儒 政策으로 말미암아 性理學은 未曾有의 發展을 거듭하게 되었다. 政治・文化・社會・敎育과 人間의 修養을 通한 大衆의 敎化

---

27) 「大學・經文」「自天子 以至於庶人 壹是皆以修身爲本.」

問題도 性理學이 그 機能을 다 하게 되는 儒敎 思想을 至善의 思想으로 崇尙하는 나라가 된 것이다.

麗末 鮮初의 性理學者들은 新儒敎 思想으로 武裝하여 現世의 哲學이 아니고 來世의 哲學인 佛敎를 排斥한 立場은 모두 같았지만, 新儒敎·宇宙·人間에 對한 解釋과 評價는 다르게 나타났다. 麗末 鮮初에 있어서 社會·文化의 變動에 따라 그들의 歷史觀 내지 現實에 對한 見解는 二大 系列로 分裂하여 對立相을 보이고 있다.28) 그것은 高麗王朝를 끝까지 守護할려고 하는 立場과 高麗王朝의 紀綱이 紊亂하여 지탱이 不可能하기 때문에 維持가 不可能하다고 보는 立場이다. 前者는 義理를 貴重하게 여기는 保守 勢力이요 後者는 新進勢力으로서 對立的인 關係에 놓여 있었다. 保守勢力의 義理學派의 領袖는 鄭圃隱(A.D. 1337~A.D. 1392)이요, 新進勢力의 革新學派는 鄭三峯(?~A.D. 1392)이다. 義理學派의 領袖 圃隱 鄭夢周는 그 學脈이 吉再·金叔滋·金宗直·金宏弼·趙光祖로 이어져서 東方理學의 祖로 朝鮮朝 正統 儒敎思想의 淵源을 이루고 있으며, 革新學派의 領袖三峯 鄭道傳은 그 學脈이 權近·申叔丹·鄭麟趾 等으로 이어진다고 하겠다. 義理學派는 春秋의 大義名分論을 强調하면서 朝鮮朝 性理學의 主流를 形成하고 革新學은 周易의 變化論과 易姓革命·天命思想을 强調하고 있으며 朝鮮朝 性理學에 至大한 影響을 주고 있다.

朝鮮朝가 儒敎 思想을 그 統治理念으로 삼고 體制의 安定的인 기틀을 確固하게 한 것은 十五世紀에 이르러서 이다. 麗末 鮮初 義理學派의 領袖 鄭圃隱의 學脈을 타고 形成된 士林學派가 政治一線에 參與하게 된다. 儒學의 根本 思想인 「仁」의 道學精神이 「義」

---

28) 柳承國 著 「韓國의 儒敎」(세종대왕기념사업회) p.182.

를　生出하여　義理의　實現을　理想으로　하는　道學의　「至治主義」가　趙靜庵(A.D.　1482~A.D.　1519)에　依해서　反映하게　된다.　至治主義儒學은　聖賢의　道를　學問으로써　혹은　知識으로써　放置하는　것이　아니고　實際의　政治와　社會에　直接　實踐하려는　實踐躬行의　道學인　것이다.　至治主義　道學派의　領袖인　趙靜庵이　實現하고자　한　것은　崇道學・正人心・法聖賢・興至治29)　等의　道學에　立脚한　至治의　理想이었다.　靜庵　趙光祖　等　至治主義를　主張했던　士林學派는　첫째로　中宗時의　社會背景이　燕山君이　저지른　罪過를　匡復시키자는　名分이　있었으며　둘째로　春秋　義理精神을　政治에　具現하고자　하는　積極的인　表現으로써　民族　文化史에　脈脈히　흐르는　선비　精神을　創出한　것이다.

　朝鮮朝　建國　後　二百餘年을　지나서　十六世紀에　접어들어서는　韓國性理學이　本格的인　理論　探究가　이루어지고,　韓國　儒學　思想의　特色을　나타내고,　學術的인　業績을　民族文化史에　엮어가고　있다.　性理學的　形而上學의　理論探究에　代表的인　哲學者가　李退溪(A.D.　1501~A.D.　1570)와　李栗谷(A.D.　1536~A.D.　1584)이며　그들의　「四七理氣論」이　文化史的　意義를　가지게　된다.　退溪에　있어　四七理氣論은　高峯　奇大升(A.D.　1527~A.D.　1572)과의　사이에　八餘年의　歲月　두고서　이루워진　論辨으로　「四端理之發・七情氣之發」에　出發하여　「四端理發氣隨之・七情氣發而理乘之」라는　것으로　結論을　얻은　哲學體系이며　栗谷에　있어　四七理氣論은　牛溪　成渾(A.D.　1535~A.D.　1598)과의　사이에　이루어진　論辨으로　「氣發理乘」의　結論을　얻은　哲學體系이다.

　性理學에서　四端은　「孟子」에서　얘기하는　人間에게　仁・義・

---

29)　玄相允　著　「朝鮮儒學史」(民衆書館)　p.50.

禮・智로서　本性이　있고, 거기에서　우러나오는　惻隱・羞惡・辭讓・是非의　네　가지의　「心」을　말한다. 七情은　「禮記」에서　얘기하는　喜・怒・哀・懼・愛・惡・欲의　일곱　가지　「情」을　말한다. 退溪는　여기서　純粹한　人間의　本然之性에서　나오는　것을　四端으로　그리고　身體條件으로　말미암은　氣質之性에서　나오는　것을　七情으로　區分하여서　본　것이다.30) 退溪에　있어서　四端은　道心이라　할　수　있으며　七情은　人心이라고　할　수　있겠다. 栗谷은　四端과　七情을　區分하여　보지　않고　七情　속에　四端이　들어　있는　것으로　본다. 栗谷에　있어서　七情은　心作用의　總會로　보아　人心과　道心을　合하여　七情이라　하고, 四端은　七情中의　善情만을　가리킨　것이라　한다.31) 「性卽理」라고　하는　性理學　體系를　人間의　心性論에　焦點을　맞추어서　「四端七情論」을　退溪는　互發說로　展開를　시킨　哲學體系요, 栗谷은　一途說로　展開를　시킨　哲學體系이다. 退・栗의　性理學　體系는　韓國　儒敎思想의　特性을　創出한　學術的　業績이며　朝鮮朝　後期　性理學　思想의　主理・主氣・折衷學派의　形成에　至大한　影響을　주었을　뿐만　아니라　特히　退溪思想은　日本性理學　形成의　淵源的　役割을　하였다.

　朝鮮朝　性理學의　隆盛期인　退溪와　栗谷의　四端七情論에　對한　論議의　時期가　지나서　十六世紀의　後半에서　十七世紀에　이르면　禮意識이　高潮되고, 服喪問題로　學派間의　對立을　惹起시켜　禮訟이　일어나고, 필경에는　党爭을　더욱　深化시키는　現象이　일어난다. 禮意識에　關한　論議의　現象을　儒敎　思想　때문에　党爭을　불러　일으켰다고　하는　論法은　日本帝國主義의　官學者들이　「党爭」그　自體가　民族性이　뭉칠　수　없는　證據로써　表出된　것이라고　하

---

30) 「退溪全書」卷16. [答奇明彦論四端七情・第二書] 參照.
31) 裴宗鎬　著　「韓國儒學史」(延世大學校出版部) p.86.

는 植民史觀에서 나온 것이라고 보아야 할 것이며, 性理學이 지
닌 名分論的 思考의 政治社會的 反映이 곧 當時의 党爭이었다32)
고 보아야 할 것이고, 禮學實現의 政治現象으로 整理할 必要가
있을 것이다.

朝鮮朝 後期 十八世紀에 접어들면 實學의 論議가 提起된다.
實學이 潑生된 原因으로써 두 가지를 생각할 수 있다. 첫째는
壬辰倭亂과 丙子胡亂 等의 커다란 國亂을 겪으면서 塗炭에 빠진
民生의 問題가 惹起되어 國家의 紀綱이 紊亂하게 됨으로 程朱學
的 理念體制에 對한 懷疑가 일어나고 實用性있는 學問이 要求된
다는 點이다. 그리고 둘째는 新進學者들이 燕京에 가서 새로운
先驅的 文物에 接하게 된다는 點이다. 이러한 緣由에서 丁茶山
(A.D. 1762~A.D. 1836)으로 象徵되는 實學派의 擡頭는 歷史의
要請에 依한 必然의 産物이지만 그 淵源的인 思想의 脈絡은 性
理學에 있다고 봐야 할 것이고, 經世致用·利用厚生·實事求是는
본래 性理學의 實學的 展開이며 近代志向的 民族 意識의 發露라
고 할 수 있을 것이다.

朝鮮朝 儒敎 思想이 十六世紀의 性理學的인 脈絡을 가지고 實
學과는 다른 측면에서 十八世紀에 展開된 것이 人物性同異論이
요, 主理·主氣學派가 十九世紀에는 唯理·唯氣的 理氣說로 展開
되지만, 西勢東漸의 激動期에는 無力해 질 수 밖에 없었다. 그러
나 韓末 主理論者로써 性理學의 義理精神을 繼承한 李恒老(A.D.
1792~A.D. 1868)와 金平默(A.D. 1819~A.D. 1888) 그리고 柳
麟錫(A.D. 1842~A.D. 1915) 等은 西洋 勢力과 日本 帝國主義
앞에 生命을 걸고서 「斥邪衛正」 思想으로 民族과 祖國을 救援하

---

32) 尹絲淳 [韓國性理學의 展開와 特徵] 「月刊朝鮮一九八一年六月號.」

려는 救國運動을 展開한다. 이것은 春秋의 大義名分論에 立脚한 運動이며, 朝鮮朝 五百年間의 義理思想으로 正脈을 이어온 士林 精神의 發露라고 할 수 있을 것이다.

(5) 民族文化로서 韓國 儒敎思想의 機能

韓國 儒敎思想은 三國 統一新羅·高麗朝를 걸치면서 佛敎思想 그 自體가 强力한 힘을 發揮할 수 있도록 隆盛하였던 時代뿐만 아니라 朝鮮朝에 이르기까지 長久한 民族의 歷史위에서 儒學의 根本思想인 仁·義·禮·智·信·勇·孝·忠의 思想과 春秋의 義理·正名 精神에 立脚해서 한결같이 人道主義的 側面에서 德治를 위한 統治理念으로 그 機能을 다하여 왔다고 본다. 主流的 統治理念으로서 우리 民族의 政治思想史에 反映이 되었던 것은, 오직 우리 韓國民族의 古代社會가 儒敎思想 受容 以前부터 祖上 崇拜思想이 있었고, 儒敎의 人道主義 思想이 民族의 體質에 맞았기 때문에 孔子가 夏·殷·周 三代文化를 集大成하여 儒敎思想이 體系化된 以來 漢字文化圈에 屬한 中國이나 日本에서는 찾아볼 수 없는 現象으로 朝鮮朝같은 五百年의 王朝體制가 存續할 수 있다고 본다.

高句麗 小獸林王 二年(A.D. 372)에 制度的으로 國立 儒學大學이 創建된 以來 民族의 敎育을 古代·中世·近世 그리고 最近世에 이르기까지 斷絶없이 修行하여 왔을 뿐만 아니라 그 敎育의 힘은 우리의 先祖가 물려준 精神的인 文化의 潛在力量으로 所有하고 있기 때문에 다시 世界로 뻗어 갈 敎育의 힘이 있다고 본다. 敎育面을 文化史에 照明하여 볼 때 佛敎思想뿐만 아니라 다른 모든 思想을 앞질러 主된 敎育的인 機能을 하여 왔다고 본다. 勿論 우리의 先祖는 傳統時代에 儒敎思想의 經典을 敎科科目으

로 하였기 때문에 一方的인 知識의 蓄積이 아니라 사람이 되는 教育 즉 全人的인 教育을 받아 왔다고 보기 때문에 가장 휴머니즘적인 教育이라고 생각되며 가장 民主的인 教育이라고 볼 수 있다. 教育을 通해서 傳統時代 先祖의 모습을 알려고 하면 儒教思想을 研究해야 할 것이며, 儒教思想은 傳統文化의 源流였다고 理解하여야 할 것이다.

傳統時代에 있어서 王朝體制의 人力構造的 側面에서 人材登用의 問題를 照明하여 보았을 때 古代·中世·近世·最近世에 이르기 까지 儒教思想을 바탕으로 한 國立 儒學大學에서 人材를 輩出하였기 때문에 高級人力은 他의 思想이 追從을 할 수 없으니만큼 儒教人이었다고 할 수 있겠으며, 特히 高麗 光宗(A.D. 949~A.D. 975)代인 十世紀頃부터 韓末까지 千年餘 동안은 制度的으로 儒教人이 가장 優秀한 人材로 登用되었다고 보겠다.

다음은 人間의 修養의 問題를 儒教思想的인 側面에서 檢討해 보고자 한다. 人間이 이 地球上에 人間다운 生活을 營爲하면서 生活하는데 있어서 힘이 미치지 못하는 點이 있기 때문에 宗教나 信仰을 가진다고 생각된다. 他 宗教思想은 絶對者에게 歸依하는 方法을 쓰거나, 奇妙한 理法의 原理로 現實을 逃避할 수 있는 方法을 提供하여 信仰의 世界로 끌어드리고 있다. 그러나 儒教는 現世에 그 뿌리를 내리고 있기 때문에 甘言이 通하지 않는다. 이러한 側面에서 佛教思想은 우리 傳統時代에 一役을 擔當했다고 본다. 現世的 思想인 儒教의 動的인 動脈의 피를 來世的 思想인 佛教의 靜的인 靜脈을 通해서 民族文化라고 하는 心臟으로 運搬하여 濾過하는 일을 佛教思想이 우리 民族文化史에서 맡았었다고 본다. 때문에 民族文化史에서 民族文化라고하는 必臟아래 儒教思想은 動脈的인 機能을 擔當하였다고 보겠다. 그러나 靜

脈的인 機能도 古代韓國 社會에서부터 高麗末 忠烈王代인 十三世紀末頃까지 이고, **A.D.** **1290**年 性理學을 受容하면서부터 四書中心의 儒學思想은 佛敎思想이 담당한 修身·修養의 問題도 어느程度 담당할 수 있는 思想的 力量이 있었다고 본다.

이상에 본 바와 같이 儒敎思想은 韓國民族이 最初로 受容한 思想이지만 民族文化의 體質에 맞았으며 三國·統一新羅·高麗朝를 지나면서 漸進的으로 文化的인 力量으로 機能을 발휘했고, 朝鮮朝 五百年 王朝體制는 中國이나 日本에서도 없었던 오랜 儒敎國家를 建設했고 民族文化史에서 統治理念과 敎育制度的인 側面에서도, 그리고 人材登用과 人間修養의 側面에서도 民族文化의 動脈的인 機能을 다하여 왔다고 볼 수 있을 것이다.

3. 東北亞交涉史에서 본 韓國 儒敎思想의 役割

(1) 韓國古代 東夷文化와 中國儒敎

儒敎思想은 孔子(B.C. 551~B.C. 479)가 堯임금이 統治한 唐과 舜임금이 統治한 虞와 禹임금이 統治한 夏와 湯임금이 統治한 殷과 文·武·周公이 統治한 周의 文化를 綜合하고 整理하여 集大成한 것이라고 한다. 그러나 지금 現在의 考古學的인 硏究成果로서는 一八九八年 河南省安陽縣小屯의 殷墟를 發掘함으로서 殷의 國家形態와 文化形態를 알 수 있지만, 禹임금이 統治하였다는 夏나라 이전의 歷史에 對해서는 考古學的으로 아직 實證이 되어있지 않기 때문에 唐·虞·夏나라와 堯·舜·禹임금의 存在에 對해서는 傳說的인 나라요, 傳說的인. 神話的 聖人이라고 보

는 이도 있다. 그런데 여기에서 注意해야할 것은 殷나라의 遺蹟
인 殷墟에서 出土된 「甲骨文字」에 對해서 생각할 必要가 있다.

儒敎思想은 漢字에서 나왔고, 漢字의 起源은 「甲骨文字」에서
나온 것이라는 形式論理가 成立된다. 甲骨文字는 거북 껍질과 짐
승 뼈를 불에 태워서 바라는 바 뜻의 決定을 내리기 위한 古代의
점치는 하나의 方法의 結果에서 나온 것이다. 그런데 甲骨에는 有
子甲骨과 無字甲骨이 있다. 殷代의 遺蹟地인 殷墟에서 出土된 甲
骨은 주로 無字甲骨이며, 有字甲骨보다 年代가 上代로 올라가는
것이 無字甲骨이다. 初期의 無字甲骨은 大部分 安陽縣小屯의 「殷
墟」以北(즉 黃河以北・太行山以東・大興安嶺東南・黑龍江以南)의
渤海沿岸에 分布되고 있는데 特히 이 地域이 우리가 흔히 말하는
東夷文化의 領域이 된다.33)

最近 考古學的인 硏究結果가 無字甲骨의 起源에 關하여 지금
까지 通說로 되어있는 「山東龍山文化起源說」을 否定하고 「渤海
沿岸北部起源說」로 보고 있다.

無字甲骨의 起源說이 우리 民族의 古代文化領域이었던 곳으로
學界의 定說이 내려지기를 기다려야겠지만, 充分한 可能性을 內
包하고 있다고 본다. 더욱이 中國의 最初王朝인 殷民族이 渤海沿
岸 地方에서 移動한 東夷族이라고 생각할 때 中國 古代文化의
源泉的인 淵源은 古代韓國 民族이었다고 하는 論理가 成立된다.
우리 韓國民族은 中國文化의 淵源인 甲骨文字에 源泉的 淵源이
었다고 생각할 때 東北亞文化 創建의 主役의 役割을 하였다고
볼 수 있다.

---

33) 李亨求 [甲骨文化의 起源과 韓國의 甲骨文化] 「정신문화 一九八二.
　　겨울」 p.189.

(2) 韓國 儒敎思想과 日本文化

　　東北亞細亞 文化의 交涉史에서 볼 때 韓國은 文化의 先進國으로서 日本에 많은 影響을 주었다. 日本書紀에 依하면 百濟 第八代 古爾王 五十二年(A.D. 285)에 博士 王仁이 論語와 千字文을 日本에 傳하였다고 한다. 受惠國의 立場에서는 博士 王仁을 文字와 儒敎思想을 처음으로 接하게 했기 때문에 文字文化의 始祖로 혹은 儒敎思想의 淵源을 열어준 人物로 생각한 것이다. 日本 江戶時代의 儒學者 萩生徂徠(A.D. 1666~A.D. 1728)는 「王仁氏가 있었기 때문에 그 後에 백성이 처음으로 文字를 알게 되었다.34)」고 하였다. 傳統時代에 있어서 特히 古代에는 더욱 韓國文化의 影響을 많이 받으면서 未開한 文化現象을 克服하려고 努力했던것이 日本의 立場이었다고 할 수 있겠다.

　　朝鮮朝 宣祖時 丁酉再亂이 있었는데 姜沆(A.D. 1567~A.D. 1618)은 捕虜로서 끌려가서 日本 新儒學의 開祖가 된 藤原惺窩(A.D. 1561~A.D. 1619)를 만나서 韓國性理學을 日本에 傳하여 주었다. 藤原惺窩는 元來僧侶였는데 姜沆을 만나서 還俗하여 새롭게 獨立할 것을 確固하게 했다.35) 그 때 姜沆은 四書五經 等 全十六種 二十冊을 筆寫하여 주고 性理學 理論을 가르쳐 준다. 藤原惺窩의 第子 林羅山(A.D. 1583~A.D. 1657)은 江戶幕府의 創業主가된 德川家康의 顧問이 되어서 日本 江戶時代 文物制度를 儒學思想에 立脚해서 確立시키고, 儒學을 官學의 地位로 끌어올리게 된다.

　　日本은 先秦 儒敎倫理思想과 漢唐의 五經中心學을 博士 王仁

---

34) 荻生徂徠 著「徠集二十八·與都三近書」參照.
35) 阿部吉雄 著「日本朱子學과 朝鮮」(東京大學出版會) **p.62.**

에 依해서 傳해 받았으며 宋代의 性理學思想과 四書中心學 그리고 十六世紀 韓國性理學을 姜沆에 依해 傳해 받았는데, 이는 東北亞 文化史의 主役의 나라로서 評價할 수 있을 만한 文化의 先進國의 所任을 다했다고 하겠다.

韓國은 日本에 文字와 文化를 傳해 주었을 뿐만 아니라 傳統時代에 있어서 모든 先進的인 文物과 技術을 가르쳐 주었으며, 數 많은 韓國民族이 日本에 進出하여서 各 分野에서 가르치는 立場인 스승의 役割을 했다고 본다. 이는 西洋에서 마치 英國의 淸敎徒들이 新大陸인 美國에 건너가서 開拓精神으로 새로운 文明을 일으킨 것과 같은 意味를 갖는다고 본다. 日本에 건너가서 未開한 日本을 啓發하여 주었던 傳統時代의 韓國人은 西洋에서의 淸敎徒와 같은 任務를 遂行했다고 보아야 할 것이다.

4. 結 論

韓國의 儒敎文化는 안으로 民族文化의 主流를 形成하면서 佛敎文化가 靜脈的인 機能을 發揮했다면 韓國의 儒敎文化는 그 動脈的인 機能을 發揮했다고 할 수 있겠다. 그리고 밖으로 中國文化의 淵源을 殷墟의 甲骨文字로 생각한다면 中國文化 淵源의 源泉的인 文化 創建의 主役役割을 했고, 日本文化에 對해서는 文字의 始源을 열어주고, 先奏儒敎思想과 性理學體系를 傳해서 人道主義 文化의 擴散에 役割을 다하였다. 韓國儒敎思想은 民族文化의 動脈機能이었으며 東北 亞細亞文化 創建의 主役 役割을 하여 왔다고 본다.

孔子는 儒教를 集大成하신분으로 聖人이며 聖人 孔子가 받드는 舜임금은 더욱 聖人이었으리라는 생각이 든다. 그러나 舜임금은 東夷之人36) 이라는 記錄이 있다. 그리고 孔子는 道가 行하여지지 않음을 한탄하여 뗏목을 타고 바다를 건너서37) 九夷의 나라에서 살고 싶다고38) 하였다. 古代 韓國은 聖人도 理想鄕으로 기리던 땅이다.

産業革命이 일어난 以後 人間이 便利하고 幸福하게 잘 살자고 機械文明을 일으켰는데 人間은 人間이 만든 그 機械의 部屬品 노릇을 하고 있는 것이 現代人間의 모습이다. 儒教思想은 普遍的이면서 萬人에게 通用되는 倫理的 價値體系이자 哲學體系라고 하겠다. 人間이 機械의 部屬品에서 解放되고, 喪失된 人間性을 回復하기 위해서는 舜임금의 蓋然性을 띤 나라이자 聖人 孔子가 憧憬했던 韓國에 韓國 儒教思想의 學問的 再建이 있어야 한다.

---

36) 「孟子·離離篇下」 參照.
37) 「論語·公治長篇」「孔子曰 道不行 乘桴浮于海.」
38) 「論語·子罕篇」「子欲居九夷.」

現代韓國儒敎의 問題點

安 炳 周

(성균관대학교 유학대학장)

(1)

그리스도가 이 세상에 태어나기에 앞선 五五〇年 쯤 前 그리고 釋迦牟尼가 태어난 것보다는 十여년 뒤에 이 세상에 태어난 儒敎의 開祖 孔子가 제자 子貢으로부터 政治에 대한 질문을 받고 답변한 「足食·足兵·民信之矣」라는 유명한 말은 「論語」 顔淵篇에 보이고 있다.

孔子 당시의 사회의 下剋上의 現象-政治權力의 下降現象-은 人間社會의 信賴關係의 崩壞를 招來하였는데, 전체적으로 보아 「安定된 地位를 얻지 못한 知識人」이었던 孔子에게 있어 人間社會의 信賴關係의 回復은 切實한 所望이었을 것이다. 그래서 「論語」 爲政篇에는 「人而無信이면 不知其可也라. 大車無輗하며 小事無軏이면 其何以行之哉리오.」라는 孔子의 말이 보이고 있는 것이다.

孔子를 私淑하고 信奉해서 「排擊楊墨 宣揚孔子」를 모토로 하여 戰國의 時代의 思想界에 데뷔한 孟子는 孔子의 思想을 繼承하여 人間의 敎養水準을 끌어 올리는데 全力을 다하는 한편 倫理實踐의 根據 즉 價値의 本源으로서 「人間의 本性은 착하다.」고

하는 性善說을 提唱하였다.

그리고 孟子에 있어 政治에의 關心은 어떤 心情의 所有者가 統治者로 되느냐에 있었다. 「不嗜殺人者能一之」(梁惠王章句上)라는 말에서 우리는 不忍人之心 즉 어진 마음의 所有者, 그리하여 사람(百姓) 죽이기를 즐겨하지 않는 者가 능히 統一天下의 君王이 될 수 있다는 孟子의 主張을 볼 수 있다.

그리하여 孟子에게 있어 不忍人之心의 所有者가 아닌 君王은 이미 君王이 아니라 「一夫」(梁惠王章句下)이었다. 「時日은 害喪고 予及女로 偕亡이로다.」(梁惠王章句上)―즉 너죽고 나죽자―고 하는 民의 立場, 民本을 근거로 孟子는 革命을 是認하는 「聞誅一夫紂矣오 未聞弒君也다.」라던가 「易位」(萬章章句下)라던가 하는 말을 하기에 이른다.

孟子의 이 革命論은 北宋 士大夫 이데올로기의 代表者 司馬光(『疑孟』)이나 李覯(『常語』)에 의해 신랄한 批判을 받게도 되나 明末淸初의 黃宗羲의 『明夷待訪錄』과 淸末 譚嗣同의 『仁學』에 보이는 革命思想에 끼친 影響은 매우 크다고 아니할 수 없다.

(2)

性惡說을 提唱한 荀子―孟子 性善說의 性과 荀子 性惡說의 性을 같은 내용의 것으로 보지 않고 前者를 宋儒所謂 本然之性으로, 後者를 氣質之性으로 보는 見解도 可能하다―에 있어 政治에의 關心은 孟子와는 달리, 王覇의 엄격한 區分을 할 여지도 없이 헤게모니가 强者에게 集中되고 있는 狀況下에서 어떻게 統治하여야 하느냐의 문제로 기울어졌다.

따라서 荀子에 있어서는―이 문제는 좀더 考究되어 비로소 결론 지워질 것이기는 하지만―權力萬能主義에 대한 對決의 姿勢

가 孔子나 孟子의 경우처럼 심각하지 않은 印象이 짙다.

孔子나 孟子의 경우, 당시의 權力主義의 非理에 대한 批判意識이 强하였다고 해서 現實參與를 포기한 것은 아니었다. 「鳥獸는 不可與同群이니 吾非斯人之徒를 與요 而誰與리오..」(『論語』 徵子篇)란 孔子의 말에서 강렬한 現實參與意識과 至誠救世精神을 發見하기란 어려운 일이 아니다. 이 점이 老莊과 다른 점이다.

中國最初의 否定의 精神의 發見者인 老子, 그리고 더 나아가 莊子에 있어서는 「權力의 世界는 個人의 意志와 願望을 뛰어넘은, 그 자신의 메커니즘 속에 人間을 飜弄하고 狂亂케 하고 破滅시키는 것」(福永光司, 『莊子』)이었다.

莊子는 支離疏의 忘德寓話(人間世篇)와 유명한 髑髏問答−死之悅樂寓話−(至樂篇)을 통해 權力이나 生의 괴로움으로부터의 超脫(自由와 幸福)을 說하고 또한 權座로부터의 逃避를 도모한 王子搜의 이야기(讓王篇)를 통해 나라 때문에 자신의 귀중한 生을 손상하지 않는 것을 理想으로 여겼다. 이것은 老子에도 그 原型이 보이는 「貴生思想」이다. 國家社會보다도 자기 한 몸을 더 소중히 여기는 자기의 生을 더 貴히 여기는 사람에게 라야 안심하고 나라를 맡길 수 있다는 逆說인 것이다.

道家思想은 이 때문에 歷史 속에서 權力에 의해 利用당할 길을 막아 놓았거니와 儒家思想은 그 原初의 理念과는 관계없이, 그 參與意識과 理想主義 때문에 權力에 의한 善用과 惡用 양단간의 可能性이 열리게 되었다.

(3)

漢武帝때 儒敎는 國敎로 採擇되어 官學으로서의 儒學의 經書(五經)는 절대적인 權威를 지니게 되었다. 이 이후의 儒學(經學)

의 歷史는 크게 보아 經學三變說로 설명될 수 있거니와, 하나는 漢唐訓詁學이요 둘은 宋明理學이요 셋은 淸代考證學이다.

儒學의 歷史 속에서 古典(經書)의 解釋作業이 갖는 意味는 실로 컸다. 訓詁學이나 考證學에서는 말할 것도 없지만 宋明理學의 時代에도 陽明學의 경우는 그렇지 않다 하더라도 朱子의 경우에는 古典注釋作業이 차지하는 學問的 比重은 매우 큰 것이었다. 朱子 자신의 「나의 論語나 孟子에 대한 集註는 거기에 한 字를 보탤 수도 없고 한 字를 덜 수도 없다.」(『朱子語類』 卷十九)고 한 말을 빌 것도 없이 朱子의 古典註釋作業인 「集註」는 그의 많은 저작 중에서도 力作 중의 力作이며, 또 이것은 朱子學에서 註釋作業과 訓詁 考證을 위한 텍스트·크리티크가 차지하는 比重이 얼마나 큰 것인가를 말해주는 것이다.

그래서 古典注釋史는 儒學史에 있어서 그것이 곧 哲學史요 思想史이다. 이런 관점에서 照明해 볼 때 中國儒學史·思想史 속에서 後漢 鄭玄(一二七~二〇〇)과 南宋의 朱子(一一三〇~一二〇〇)를 그 巨峯으로 評價함은 당연하다고 생각된다.

古典注釋作業이 갖는 哲學史的·思想史的 意義는 오늘날에 있어서도 크다고 하는 것이 나의 생각이다.

흔히 儒學의 現代化라는 말이 쓰여지고 있고, 儒學의 敎理를 현대에 맞게 再構成해서 講演이나 講習 등을 통한 敎化事業을 벌여 儒敎를 宣揚하는 것이 現代化의 意味로 받아들여지고 있음을 자주 본다. 그리하여 儒學의 모든 分野의 硏究가 現代的 照明이 可能할 때 비로소 그 價値가 發見된다는 이야기도 가끔 듣게 된다. 古典(經傳)의 字句解釋이나 하고 있는 것을 無視하는 소리도 또한 듣게 된다.

그러나 이에 대하여 나는 意見을 달리하고 있으며, 바로 여기에 오늘날의 儒學研究에 있어서의 問題點이 있음을 指摘하지 않을 수 없다.

現代에 맞는 儒敎敎理의 再構成은 확실히 儒學의 現代化의 한 課題이긴 하나, 그것을 위한 先行의 基礎다지기로 古典의 字句解釋에 꼼꼼히 매여달리는 作業이 無視되어서는 아니 된다는 것이다. 물론 여기에는,「카테고리飜譯論」을 하나의 方法으로 하여 번역 가능한 限 現代哲學의 用語로 번역할 줄 아는 力量이 前提됨은 말할 것도 없다.

한篇의 優秀한「譯註」―번역문 보다 註釋의 量이 더 방대하다던가 하는―를 한 篇의 論文과 同等하게 評價해 주는 風土 또한 아쉽게 期待되지 않을 수 없다.

(4)

儒學의 現代化 作業과 동시에, 아니 그보다 먼저 基礎的으로 이루어져야 할 것은 儒學史 속에 등장하는 個個의 儒者들에 대한 思想史的 · 哲學史的 位置定立作業이다.

그리고 이 作業을 위하여서도 필요하거니와, 오늘날 儒學研究에 있어서의 커다란 問題點의 하나로서 指摘될 수 있는 것은 專攻의 細分化의 必要性이다.

생각나는 대로 이야기 한다면, 孔 · 孟 · 退栗 · 老莊에 대하여는 누구나 一家見을 가지고 있지만 董仲舒나 王充이나 抱朴子나 陳澧 등에 대한 뚜렷한 專攻者가 있음을 寡聞인 탓인지는 몰라도 아직 듣지 못하고 있다.

뚜렷한 專攻意識을 가진 朱子學者나 陽明學者의 層이 두려울 때 비로소 東洋에도 哲學이 있느냐는 迷妄을 깨우칠 수 있을 것이요. 뚜렷한 專攻意識을 가진 茶山經學研究者의 層이 두터울 때 비로소 實學과 儒學을 다르게 생각하는 잘못을 是正할 수 있을 것이다.

또한 儒學硏究를 위한 學問的 基礎다지기, 예를 들어 索引作成－하버드 燕京學會식의 一字索引 등－이나 資料集成, 게다가 前述한 註釋書 만들기의 作業을 現代化作業에 비해 貶下해서 그것을 虛學(實學이 못된다는 뜻에서) 이라 부르는 사람이 있다면 나는 敢히 이에『虛學』을 提唱하지 않을 수 없다.

프랑스의 어느 學者가 그것으로 博士學位를 취득하였다고 하는 어떤 中國古典의 索引을 日本의 한 書肆에서 본 일이 있지만, 이런 事例를 빌 것도 없이 學問的 基礎다지기로서의 虛學의 착실한 土臺 위에서라야만 참다운 實學이 나올 수 있다고 나는 確信한다.

그리고 儒學은 前述한 바와 같은 그 강렬한 參與意識과 至誠救世 精神으로 一時는 權力에 의한 彈壓도 받았으나 官學으로서의 紹對의 權威를 누렸던 時期가 길었다. 權力에 의해 善用된 시기도 물론 있었지만 權力에 의해 利用된 시기－善用의 保障이 없었던 시기－도 없지 않았다. 善用의 保障이 없는 시기에는 말할 것도 없거니와, 참다운 善用, 참다운 實學이 되기 위한 前提로서의 虛學의 基礎다지기는 진실로 必要한 것이다.

끝으로 오늘날의 韓國儒學硏究, 韓國哲學硏究에 있어 문제점으로 등장하는 것은, 요령 있는『韓國哲學史』가 시급히 待望된다는 點이다. 北韓의『朝鮮哲學史가 日語로 번역 출판된 것은 一九六二年이다. 물론 우리나라에서도 그 뒤 몇 분의 個人的인 勞作과 韓國哲學會의 勞作이 없지 않았다. 그래서『北韓은 栗谷支持의 老論이고 韓國은 退溪支持의 南人」이라는 식의 發言을 할 外國學者는 다시 나오지 않도록 충분히 啓蒙되었다고 생각되어 적이

安心이 되는 바이기는 하나, 욕심을 부리자면 보다 부피가 작고 요령 있는 『韓國哲學史』 그리고 虛學的 作業—예를 들면 卷末索引, 그리고 誤脫字 없는 철저한 校正 등—이 충분히 부수된 그것, 그리하여 英語나 日語로 번역 출판되기에 적합한 그것의 出現이 시급히 要請된다고 아니할 수 없다.

Ⅳ. 불교문화

韓 國 佛 敎 文 化

-한국인의 불교적 성향-

睦 楨 培
(동국대학교 불교학과 교수)

(1)

고도로 다양하며, 완전무결할 정도로 편리하게 된 과학적인 現代文明社會에서 宗敎는 필요한가.

人間은 文明의 利器에 의하여 物質生活의 향락을 누리면서 잘 살고 있음이 現實이다.

그러나 인간은 문화의 조화에 의하여 정신생활의 안정을 충족시키지 아니하면 안 될 또 다른 일면의 속성을 가지고 있다.

즉 사회의 구조가 다양하고, 복잡성으로 구축되기 때문에 영원성의 추구보다 즉시적인 향락과 안일에 물들고, 습관 된 쾌락적 인간형으로 전도된 것도 현실이다. 이렇게 본다면 종교가 현대사회에 기능적 적극성을 발휘하기보다 종교 그것을 유지시키려는 지나친 노력으로 소외된 경우도 있다.

본질적인 구원론을 사회에 적응시켜야 함은 물론, 그 구원이 실제적으로 응용되고 복지적 現實態로 具現되어야 만이 종교가 생명의 말씀임과 동시에 구원의 실체로서 존재하게 된다.

그러나 오늘날 종교는 千手千眼的인 어루만짐과 뚫어 살핌의 威力이 상실된 듯한 인상을 주고 있다.

다시 말하면 오늘날의 모든 문화형태는 현실적인 체계에 만족하려는 경향을 띄고 있다.

그러므로 현실에 만족하고 사는 사람들은 찰나적인 悅樂을 만끽하는 것이다.

영원을 추구하면서 살려면 순간적인 환락에 휘말려 살지는 않을 것이다.

여기에 종교가 존립해야 할 의미와 현대 사회의 다양한 구조 조직에 어떻게 조화할 것인가를 밝혀야 한다.

오늘날 우리들의 욕망을 충족시켜 주는 것들이 科學的인 발전에 힘입은 바는 사실이다.

절대적인 의미가 합리적인 현실로 환원되어 버렸고, 이 합리한 것은 모든 자연현상, 사회조직, 경제체제를 인간에게만 유용하게 하려는 人間中心的인 고집으로 치닫고 있다.

이 모든 현상적인 존재는 인간을 행복하게 하기 위하여 존재한다고 편견을 내세우고 있다.

그러나 불교의 교리로 보면 이 우주의 존재는 모두가 자기중심적인 개인만의 존립을 위하여 존재하는 것이 아니다.

(2)

우리 겨레가 古代에는 여러 가지 雜多의 俗神을 신앙하여 온 것은 역사적인 사실이지만, 종교라는 형식을 갖추고 高等儀式에 그 교리내용이 심오한 것을 갖게 된 것은 고구려 소수림왕대부터 라고 하여도 지나친 말은 아닐 것이다.

信仰이 너무나 俗化되어 버린다면 그 종교는 그 威儀를 상실하고 말 것이다.

제정일치에 뿌리 깊은 古代信敎政治는 종교의 범위를 지나 그

힘이 政治關涉의 原因이 되기도 하였다.

고구려에 流入된 이 신흥종교는 국민의 民心을 醇化하고 국민의 믿음을 전환하여 종교로서의 그 가치를 구현하기 위하여 迫害를 감수하는 傳法이 있는 것이다.

새로운 종교나 사상이 전래되어 그 민족에게 수용된다는 것은 어려움을 감내하여야 한다. 우리나라에 조직화된 고등종교가 들어온 것은 고구려 소수림왕 2年에 동진의 僧 順道가 佛像과 佛經을 갖고 온 것이 그 始原이 되고 있다. 그 후 소수림왕 4年에도 阿道라는 僧이 왔는데 王은 먼저 온 順道를 위하여 省門寺를 위에 들어온 阿道를 위하여 伊弗蘭寺를 創建하여 주었다.

이것은 우리 겨레가 처음으로 寺院을 건립하게 된 嚆矢이다. 이와 같이 우리 겨레는 民間人뿐만 아니라 王, 貴族들 까지도 모두 宗敎心이 두텁다고 할 수 있는 것이다. 三國時代에 뿌리박힌 民間信仰의 純粹 그것은 民族의 運命과 祖國의 번영에 직결하는 救國과 守護의 一念으로 宗敎를 收容한 것이 특징이 되고 있다. 나라와 백성과 연속 직결된 이 맑은 믿음은 어느 나라에서도 찾아볼 수 없는 한국적인 생리적 운명에서 생성된 역사인 것이다.

불교의 자비정신은 般若의 知慧에서 생기는 것이므로 그 밝음은 물질적인 빛이 아니라 마음의 밝음이며 또한 이지의 밝음이므로 태양이 광명에 비교할 바 아닌 것이다. 삼국인의 종교 관념은 진보된 사상을 所持한 것이라고 할 수 있다. 그들의 생각은 낡은 것이 아니라, 시대적 사명에 살려하는 의지가 투철한 것이다. 그러므로 그들은 종교적 생명을 사랑하고 이를 消化시키려고 적극적인 노력을 아끼지 아니한 것이다. 삼국인은 生死觀이 이론적인 것이 아니라 보다 실재적인 면에서 행동으로 옮겨졌으며, 즉 그들은 生死一如思想에 이르기까지 昇華된 사고법을 창출한 것이다. 그들은 삶의 허망함을 느끼지 않고 죽음에 이르는 恐怖도 갖지 않고 다만 超然한 姿勢로써 그들의 생명을 사랑하고 현실적 諸問題들을 감수하는 내재력이 강하였다. 그들은 현실주의적 이상주의자였다. 이상을 부정하면서 이상을 현실에 浮刻시키려고 부단한 그들의 노력을 아끼지 아니하였다. 그리하여 신라인은 통일을 모색하는 사상을 발견하려 하였고 融和를 이룩하는 종교를 受持하려 하였다. 이것이 신라인이 가지려 했던 종교적 체질인 것이다. 구김살 없는 가을하늘의 맑음 위에 靑大理石의 생명을 잉태시키려 하였던 신라인 그들은 섬세 보다 優雅를, 현실 보다 이상을, 죽음 보다 삶을, 散文의 퍼짐보다 韻文의 속찬 것을 희구하는 先天的인 思索人이 신라인인 것이다.

詩의 구름다리와 想念의 무지개에다 화랑의 젊음과 이상을 심어 보려는 순함이 오늘날에 유풍으로 전승하려 함도 한국인의 전통적인 풍류기질에 스며 오고 있는 것이다. 우리들 한국 사람은 기원과 소망이 가득하여 자기의 생명보다 남의 생명을 아낄 줄 아는 양심이 있는 민족이다. 이러한 양심은 오래 간직하고 온 것이므로 신앙과 함께 토착하여 오늘날에도 한국인들은 믿음이 풍부하다. 한국인이 믿음을 갖고 있다는 것은 꺼져가는 양심의 불씨를 묻어가지려는 전통인 것이다. 이 양심의 불씨가 반만년의 역사의 흐름 속에 단일한 마음씨로 키워왔고, 종교세계의 궁극으로 승화시킬 수 있는 체질을 양성시킨 것이다. 불의에 항거하고 정의를 잉태시키어 이를 키우고 다듬고 하는 우리나라 사람들의 가슴속에는 뿌리 깊게 자리한 것이다. 신라 사람은 불교의 소승적인 계율에서 소극적으로 극한 된 생활을 한 것이 아니라, 대승적인 보살계에 의한 활달한 생활을 하게 된 것이다.

그러므로 세속오계라는 世諦戒를 창안하여 넓은 의미로서의 개념을 갖게 하고 실수함에 있어서는 적극성을 띤 면이 현저한 것이다. 이것이 신라인의 불교수용관이며 그들의 생활의식인 것이다. 그리하여 여성은 우아 속에 단정한 아름다움을 갖고, 남성은 풍류 속에 굳건한 힘을 가진 신라인 이것은 대승적으로 불교를 소화시키고 그 풍로에 알맞은 종교를 창조한 證驗이라고 할 수 있을 것이다. 이처럼 아름답고 순수한 믿음은 끈기 있게 연속되는 문화의식이 되어 고려시대에도 선대의 전통을 보전하려 하였고, 이를 국력에 總結하여 契蒙의 외침 속에서 불교의 신앙은 강화의 하늘에 사무친 護國의 一念이 된 것이다. 강화의 하늘아래 전운의 불길이 거세게 치솟고, 蒙古軍의 戰鼓가 울리는 곳에서 비바람 그칠 새 없이 긴긴 수십 년 동안 고려인의 國難克服의 護國精神은 信仰으로 凝結되었다. 이 힘은 外侵擊退로 向進하여 江華의 聖事로 빛을 보게 되었다. 즉 대장경의 印刻에 믿음을 기울인 것은 佛神力의 加被를 기도한 것이다. 고려인은 인내를 생명으로 한 믿음이 총화되어 몽침의 戰塵을 佛陀의 威力으로 몰아내야 한다는 지극한 믿음이 있었던 것이다. 이것은 고려인의 종교관이며 그들의 誓願觀인 것이다. 고려는 몇 수차에 걸친 戰亂이 있었지만 그들의 신앙 속에 직결하고 있던 護國理念이 투철하였으므로 祖國을 방위하고 民族의 歷史를 쟁취하려는 意志가 고려인의 가슴에 약동하는 피가 되고 있었던 것이다.

宗敎的 信仰은 强壓에서 除去되는 것이 아니라 法爾自然에 의하여 굳어지는 민심의 深層世界인 것이다. 제도적으로 강제되어 믿어지는 것은 宗敎가 아니라 無軌道한 暴政인 것이다. 진리는 숨겨져 있는 것이 아니라 顯現되는 빛이요 슬기인 것이다. 그러므로 억눌림과 猜忌의 罵倒가 그칠 새 없던 그 때에도 애국애족

의 신념은 破邪顯正의 사상으로 일관되어 있었다. 巨僧은 민족을 사랑하고 偉僧은 조국을 守護하였다. 이것은 抑壓에 의하여 사라지는 佛敎精神이 아니라 衆生을 濟度하려는 秘藏된 慈悲心의 發露인 것이다.

民族의 良心과 祖國의 運命을 지켜 歷史를 顯揚하려 한 것이 山僧의 願力이었다. 佛敎的 体質로 還化된 人生은 小我보다 大我 別異한 것보다 더 지극한 것을 찾아보기는 힘들 것이다. 佛敎的 生死觀 이것은 죽어 살아가는 積極的인 生死觀인 것이다. 그들은 죽음 속에 삶이 연속되고 삶 속에 죽음이 內在하고 있음을 認識하고 있다. 삶과 죽음이 別異의 것이 아니라 生死가 一如同時的 現存在임을 看破하고 있는 것이다. 그러므로 無念無想의 無我的 本가 모든 苦難을 克服하려는 힘이 되어 있으므로 沒我的 忠孝慈悲心이 開展되는 것이다.

(3)

오늘날에 와서 우리는 純粹信仰을 상실하고 土着化한 遺風을 찾아 볼 수 없게 되었다. 近代로 접어들면서 西洋的인 宗敎가 流入 되었지만 그것은 우리 겨레의 순수한 믿음은 아닌 것이다. 우리는 本來的 믿음을 상실하고 自我魂은 잃어 버렸다. 넋을 놓고 살기 때문에 허황하기만 하다. 나라의 國基가 올바르면 그 믿음도 순일하고 한결같은 믿음으로 응결시켜야 한다. 國泰民安의 所望에 비견할 수 있는 悲願이 성숙되지 못하였다. 믿음이란 內在的 悲願이 현실적 狀況을 극복하려는 힘이 되어야 한다. 自我的 믿음에서 世界的 믿음으로 轉機되어야 한다. 自己解決이 전체적 光輝가 될 수 있는 힘이 되어야 한다. 흔히 보는 鷄龍山의 巫敎들도 窮局的인 宗敎槪念이 있겠지만 現實과 連繫되지 않는 샤만으로 下落하고 있지 않는가. 現實的 條件은 巫敎的 近視眼으로는 幻燈 할 수 있다. 그곳엔 秘記圖 呪術 符字로 意味가 있다. 그러나 歷史的 認識과 現實的 焦點을 밝게 비추어 보면 虛構的 虛作이 內在하고 있는 것이다. 그러므로 오늘날의 信敎體系를 세운다는 것은 至難한 일이다. 그러므로 그 나라의 安定勢力의 分市를 보려면 그 나라 백성이 믿는 宗敎의 純一性을 찾아보면 알 수 있는 것이다. 하나(하나일순 없지만)로서 만족하게 믿고 다스릴 수 있는 國家라면 여럿을 구하지 아니할 것이다. 雷同하는 사회 附和하는 민심 속에서 迷信은 날개를 펴고 어리석은 백성은 현혹되기 십상이다. 惑世誣民하지 않고 菩提資糧할 수 있는 宗敎는 哲學과 願力이 正覺으로 비롯된 것이어야 한다. 그러면 오래 韓國人에게 土着化한 宗敎가 무엇인가 하면 그것은 너무나 當然한 것이 전개될 것이다.

우리는 土着化된 한국 固有宗敎를 變質시킬 수도 없고, 또한 受容的 血氣는 變質되지도 않는다. 이러한 점에서 보면 한국 土着宗敎를 담당하고 있는 佛敎人들은 새로이 각성하고 自己位置 發見에 開眼하여야 한다. 多者의 希求는 무엇인가. 多者의 呼吸이 어디에 있는가를 卽見하여 그 구함과 숨길을 얻어 트게 하여야 함에도 불구하고 自派的인 我執과 偏見에 사로잡히고 있다면 自覺的 眞如를 매몰하고 사는 非沙門的 乞行이다. 韓國人의 체질은 高句麗人답게 웅건하고 百濟人답게 평온하고, 新羅人답게 우아하고 또한 高麗人답게 祈願이 가득한 것이다. 이러한 모든 것이 서로 잘 調和美를 나타내고 있는 것이다. 그러므로 歷史를 시작하면서부터 신앙의 문을 열었고 지금도 그 믿음의 햇살이 살창 깊숙이 들어오게 하고 있다. 그러나 오늘의 불교인 自畵像은 어떠한가. 佛敎 그것으로 新羅의 思索人처럼 思惟하지 않고 오늘을 알차게 살려는 意志를 잃은 듯하다. 현실을 바탕 하여

未來에 살려는 悲願이 없다면 宗敎의 生命은 없는 것이다. 具現하려는 意志가 새롭고 展開하려는 熱意가 있는 곳에 믿음은 나아가고 빛나는 것이다. 佛敎自體로서 無諍三昧와 一乘會歸의 大圓覺心의 한마음에 歸入하여 自他없는 無礙心을 꽃피우지 않고는 1600년이나 길게 土着되어 온 如來의 純心을 때 묻게 할 것이다. 참으로 큰 大願은 미세한 점도 놓치지 않는다. 그러나 無明의 大海, 한없이 넓은 어두움은 사특한 앎으로써 除滅할 수 없다. 無明은 般若의 眞光明이 아니면 轉衣熏習되지 않는다. 우리 겨레는 雜多를 신앙하여 온 시기도 있었지만 그러나 全一한 것을, 위대한 것을 참다운 것을 신앙하고 완성한 歷史가 더욱 빛나고 있는 것이다. 그러므로 우리들은 佛敎的 체질로 순응된 본래의 바탕을 드러내어야 한다. 그리하여 民族의 光明을 받아 비칠 般若의 總智를 다가오게 하며 無明의 諍論, 滅亡의 派我, 一切이 邪惡을 滅하고 全一한 統一인 慈悲와 智慧를 바탕하는 國民이 되어야 한다.

(4)

불교가 참다움과 깨달음을 具現하기 위하여 가장 적절하게 표현된 것 중 하나는 轉迷開悟라는 것이다. 부처님의 교실은 다기 다양하다. 병에 따라 처방하기 때문에 그 약방문이 하나일 수 없다. 응병여약하는 대상이 보편적 현실일때 구원의 방법도 다양하고 실질적인 효용성을 具現하여야 한다. 그러나 논리적이고, 철학적인 의미를 바탕한 것은 轉迷開悟이다. 여기에 함축된 것은 불교의 포괄성을 확대하고 있다. 사물사리에 어두운 것, 혼돈된 것, 무지한 것, 또한 일체 해맑지 못한 무질서 등을 표현한 것이 無明이며 迷의 당체인 것이다. 그러면 오(悟)라고 하는 것은 무엇인가. 사리를 밝혀 아는 원리, 완전하게 깨닫는 智慧 涅槃 등 진리의 실체임과 동시에 진리의 능동성을 의미한다.

迷의 세계는 惡業이 作用한다. 악의 業力은 강하다. 학습과 구습이 혼합되어 바르게 살려고 하는 의식을 어둡게 만든다. 그러므로 불교에서 이 세상의 현상은 無明이라고 전제하였다. 밝지 못한 세계는 괴로움과 고통이 따르게 된다. 無明의 부수적인 산물이 바로 苦라는 것이다. 苦의 원인은 迷妄에 사로잡힌 욕망이 일체의 혼돈을 만들어내는 것이다.

생활은 욕망의 세계를 현실화 시키려고 한다면, 생명은 본질의 세계를 자각 하려는 것이다. 생명의 실체가 悟의 세계에서 능동적 發光가 되어야 한다. 즉 迷妄의 덩어리를 분해하고, 분리시키며, 미망이 아닌 상태로 변혁시키는 것은 깨달음을 향한 漸修的인 행동이 발화하지 아니하면 안 된다.

이러한 漸修的 발화작업은 철학적인 논리전개이거나 종교적 심층작업으로 이룩되는 깨달음을 향한 행동이 앞서야 한다. 그러므로 轉迷는 현존적 모순을 개혁하려는 점진적 수행이며 開悟는 본질적 실체를 구현하려는 궁극적 자각인 것이다. 세속적으로 물든 인간의 의식은 순화하기가 힘들다. 악으로 영합된 것은 악습의 근거가 깊기 때문에 부처님은 이 開悟를 향한 작업은 念念相續하라고 하였다. 한 찰나도 정지되면 악의 방향으로 치닫게 된다. 부단한 精進이 생명을 정화시키는 것이다. 생활은 정지 되었다. 연속할 수 있어도 생명의 세계는 정지가 있을 수 없다. 이런 방향에서 본다면 불교의 文化史觀은 외형생활의 변화를 증진시킴 보다도 인간의 내면세계에 자리 잡고 있는 의식이 자각적 원형을 연속시키는 것이며 頓悟의 實存을 의미한다. 문화는 여러 가지 양상으로 발전된 역사적 정신양상이다. 오늘에 살고 있지만 어제의 역사를 거울로 하고 또한 역사의 거울에 비추인 모습에서 오늘의 실상을 재확인하려고 한다. 역사라고 하는 종합문화가 선재하지 않는다면 인간은 오늘의 생활에서만 살고 있을 것이다.
　인간은 역사의 종합정신을 생명에 부여함으로 보다 나은 인간 실존으로 재생하게 된다. 그러나 문화가 생성하고, 유지, 발전, 또한 쇠퇴하는 것은 외적인 힘에 의하여 강한 도전을 받는 것도 사실이지만 인간 내면세계의 자각의식의 脫軌道에서 오는 것이 큰 것이다. 동일의식의 지구력을 감당하는 것은 대단히 어려운 것이다. 불교에서도 內的 意識의 상속성, 지구성이 미약한 것이라고 누누히 지적하고 있다. 인간의 의식은 生住異滅한다고 하였다. 의식이 생겼다(生)가 그 의식이 어느 정도 상속(住), 유지되기도 하지만, 그 의식은 또 다른 의식(異)의 생김으로 말미암아 본래의 의식을 사라지게(滅) 한다. 生滅一如라고 한다면 住異同相인 것이다. 生住異滅의 同一性이 논리적 변증으로 성립하여야 생명의 영원성, 의식의 동일성이 증명된다. 그러나 외형적인 변화, 발전에 민감한 의식은 상주적일 수 없다.

불교철학에서 생각해 볼 수 있는
몇 가지 문제들

沈　在　龍

(서울대 철학과 교수)

　깨친 사람이 살아가는 길을 가리키는 말씀들을 모아 불교라고 할 수 있겠습니다. 원래 인도에서 발생하고 중국을 거쳐서 한국에 유입되는 동안 불교는 가는 곳마다 그 모습을 바꾸어 새로운 환경에, 새로운 요구에 적응해 왔습니다. 어느 사회, 어느 시대에도 깨친 사람에 대한 요구가 있기 마련이겠습니다. 그래서 정신적 생활이 별로 눈에 띄게 평가를 받지 못하는 현대에서도 불교를 문제 삼는 모양입니다.

　불교가 아직도 살아있는 종교요, 그러 길래 현대가 부딪치고 있는 여러 가지 문제들을 적극적으로 감싸 안고 해결을 위해 고민하고 있는 것 같습니다. 본래부터 불교가 수천 년 동안 길러 온 적응력은 바야흐로 현대의 위기상황을 대처하는데 그 진가를 발휘해야 할 때가 아닌가 합니다.

　온 세상이 근대화의 물결 속에 휘말려 진통을 겪고 있습니다. 불교 역시 민감하게 근대화 운동에 적응하고 있는 모양이 곳곳에서 목도됩니다. 인간본연주위, 합리적 사고방식의 고취를 필두로 여러 가지 제도들의 개혁과 재가신도들의 눈에 띄게 늘어난

사회활동은 물론 현대 심리학 내지 교육학의 원리들을 응용한 교육방법의 개선 확충 그리고 갖가지로 흩어진 조직의 재통합·정비 이루 헤아릴 수 없이 많은 근대화 작업이 이루어지고 있음을 장자불교국가건 대승불교 국가건 남북의 지역 차에 상관없이 널리 관찰 되고 있습니다.

또한 불교는 다른 종교 및 이념들과의 대화는 물론, 세속적 세계관을 지닌 사람들과의 가슴을 튼 대화의 광장으로 거리낌 없이 달려 나가고 있습니다.

위에 말씀드린 세 가지 요소, 즉 불교가 아직도 살아 움직이는 정신생활의 지표라는 점, 또 근대화에 민감하게 적용한다는 점 세속화에도 의연히 대처한다는 점 등을 염두에 두고, 불교철학이 제공할 수 있는 논점의 찬부를 다루어 보려는 것이 오늘 이야기의 초점이 되겠습니다.

이야기를 쉽게 하기 위해서 불교를 깨친 사람으로서 사는 길과 깨친 사람으로서 보는 길로 크게 나누어 말씀드리려고 합니다. 막연히 이념이라는 것이 우리 사람이 사는 지표를 제시하는 것이라면 불교 역시 크게 이데올로기의 하나로 보아 틀림없을 것입니다. 그러나 불교 이데올로기는 한 집단이나 계층의 허위의식으로서가 아니라 인간 누구에게나 적용할 수 있는 참다운 인식의 길을 그 바탕에 깔고 있다고 생각합니다. 바른 삶의 길은 참다운 앎의 길을 근거로 확립된다고 하여야겠습니다.

불교의 진화론적 세계상과 만민평등의 인간관은 불교이념의 든든한 주춧돌 역할을 합니다. 무명을 인간고의 기틀로 하면서 다시 이를 여지없이 쳐부수는 바른 길을 제시한 것은 실천적 불교이념의 정수라 하겠습니다. 이와 같은 불교이념이 인간의 불평등과 유물론적 물신숭배, 계급투쟁, 종교비방을 일삼는 유물사관

론자들에게 좋은 응병 투약일 것은 말할 여지도 없습니다. 우선 자본주의 사회의 불평등을 경제적 요인에만 돌리는 유물론자들은 같은 집안에 태어난 형제끼리도 현저한 성격차이가 있음을 어떻게 설명할까요? 불교에 업과 연기의 이론이 있습니다. 또 유물론에 대항하는 불교는 모든 물질적 집착으로부터 벗어나는 명상의 길을 제시합니다. 계급투쟁이 뭡니까? 모두 부처가 될 중생은 서로 자비와 친애로 사랑하고, 도와줍니다. 모든 종교의 공통점이 사랑에 있다는데 왜 유물론자는 민중의 아편이란 모욕적 언사를 사용하여 불교뿐만 아니라 종교란 종교를 모두 없애겠다고 광분하는지요? 마치 사원에서 스님 네들이 물건을 공유하는 것처럼 공산주의 국가는 사유재산을 없이하고 모든 사람들이 재산을 나누어 갖는 것이 불교식이 아니냐고 할런지 모르겠습니다. 그러나 현재 어느 공산주의 국가에서 불교 아니 어느 종교가 살아 남아 흥성한다는 소문을 듣지 못하겠습니다.

불교는 또 한편 지극히 과학적 사고방식을 권장한다는 점을 들어 앎의 길로서의 불교를 토론해 보겠습니다. 본시 베다의 권위를 부정하는 석가모니의 비정통적 태도, 사물을 있는 그대로 본다는 근본 경험주의적 원시불교사상이 과학적 태도를 방불케 하는 면이 있습니다. 또 여기의 공식은 초자연적 실재나 창조주를 인정치 않고 자연을 생멸의 현상 그대로 설명하려는 것입니다. 네 가지 진리와 열두 가지 연기관은 부처가 사물을 관찰하여 터득한 것이랍니다. 심지어 불경에 현대 천문학이나 물리학적 이론의 모태가 될 수 있는 점을 발견할 수 있다고 기뻐하는 학자들도 있습니다.

그러나 이런 태도는 지나치게 과장된 것처럼 생각됩니다. 왜냐하면 불교에서 말하는 설법이란 자연현상에 관한 지식 또는 그 제어와 조작을 위한 기술을 제공하는데 있지 않고, 인생살이에 수반되는 고통으로부터 벗어나려는 지식을 추구하는데 그 진정한 뜻이 있기 때문입니다.

여러 가지 찬부의 논의가 불교의 현대성을 둘러싸고 현재 진행 중에 있습니다. 오늘은 이데올로기로서의 공산 유물주의와 불교를 대비해 보고 또 과학적 사고방식과의 대비를 통해 불교를 저울질해 보았습니다.

이처럼 추상적 이야기에 으레 따라오는 질문이 있습니다. 과연 오늘날 한국의 불자들도 위와 같은 문제의식을 갖고 있느냐는 것입니다. 실상 우리들이 가장 안타깝게 생각하는 것은 한국의 불자들이 아직도 전통의 틀로부터 의식적으로 몸부림치며 새 시대 새 사회에 적응하려는 노력이 미미하다는 점입니다. 아니 우리가 현재 실천하고 있는 불교가 과연 어떤 모습을 하고 있느냐에 대한 질문에 대답하는 학문적인 노력이 아직도 미미합니다. 물론 저 지난 오백년의 침체기를 핑계 댈 수는 있습니다만, 불교를 살아 있는 삶의 길·앎의 길로 만들기 위한 각고의 노력이 없이는 정말 앞날의 불교가 어떻게 될지 아무도 예측할 수 없을 것입니다.

V. 도교문화

道敎와 國仸道

高 庚 民

(국선도 사부)

오늘 이 자리에 고명하신 여러분과 함께 道敎와 國 仸道란 主題를 가지고 本人의 소견을 말씀드릴 수 있게 된 것을 커다란 榮光으로 生覺합니다.

저의 本名은 高 庚民이옵고 靑山은 本人의 師父이신 靑雲道士님으로부터 받은 道名이며 仸篩이란 사람人 변에 하늘天, 즉 사람과 하늘에 孝感하겠다는 뜻입니다.

저는 어릴 적에 入山하여 이십여 년 간 수도를 하였고 하산하여 십년간 명산대천 두루 찾아다니며 수많은 수도자를 만나보고 크게 느낀 바 있어서 문공부에 등록하고 67년 3월에 도장의 문을 열게 된 것입니다. 때문에 저는 현대학문을 공부하지 않아서 표현력이 부족합니다. 그러나 배운 바가 天地의 理致와 丹學이므로 현대문명에 익숙하지 못하고 표현력이 부족함을 무릅쓰고 내 몸으로 직접 닦고 배우고 느낀 것을 토대로 하여 다음과 같이 論하고자 합니다.

가. 우리나라 歷史 속에 있는 自然의 道
나. 外來 精神思想, 즉 儒, 佛, 道의 영향

다. 道敎 一名 仙道의 歷史, 性格

라. 우리나라 固有의 精神思想인 國仚道

마. 道敎와 우리 國仚道가 혼동된 이유와 다른점

바. 道敎가 우리民族 精神史에 끼친 영향

사. 國仚道의 性格, 目的, 特徵, 修練方法 및 效果에 對하여
말씀드리고 結論으로 道敎와 國仚道를 規定코자 합니다.

우리나라 역사속의 自然의 道는 그 흔적을 단군신화에서 찾아 볼 수 있습니다. 단군이 實存人物이었다는 책자가 나온 적이 있으나 그의 가부는 제쳐두고, 단군이 하늘에서 내려 왔다는 말은 우리민족이 天孫思想을 가졌던 농경민족임을 알 수 있고, 또 神市를 베푼 것은 祭政이 일치된 상태의 부족장으로서 神政政治를 하였던 것을 의미합니다. 특히 환웅이 거느리고 온 3천명의 무리 중에는 능히 비와 바람을 다스리고 구름을 움직였다 합니다.

그러므로 이 나라에는 아득한 옛날부터 傳來된 秘傳이 있었다고 봐야 하나 記錄이 남지 않아 심히 유감입니다. 이러한 神仙思想은 中國 上代 文獻에는 없습니다. 老子에도 없었고 莊子에 이르러 비로소 나타나니 이는 神仙思想의 發祥地는 韓國이라는 점을 간접적으로 증명합니다.

外來 精神思想은 4세기에서 6세기에 걸쳐서 佛敎가 들어오고 儒敎가 들어와서 왕실과 귀족들 간에 널리 보급되어서 사찰을 짓고 불상을 세우고 경을 읽고, 또 서당을 세워 학문과 예의를 가르쳤지만 民間에 전해질 때는 우리 固有의 思想的 바탕위에 받아 들여서 여러 가지 변형된 점이 많고 본고장의 思想과는 많이 다릅니다.

또한 道敎나 仙道는 들어 왔다는 기록은 있으나 남아있는 흔적은 극히 희미합니다. 文獻에 보면 고구려 때 佛敎와 거의 때

를 같이하여 道敎가 들어왔다는 말은 있으나 그 후 道敎의 절간인 도관이 이 나라에 세워진 곳을 찾아 볼 수 없습니다. 고려 예종 때 開城에 도관이 하나 있었다는 기록이 있으나 그것도 분명치 않다고 하였고 그 후 李朝 初期에 道敎事務를 관장하는 昭格署라는 官廳이 있었고 현재 三淸洞에 神仙을 모시는 三淸殿을 세웠으나 趙光朝의 上疏로 폐지되었다 하는 記錄이 있을 뿐 道敎의 흔적은 없다고 볼 수밖에 없습니다.

道敎는 後漢末 蜀나라 사람 張道凌이 入山修道中 老子의 示顯을 받아 度人, 北斗 등 經書 一千卷을 얻어 救世濟民을 宣布하였다고 傳해지고 있습니다.

당시는 질병과 재해가 만연하여 곳곳에서 반란이 일어나고 황건적의 난도 이때 일어났습니다. 각종 民間信仰들이 나타나서 巫祝的 詐欺術을 사용하면서 不老長生의 神仙이 되게 해 준다고 欺瞞하기도 했습니다. 이런 와중에 나타난 것이 五斗米敎 또는 天師敎로서 후에 점점 체계를 세워 道敎라 稱하게 된 것입니다. 道敎는 黃帝와 老子를 利用하여 黃老思想을 끌어들이고 그 위에 당시 中國 民間信仰인 모든 多神敎的인 行事를 종합하였고 民間 說話的인 神仙思想을 곁들여 만들어졌으며 老子와 莊子의 唯物論的 自然主義思想을 唯神論的 宗敎思想으로 변형시킨데 불과합니다만은 오직 胎息法 등의 深呼吸法과 導引法 같은 것을 이용해보려 한 점은 養生術에 있어 一理도 있다고 봅니다.

傳來의 精神思想인 國仸道는 古代神官들이 하늘을 숭상하여 높은 산에 올라가 祭를 지내고, 하늘과 상통하려고 呼吸을 깊이 하였고 하늘의 빛을 골고루 받으려고 여러 가지 자세를 돌아가며 움직이며 마음을 가다듬고 고요히 깊은 경지에서 修道를 하던 중에 자신도 모르는 사이에 약간씩 道力이 나타나는 것을 체험하여 알게 되었습니다. 이런 수도방법이 代를 거듭하는 동안 체계화되어 成立한 것이 바로 生命과 生活의 道인 國仚道인 것입니다. 때문에 國仚道는 一般宗敎가 아니며 宇宙의 生成法則이 人體內에서 직접 작용하도록 유도하는 것인 만큼 어떠한 宗敎人이나 思想家도 직접 修練하여 닦아 가지면 되는 道이니 思想的으로나 건강법으로서 그 넓고 깊고 오묘한 원리는 참으로 감탄할 정도이며 말로써 다 표현할 수 없는 것입니다.

道敎와 우리 國仚道가 혼동되는 이유는 첫째 道敎에도 胎息法과 같은 深呼吸法이 있고, 둘째, 山川祈禱 등 여러 가지 民間行事가 있어서 一見 닮은 것 같고 이것이 모두 道敎的 信仰의 발현이 아니냐고 생각하는 까닭입니다. 그러나 이러한 民間信仰은 우리民族 固有의 傳來的인 것이요 결코 中國으로부터 傳來한 道敎的 行事는 아닙니다. 뿐만 아니라 道敎의 目的이 羽化登天한다는 神仙이 되는 것이라 하여 民間說話的인 神仙思想이 곧 道敎的 이라고 보는 것도 잘못입니다.

그러한 神仙思想은 오히려 우리民族의 固有한 思想이지 道敎의 思想이 아니라는 점을 崔 致遠 先生이 밝혀 놓은 글이 있습니다. 三國史記에 보면 鸞郎碑序文에 "國有玄妙之道 曰 風流 說敎之源 詳備仙史 實乃包含三敎 接化群生……"이라 했는데 여기에는 이 三敎의 內容을 儒佛道의 三敎라 하지 않고 孔子, 釋迦와 老子의 敎旨를 밝힌 것입니다. 그 仙敎는 결코 道敎에서 끌어들인 老子가 아닙니다. 이처럼, 道敎가 우리民族 精神史에 끼친 영향은 거의 없다고 보아도 과언이 아닙니다. 원래부터 있던 우리固有의 풍습이 道敎와 비슷하다 해서 道敎의 영향을 받았다고는 할 수 없습니다. 어떻게 아버지가 아들을 닮았다는 식의 말을 할 수 있겠습니까.

그러면 崔致遠 先生이 말한 國有 玄妙之道란 무엇이겠습니까?

저는 열세 살 되던 해에 入山하여 山中修道 二十年과 山中道人 찾아다니기 십년 하여 모두 三十餘年을 山中生活을 하였습니다. 처음에는 무척 어렵고 고달픈 생활이었습니다. 그러나 지금 돌이켜 보면 참으로 高貴한 道人을 만났던 것을 다행으로 생각하지 않을 수 없었습니다. 그 이유는 修道를 마치고 下山하여 태산준령을 넘나들며 道人을 찾아보기 십년, 모두 알고 보니 이 세상에는 修道하는 方法이 하도 많아 그 正道를 찾기가 힘들었기 때문입니다. 마치 佛敎에서 말하는 成佛의 길이 八萬四千法門이 있다는 말과 같이 仙道修道의 數百數千의 길이 있다는 것을 알 때 어떤 方法이 正道인가를 스스로는 알 수 없다는 것을 깨닫게 되었습니다. 그러나 本人은 靑雲道士의 指導로 完全히 體系化된 正道를 밟아 온 것을 그 效果로 봐서 自覺하게 되었고 또 나 자신이 하산하여 지도해 본 결과 수많은 사람들이 효과를 봄으로써 立證이 된 것입니다.

一般的으로 仙道라 하면 道敎의 神仙道를 연상하는데 本來 道敎의 神仙은 神仙이 되는 仙藥을 복용하여야 한다고 생각하여 仙藥을 구하거나 제조하는데 힘써 왔으며 後代에 이르러 지금부터 약 구백년 전 道敎에서 派生된 全眞敎派에서는 仙藥을 外丹이라 하여 강장제 정도로 사용하고 精神修練과 丹田呼吸으로 이루어지는 內丹法을 主張하게 됨으로 그 후부터 內丹法이니 內功法이니 하는 方法이 流布되게 된 것입니다.

道敎에는 數千卷으로 된 道藏이 있어 모두 修練에 관한 法門들이며 丹田이라는 槪念으로 表現한 名稱만도 264개나 되고 仙學辭典에 보면 "潛虛祖 曰 道法三千六百이 있으나 다 金丹大道라" 하였으니 그러한 方法을 쫓아 一生을 허비하여도 正道를 찾지 못할 것입니다.

達磨禪師의 글에 "夫入道多途 要而言之 不出二種 一是理入 二是行人"이라는 말이 있습니다. 多幸히 本人의 스승님께서는 行動으로 직접 가르치셨기 때문에 道門으로 直行하였고 道門에 들어선 뒤에 그 原理를 설명하여 주셨기 때문에 저는 確信을 할 수 있었습니다.

제가 體得한 國仚道는 우리나라에서 道人들이 山中에서 修道로 體得한 方法이요 唯一한 體系이므로 國仚道라 하였으며 그 仙이라는 名稱도 說話的인 神仙이 아니라 우리民族이 가장 높이 稱頌하는 最高人格的 人間像을 指稱하는 稱號가 仙인 것으로서 우리民族의 조상이신 檀君을 仙人王儉이라 하였던 것이요 新羅의 花郞을 國仙이라 하였던 것입니다.

國仚道의 目的은 결코 羽化登天한다는 神仙이 되고자 하는 것이 아닙니다. 大宇宙의 生成法則에 따라가는 修道를 함으로써 實存生命의 最大擴充과 道德的 人格의 기본자세를 確立하여 極致的인 體力, 精神力, 德力을 함께 수련하여 말 그대로 地上仙人의 경지에까지 들어가고자 하는, 全人的인 修道가 目的인 것입니다.

그렇다면 어떤 原理로 그 目的을 이룰 수 있는가 하는 의문이 생깁니다. 修道의 原理를 한마디로 요약한다는 것은 事實은 不可能합니다. 道書에 보면 "丹經萬卷"이라는 말이 많이 나오는데 數萬卷 道書에 나타난 數千의 方法으로 해설해 놓았으니 그 어느 하나도 道法 아닌 것이 없고 그 어느 하나도 道理의 全貌를 다 밝혀 놓은 것이 없으니 한마디로 요약하기는 불가능합니다. 그러나 "一言不中이면 千語無用"이라는 말도 있으니 어느 한마디라도 붙들고 解說을 해보지 않을 수가 없습니다.

"煉精　化氣
　煉氣　化神
　煉神　還虛
　煉虛　和道"

　이 말의 뜻은 修道의 目的이 道에 和하는데 있고 그 修道의 過程은 順次的으로 精을 닦아 氣를 얻고 氣를 닦아 神을 얻고 神을 닦아 虛에 돌아가고 虛를 닦아 道에 和한다는 뜻입니다. 우리가 修道하여 道人이 되려 한다면 養精, 養氣, 養神, 養虛에 이르러 天地 大道에 融和되는 境地에 到達되어야 한다는 뜻입니다. 國仙道 修道過程에는 첫 단계를 中氣丹法이라 하고 마지막 아홉째 단계를 眞空丹法이라 합니다. 이와 같이 아홉 단계를 밟는 것은 먼저 말씀드린 精神氣虛道에 到達하는 漸次的인 過程입니다. 肉體는 精神을 담는 그릇이라 精神이 아무리 高貴하여도 肉身이 무너지면 떠나게 되어 죽음을 맞게 되니 아무 소용없는 일입니다. 때문에 修道에는 먼저 肉體를 煉하는 中氣, 乾坤, 元氣丹法의 三丹法이 있고 다음에 精神的 修煉過程인 眞氣 三合, 造理의 三丹法이 있으며 최후로 精神과 肉體의 合實한 丹法인 三淸, 無盡, 眞空의 三丹法이 있는 것입니다. 이러한 體系的이요 全體的이요 綜合的인 修道의 目的과 方法속에 易理와 丹理로 설명이 되는 仙道修練의 原理가 內包되어 있는 것입니다.

　肉體的 修練의 첫 단계인 中氣丹法은 마음으로 육신을 지배할 수 있는 修道입니다. 中氣丹法은 五十動作으로 되어 있으며 앞으로 나올 모든 丹法의 基礎가 되는 重要한 과정입니다.

　中氣丹法의 五十動作은 서서 二十五動作 앉아서 二十五動作을 취하며 각 丹法마다 독특한 자세와 呼吸法이 있는데 공통점은 動

作을 함과 아울러 丹田으로 呼吸을 하여야 하며, 呼吸하되 아주 가늘고 고요하게 들이 쉬고 내쉬며 반드시 코로 呼吸해야 합니다.

丹田呼吸을 하되 下丹田에 精神을 集中하여야 하며 또한 丹田呼吸과 精神集中을 위하여 고요히 귀로 들려주는 導引道頌의 녹음기에서 흘러나오는 佚道住에 呼吸을 맞추어야 합니다. 이런 方法대로 修練하면 男女老少 누구나 정도의 차이는 있으나 心身에 變化가 오게 되는 것입니다. 저는 십삼세에 道人에게 이끌리어 깊은 산속 동굴에서 일년 동안 草根木皮로 살아갈 수 있는 修練과 春夏秋冬 四時節 아래 한곳만 겨우 가리고 完全나체로 風寒暑濕을 견디어 내는 修練을 쌓은 후에 십사세에 이르러 이 中氣丹法을 배울 수 있었습니다. 처음에는 아무 설명도 없이 그냥 말과 명령만으로 이래야 한다 저래야 한다며 가르치셨고 滿一年 동안 꾸준히 되풀이 한 것이며 단편적이나마 원리에 대해서 설명해 주셨으나 당시로서는 알 길이 없었고 나중에야 알 수 있었습니다. 丹法이 새로워질 때마다 설명하여 주신 原理는 體得과 함께 完全히 이해하여 지금까지도 한마디도 빠짐없이 기억할 수 있습니다. 그것은 이십여 년 동안 數千번 되풀이하여 들어왔고 또한 내 몸으로 직접 變化가 일어남을 느꼈기 때문입니다. 中氣란 "宇宙의 一氣는 陰陽合實의 中氣로 萬物이 生成變化하고 人間의 一氣는 陰陽合實의 中氣로 心身이 生成變化한다."라고 설명하셨습니다. 이 中氣丹法을 不撤晝夜하고 修道한 結果 나의 心身에 많은 변화가 일어난 것을 自覺하게 되었으며 이것이 바로 行으로 入道하는 것임을 깨닫게 되었습니다.

다음에는 乾坤丹法 二十三動作입니다. 그 原理는 「우주의 立場에서 宇宙生成의 原理를 내 몸 안에서 作用을 시키는 道法」이라는 설명을 들었습니다. 乾坤丹法도 一年동안 修練하였는데 그 結

果는 나로 하여금 스스로 神奇한 변화가 오고 任督脈이 流動하는 징후가 나타난 것입니다. 말로써 표현하기 어려운 희열을 느끼며 힘이 솟는 것을 느끼게 되었습니다. 이제 다음 단계로 元氣丹法에 들어갔습니다. 元氣丹法에는 三百六十五動作이 있습니다.

이 丹法은 가장 어렵고 지루한 行功입니다. 그러나 이 丹法을 完邃하여야 國仚道入門의 첫 三段階를 履修한 것이 됩니다. 이 丹法으로서 비로소 元氣를 내 몸에 지니게 되어 心身行動의 自由를 얻게 됩니다. 그리하여 다음으로 眞氣丹法의 高次元的인 修練을 하게 되며 점차 心身이 통일되며 자연과 조화되는 極致의 境地에 들게 되는 것이며 이러한 단계의 原理는 말로써 설명하여 알 길이 없고 오직 體得으로만 느낄 수 있는 것입니다.

國仚道 修道의 特徵은 修道의 모든 行功法이 靜的입니다. 어머니의 품에 안긴 아이처럼 大自然의 품에 안겨서 모든 것을 自然의 變化에 맡긴다는 마음자세로 修道하며 靜的인 가운데 元氣를 받아들여 心身에 蓄積합니다. 모든 行功은 自然의 生成原理인 易理와 人間의 生成原理인 丹理에 근거하여 가장 合理的인 순서와 자세로 구성되어 있습니다.

體內에 蓄積된 元氣는 강한 生命力으로도 나타나며 초인적인 道力으로도 나타나 臟腑의 不調和로 인한 모든 질병이 사라지게 되며 高貴한 人品으로도 나타나게 되는 것이니 元氣의 造化는 神秘하다는 말로 밖에 표현할 수 없습니다. 아홉 단계의 丹法이 있으나 市內道場에서도 거의 半정도는 完邃할 수 있으며 修練課程에 해당하는 效果를 얻을 수 있습니다. 理論的으로 따져 드는 사람보다 꾸준히 行으로 닦아 나가는 사람이 결국에는 效果도 크고 깨달음도 크게 되는 것이 또한 특징이며 하면 한 만큼의 效果는 반드시 나타나니 누구나가 다 修練하여 得을 볼 수 있습니다.

結論的으로 道敎는 우리民族 精神史에 아무런 영향을 끼치지 못하였으며 굳이 밝히자면 사람을 현혹시키는 미신적인 요소만 남겨 놓았으며, 道敎와 國仗道는 혼동의 여지가 전혀 없는 것은 아니나 엄연히 구별하여야 하는 다른 것입니다. 國仗道는 우리民族 固有의 思想과 精神과 혼이 담긴 生命의 道요 生活의 道인지라 佛門의 승려도 儒家의 學者도 모르는 사이에 民族精神을 닦아 가져, 不殺生의 僧侶가 國亂에 臨하면 殺活自在하고 책 읽던 선비가 전장에서 용맹을 떨치니 우리民族 固有의 思想이 담겨져 있는 것이 아니라면 무엇으로 해명하겠습니까?

極致的인 精神力과 體力, 道德的 人格을 길러서 全人的인 人間像을 創造하려는 것이 國仗道의 目的이요 오늘날 指標를 定하지 못하고 방황하는 無道靑年들을 道門으로 引導하고 나아가 온 국민이 다 함께 修練하여 건전한 삶을 누리도록 하자는 것이 욕심 없는 靑山의 단하나의 욕심이며 또한 國仗道가 바라는 바입니다.

道家哲學과 삶의 智慧

宋　恒　龍
(성균관대학교 유학대 교수)

1. 序　言

　　人間이 생각하는 것, 思惟能力의 한계를 아무런 拘碍없이 露出시켜 본다는 것은 매우 흥미 있는 일이고 또 중요한 일이라고 생각합니다. 생각은 반드시 合理的으로만 수행되는 것이 아니고 또 合理的인 생각의 수행만이 우리에게 意味를 가져다주는 것만도 아닙니다. 一般的으로 우리는 모든 생각은 合理的인 것이어야만 하고, 合理的인 것일 때만 그것이 겉으로 露出되어져 온당한 思惟內容을 가지는 것으로 理解, 또는 그러할 것을 요구 강요당하고 있습니다. 그러나 이러한 要求와 강요가 반드시 온당한 것인가의 問題를 검토해 보는데서 老·莊思想의 學的 出發은 可能했던 것이라고 볼 수 있습니다. 合理的인 思考로만 달리고 함께 요구하고 있는 孔·孟思想이 老·莊 도마 위에 오르고 있는 것도 이 때문입니다.

2. 合理的 思惟와 無合理的 思惟

孔·孟의 생각이 응어리지어 엉킨 것이 論語 孟子를 중심한 儒家經典이라면 老·莊의 생각이 응어리지어 얼어붙은 것이 老子·莊子를 중심한 道家經典이라고 할 수 있습니다. 모든 書冊이다 얼어붙은 생각의 고드름이지마는 이 두 가지, 즉 儒家經典과 道家經典도 孔·孟과 老·莊의 생각이 不變的으로 固定化된 두 조각 생각의 化石입니다. 孔·孟의 실제의 많은 생각들이 어떠했는지, 老·莊의 실제의 많은 생각들이 어떠했는지를 우리는 알지를 못합니다. 그러나 적어도 이 겉으로 삐져나와 얼어붙은 두 조각 생각의 化石을 통해 알 수 있는 것은 생각 思惟의 內容은 두 가지 形式에서 주어지고 있다는 사실입니다. 하나는 孔·孟계통의 合理的 思惟內容이 그것입니다. 여기서 合理的이란 말은 理致에 맞는 合하는 것이라는 의미로서, 어렵게 표현하여 論理的이라고도 말할 수 있겠습니다만, 보다 理解하기 쉬운 우리의 東洋的 意味로서는 그저 日常性이라고 생각해도 無妨할 줄 압니다. 日常性이란 萬人의 共有的인 것이요 언제나 生活과 함께하는 常性을 말합니다. 이 常性에 基盤하고 이 常性에 合致하는 생각을 合理的 생각이라 理解해도 무방할 줄 압니다. 그러므로 누구에게서나 理解되고 어디에서나 合當한 생각의 응어리들이라고 해도 무방합니다. 孔·孟의 생각을 露出시키고 있는 儒家經典의 內容이 모두 그러합니다. 누구에게서나 理解되고 어디에서나 合當한 가장 合理的인 內容을 담고 있는 것이 儒家經典입니다. 너무나 옳고 너무나 당연한 일들만 이야기하고 있기 때문에 오히려 우리의 관심 저만큼 밖에 가 앉아있는지 모릅니다. 모든 옳은 생각 모든 당연한 말은 孔子가 도맡아 다해버리고 갔기 때문에,

以後 우리가 할 말, 우리가 해야 할 생각은 그만 없어져 버리고
말았을 정도입니다. 孔子가 한 말을 한마디도 우리는 否定할 수
가 없고 孔子가 한 생각을 한 가지도 不當하다고 거부할 수가
없습니다. 너무나 당연하고 너무나 日常的인 것을 말하였기 때문
에 그것이 곧 자기의 말이요 자신의 생각으로 理解하기에 어렵
지 않기 때문입니다. 그러나 問題는 당연한 말 옳은 생각만이
실제에 있어서 우리의 생각의 全部는 아니라는데 있습니다. 孔·
孟도 역시 실제에 있어서는 儒家經典에 있는 말 그대로의 생각
만을 하고 간 것은 아닐 것입니다. 맹랑스러운 꿈도 꾸었을 것
이고 좌중을 웃기는 허스레 농담도, 어처구니없는 마음속의 생각
도 하였을 것임에 틀림없습니다. 그 量은 論語나 孟子의 量보다
도 많았을 것입니다. 그리고 그것은 合理的인 것이 아니었을 것
임도 틀림없습니다. 그러나 우리의 생각 속에는 孔子나 孟子는
合理的인 생각만 했고 옳은 말만 했고 너무도 合當한 행동만을
실천한 것으로 理解되어 들어오고 있습니다. 問題는 여기에 있습
니다. 老·莊的 思惟內容의 必要性은 바로 여기에서 要求되고 있
었던 것 같습니다. 다시 말하면 人間의 생각은 合理的인 것으로
만 수행되는 것이 아니다. 合當한 말만이 말의 意味를 갖는 것
이 아니다. 누구에게서나 理解되고 어디에서나 옳은 말이 있을
것이라고 생각하는 그 자체부터가 이미 合理的이 아닌 事實을
가지고 있지도 않은 사실을 있는 사실인 것처럼 僞裝하고 나온
것이나 아닐까 하는 보다 事實性의 露出에서 學問의 出發點을
두고 있었던 것이라고 할 수 있습니다. 그러므로 老·莊은 合理
的인 思惟란 말은 오히려 思惟의 實相이 아니요 無論理的인 것
이 思惟의 실상, 생각의 본질이라고 理解하고 있었다고 볼 수
있습니다. 老·莊에 있어서 人間的 思惟 곧 人間의 日常的 생각

은 모든 거짓됨(僞)의 근거로 드러나고 있습니다. 그러므로 그 거짓됨의 한 것을 들어냄으로서 思惟의 本質을 찾으려 한 것이 老·莊과 對語法이라고 할 수도 있습니다. 그러므로 老·莊의 말은 그리고 생각은 合理的이니 事實性이니 하는 것과는 거리가 멉니다. 때문에 모두 거짓말들입니다. 어느 한 가지도 理解의 범주 안으로 들어 올 수 없는 맹랑한 거짓말들입니다. 아마도 거짓말 大會에 나가면 단연코 莊子가 일등을 차지할 것임에 틀림없습니다. 老子와 莊子는 人間의 생각할 수 있는 한 것은 다 생각해 본 사람이라고 할 수 있습니다. 그것이 合理的이요 事實性이요 옳고 당연한 것과는 무관합니다. 老·莊思想의 맹랑함은 바로 여기에 있습니다. 그러나 이처럼 맹랑하기 때문에 우리의 관심을 끌게 하고 거기서 커다란 意味를 발견하게 하고 있습니다. 孔·孟哲學은 당연성을 밝히고 이해하는데 問題의 핵심이 있는 것이라면 老·莊哲學은 이 맹랑함을 밝히고 理解하는데의 問題에의 참다운 接近의 의미가 있을 것 같습니다. 그러면 이제 老·莊의 맹랑성을 몇 가지 지적해 보기로 하겠습니다.

3. 有(爲)와 無(爲)

누구도 따라가지 못할 老·莊의 기발한 생각의 발상은 여러 가지로 나타나고 있지만 그것을 한마디로 요약한다면 有(爲)와 無(爲)라고 할 수 있습니다. 여기서 두 槪念의 공약수인 (   )안의 「爲」는 접어두고 有와 無만을 검토해 본다면 우리의 日常的인 생각의 범주 안으로 끌어들여, 이른바 합리적이요 論理的인 思考의 영역 안으로 끌어들여서는 결코 理解되어지는 槪念이 아

님니다. 왜냐하면 老·莊에서의 有와 無는 "있다" "없다"의 槪念
이 아니기 때문입니다. 老·莊에서의 有와 無는 有도 아니요 無
도 아닌 非有非無의 무엇을 들어내고자 하는데 있습니다. 또는
有無之間의 무엇을 들어내는 말이라고 보아도 무방할 줄 압니다.
그것을 老·莊은 종국에 가서 自然이라고 하였거니와 이것은 우
리의 日常的인 생각을 넘어선 참으로 맹랑한 생각의 응어리(槪
念)가 아닐 수 없습니다. 이 세상의 모든 것은 있든가 없든가 중
의 하나이어야만 하는 것이 日常的인 생각의 自己限界요 論理的
인 思惟가 가지는 자기 범주입니다. 이러한 自己限界와 思惟범주
를 벗어나 있는 老·莊에서의 有와 無의 槪念 속에서 오히려 더
없이 確實한 眞實을 찾아들어 가고 있으니 여기에서 우리는 옷
깃을 여미고 엄숙하게 앉아 老·莊의 말, 老·莊의 생각에 귀를
기울이며 그 眞實이 무엇인가를 생각해 보게 하고 있습니다. 價
値의 判斷과 그리고 日常的인 생각들의 응어리, 곧 뭇 槪念들의
내용이 무엇인가 그리고 그것이 무엇을 근거로 어떻게 이루어지
고 있는 것인가를 검토해 봄으로서 맹랑함이 오히려 老·莊쪽이
아님을 발견하고 놀라게 됩니다. 老莊哲學의 핵심은 바로 이러한
우리의 日常的 無知의 自覺에 있습니다. 우리는 그것을 老·莊思
想의 代表槪念인 無爲라고 이해해도 좋을 줄 압니다.

4. 逍遙와 齊物

　　日常的인 思惟에 의탁해서 이해할 수 없는 老·莊思想에서의
또 하나의 맹랑한 槪念은 逍遙와 齊物이 가지는 내용입니다. 逍遙
는 멀리 들판에 나가 노니는 것이요 그리하여 逍遙遊요, 齊物은

區別的 意識 곧 비교 相比를 중단함이니 그리하여 齊物論입니다. 逍遙遊의 遊는 自放으로 아무런 拘碍없이 그대로 노니는 自適의 思惟形態요, 齊物論의 論 내지 物論은 그러한 自適의 思惟形態를 拘束하는, 그리하여 비교 판단 등의 日常的인 思惟의 범주 안으로 끌어들여 일정한 限界性속에 가두어 버리는 답답함이니 그 답답함에서 뛰쳐나와 멀리 無限의 世界속에 逍遙하려는 것이 齊物論의 意味입니다. 이 또한 우리의 日常的인 理解의 범주안에서 벗어나 있는 이른바 思惟의 특성이요 내용인 비교 판단의 相比意識을 벗어나 있음입니다. 이러한 노님을 四海之外에서 논다. 또는 六合之外에 處한다라고도 합니다. 四海와 六合은 經驗的 思惟로 大小, 長短高下는 물론 彼我 然不然의 區別的 判斷 相對意識을 벗어나 純粹思惟에 의한 眞實 곧 實相과의 直接的 對面 속에 노닐고 있음을 의미하고 있습니다. 이것을 坐忘 또는 喪我의 경지라고 이해해도 무방할 줄 압니다. 喪我나 坐忘은 對物意識이 없음이니 彼我나 然不然의 區別意識이 없습니다. 對物意識이 없는지라 鯤鵬과 學鳩鵝鶴사이에 空間上의 大小가 있을 수 없고 大椿 冥靈과 朝菌와의 사이에 時間上의 長短이 있을 수 없습니다. 大小 長短의 概念은 對物意識에서 오는 比較 내지는 區別하려는 相比意識에서 오는 것이요 그것은 眞實, 實相과는 무관한 것입니다. 善惡 是非의 判斷 價値概念도 마찬가집니다. 大鵬이 鵝鶴 보다 큰 것이 아니요 朝菌 가 冥靈보다 잠깐 살다가 가는 것이 아닙니다. 大鵬은 大鵬대로 朝菌은 朝菌대로 그저 그대로의 삶의 自足만이 있을 뿐입니다. 이것을 無爲自然이라고 理解해도 좋을 줄 압니다.

이것이 또한 老·莊만이 생각한 孟浪한 말들이 아닐 수 없습니다. 그러나 우리는 또 여기서 實相과는 무관한 모든 判斷의 概念 價値觀念의 奴隸굴레에서 초조와 불안 속에 日日 心鬪하는 속박의 쇠고랑을 풀고 解放될 수 있는 삶의 智慧를 발견하고 이 맹랑한 老·莊의 거짓말 앞에 다시 한번 옷깃을 여미고 엄숙한 마음을 갖게 합니다.

5. 結 論

우리는 사실이 아닌 것을 이야기 할 때 거짓말이라고 합니다. 그리고 그 사실이 아닌 것을 사실인 것처럼 꾸밀 때 거짓말이라고 합니다. 그러므로 거짓말은 일단은 남을 속이려는데 그 목적이 있다고 할 것입니다. 老子나 莊子는 사실이 많이 하고 공상의 세계를 마구 달리고 있습니다. 그러나 老·莊의 이러한 거짓말은 결코 누구를 속이려고 하는 거짓말은 아닙니다. 그 거짓말에 속아 넘어 가기엔 너무나 맹랑하고 엄청난 거짓말을 하고 있기 때문입니다. 莊子가 바보가 아닌 다음에야 이런 엄청난 거짓말에 속아 넘어갈 것이라고 생각인들 하였을 것이랴. 그에게는 전연 속일 목적이 있었던 것이 아닙니다. 그러므로 莊子의 거짓말은 사실은 거짓말이 아니요 다만 그저 맹랑한 말일 뿐입니다. 맹랑한 말이란 사실이 아닌 말, 아무도 예기치 못했고 또 상상도 하지 못했던 생각을 말합니다. 그러나 老·莊은 이러한 맹랑한 말을 생각해 냄으로서 오히려 그 속에서 무엇이 사실이요 무엇이 사실이 아닌 거짓된 것인가를 밝혀내고 또한 마침내는 거기서 진실한 삶의 智慧를 찾아들어 갔던 것이니, 그의 맹랑성 내지 엄청난 語彙들은 이제 우리 앞에 더없이 소중한 의미성을 가지고 다가와 있는 것임에 틀림없습니다. 老·莊思想의 價値가 바로 여기에 있는 것 같습니다.

VI. 기독교 문화

한국 천주교회와 한민족문화

呂　東　贊

(외국어대학교 교수)

1951년도에 발표된 선교사들의 지침서에서 교황 비오 12세가 다음과 같이 당부를 하였다.

「교회는 외교인들의 교리를 절대로 경시나 무시로 취급하지는 않는다. 교회는 오히려 그것을 모든 오류와 불손에서 해방시킨 다음에 그리스도교적 지혜로써 완성시킨다. 또 때로는 대단히 높은 그들의 예술과 문화를 교회는 친절히 맞아들이고 가꾸어 나간다. 교회는 여러 민족들의 특유한 관습과 전통적 제도를 절대적으로 배척하지 않고 오히려 그들을 성화시키는 것이다.」

실제에 있어서 가톨릭교회(다른 교회도 마찬가지이다)의 역사가 입증하듯이 그리스도께서 가르치신 복음을 이질적인 문화와 이질적인 사상에 적응시키고 또 조화시키는 문제는 대단히 중요하면서도 어려운 과제로 나타나는 것이다.

내년이면 천주교회가 조선 땅에 전래됨으로 기독교란 종교와 복음이 한반도에서 뿌리를 박기 시작한지 200년이 되는 것이다. 천주교회의 입장에서 특히 토착화과정이서 발생한 문제들을 검토하면서 천주교란 대종교가 한국문화와 한국사회에 끼친 영향을 간략하게나마 밝히고 장차 천주교회가 이 나라와 이 민족에 적극적으로 이바지할 수 있는 몇 가지 점들을 찾아보기로 한다.

1. 토착화 과정에서 나타난 문제

특히 전통적인 제사의 문제와 관련시키면서 최기복 교수는 중국에서도 조선에서도 이질적인 문화와의 만남에 있어서 유럽인 들의 마음자세가 「제대로 되어있지 않았다는 점과 우월의식을 들어야 할 것이다.」라고 지적한 적이 있다. 최 교수에 따르면 유럽주의의 근시안적인 승리는 결국 중국을 비롯해서 동방선교에 치명적인 결과를 초래했다는 것이다. 지나치게 서양적인 사고방식과 의식구조와 철학체계에 알맞는 교리체계를 강요함으로 서양선교사들이 토착화의 길을 막았을 뿐 아니라 오늘까지도 그리스도교를 이질적인 서양종교의 위치에서 벗어나지 못하게 만들었다는 비난에 가까운 주장이라고 하겠다.

중국에서부터 발생한 너무나 유명한 의례논쟁에 관하여 재상 언급할 필요조차 없겠지만 **M, Ricci**를 비롯한 선교사들의 견해에도 불구하고 결국 취해졌던 로마교황청의 강경한 처사를 지적하는 수많은 전문가들과 함께 당시의 서양 중심주의적 사상경향을 개탄하지 않을 수 없다. 위에 인용한 비오 12세 교황이 천명하는 선교사들의 사명이 그 당시에도 제대로 실천되었던들 확실히 오늘에 와서 보다 많고 훌륭한 결실을 거둘 수 있었을 것이다. 그러나 우리는 부정적인 면만을 볼 수 없으며 서양선교사들의 노력과 희생에 보답하는 뜻에서라도 그들이 심어준 교회가 적극적으로 기여한 점들로 보아야 마땅하다.

「토착화에 있어서 주체는 외국인이 되기보다 그 문화, 풍토, 관습에서 태어나고 자란 본방인이 되어야 한다.」는 점에 대해 본인도 이의가 있을 수 없다. 그러나 한국에 와서 포교사업을 위해 목숨을 바친 선교사들은 과연 비난을 받을 수 있을까?

이 문제에 관하여 19세기에 조선에 입국한 선교사—파리외방
전교회의 신부—들의 올바른 생각과 노력을 높이 평가해야 될
줄로 안다. 교회사를 연구하시는 분들은 민족주의를 핑계 삼아
한국과 한민족을 위하여 살다가 순교한 선교사들의 공로를 고의
적으로 모른 채 할 수 없는 것이다.

1836년도에 첫 불란서신부가 한국 땅을 밟았고 또 그는 자기
보다 늦게 들어온 두 동료들과 함께 1839년 7월에 순교했지만
죽기 전에 이 짧은 기간을 이용하여 김대건을 비롯하여 3명의
청년들을 중국 Macao로 유학 보냈던 사실을 잊을 수 없다. 서
양 선교사들의 뜻으로 그 젊은이들은 장차 한국천주교회의 「본
방인」 지도자들이 되고 이 땅에서 천주교회의 토착화를 시킬 사
람들이 아니었을까? 외국에서 한국역사상 제일 먼저 유학을 마
친 그 유망한 청년들—그 후배들도 마찬가지—이 귀국하자마자
박해를 만나 체포되어 순교한 것은 누구의 탓이었는가? 본방인
지도자들이 일찍 출현하지 못했다는 것은 사실이고 지극히 유감
스러운 일이긴 하나 「유럽주의의 근시안적인 승리」만을 꿈꾸었
던 선교사들의 탓으로 그 이유를 억지로 내세우려는 자세는 역
사적 고찰의 부족에서 나온 것으로 해석 되어야 할 것 같다.

파리외방전교회가 창립된 취지는 그 회칙에 명시된 것처럼 무
엇보다도 본방인 성직자와 현지교회의 지도자들을 양성하는데
있었던 것이다. 한국에 와서 실패를 했을망정 초대선교사들은 그
목적을 달성하기 위하여 최선을 다했다고 생각한다.

젊은이들의 유학이 아니라도 1855년에 교회가 자유를 얻기도
전에 충청북도 제천군 배론에서 천주교회의 신학교가 창립되었
다는 사실을 아시는 분은 몇이나 될까? 이 신학교야 말로 이 땅
에서 설립되었던 최초의 근대식 학교이었고 또한 그런 점에서도

의의가 큰 것이었다. 이 학교가 설립된지 십년 만에 병인박해가 터져서 제대로 결실을 보지 못했지만 선교사들의 의도만은 훌륭했고 만약 1866년부터 근 이십년의 공백이 없었더라면 한국천주교회의 토착화도 빨리 이루어지고 이 나라의 역사도 달라졌을지도 모른다.

토착화사업이 잘 진행되지 못한 것은 선교사들의 이해부족 때문이라고 할지 모르나 한국인 성직자들과 신도들의 책임이 없다고 생각할 수 없을 것이다. 한 때 중국으로부터 들어온 유교 이외에 아무 것도 생각지 못했던 일부 유학자들처럼 그들은 타종교나 한국의 전통적인 사상에 대해 얼마나 연구해 왔는가 묻고 싶다. 그런 종교나 철학사상에 대해 이루어진 연구가 있었다면 과연 이를 이해하고 포용하기 위한 것이었는가? 최근에 와서 사정이 약간 달라졌는지 모르지만 1968년 본인이 동국대학교 불교학과에 입학했을 당시만 해도 외국인 선교사들보다 구교, 신교할 것 없이 한국인성직자들로부터 많은 비난과 「충고」를 받은 기억이 난다.

이 문제와 관련해서 본인은 수차로 의견을 밝힌 일이 있지만 올바른 교회토착화는 한국인 성직자들 중에 교회의 「행정가」만이 아니라 「사상가」들의 출현을 전제로 하는 것이다. 한국의 전통사상, 동양적 사상과 철학에 깊은 이해와 넓은 지식을 지닌 한국천주교회의 대학자들이 출현하여 계시의 내용과 천주교, 기독교의 교리를 동양적이고 한국적인 개념을 바탕으로 체계적으로 재검토하고 표현할 때 비로소 진정한 뜻의 기독교 토착화는 성취될 수 있을 것이다.

2. 한국문화에 끼친 영향

19세기에 당시의 사정과 한문숭배사상에도 불구하고 천주교회가 한글문화의 보급과 발전에 크게 기여했다는 사실을 강조해야 하겠다. 주자학의 영향 때문에 개혁이란 상상조차 할 수 없었던 그 때에 Imbert주교는 다음과 같이 편지를 쓰고 있었다. 「조선교우들은 그들의 재능을 무시하고 그들의 모국어가 하나님을 찬미하는데 덜 적합한 것으로 판단하고 그것을 멸시했다. (한국에서) 한문서적을 그대로 사용하고 번역하지도 않는다.」

한국문화의 발전사에 있어서 불교와 유교의 경우와 비교하게 되면 천주교회가 이바지한 점은 인정되지 않을 수 없을 것이 분명하다.

물론 정약종의 작업 「주교요리」와 「성교회전서」 등을 지적해야 하겠지만 Imbert주교와 Daveluy주교의 수많은 저서를 또한 들지 않을 수 없을 것이다. 불란서 신부들은 중국말을 하는 사람들이었으니 만큼 한글을 배우고 한글로 책을 쓰는 그들의 노력이 높이 평가되어야 할 것으로 생각한다.

한글을 체계화하는 작업이 이루어지지 못한 1859년에 30,000 이상의 라틴어 단어와 근 100,000조선어 단어가 수록된 「라틴어－한글－한자」 사전이 준비되어 있었던 사실을 기억해야 하겠다. Dallet의 교회사에 의하면, Daveluy주교는 수년간에 걸친 노력을 기울여 「한글, 중국어, 불어」 세 가지 언어가 수록된 사전을 편찬하였다. Pourthié신부도 「한, 중, 불」 사전을 준비하는데 힘을 썼고 한편 Petitnicolas신부는 라틴어 3만 어휘와 한국말 3만 어휘에 가까운 방대한 사전을 준비해 놓았던 것이다. 이 세 가지 사전과 선교사들이 공동으로 저작한 「조선어문법책」은 완성되어 있었다.

그 방대하고 귀중한 자료들은 병인년박해 당시 대원군의 명령으로 압수당했을 뿐 아니라 사전이란 문법책도 한권도 없었음에도 불구하고 소각되고 말았으니 한심스러운 일이다. 이에 관한 자세한 설명은 Dallet 교회사와 Oppert의 「조선기행」에 수록되어 있다.

1866 년 박해를 피하여 중국으로 피신한 Féron, Ridel, Calais 등 불란서 신부들은 실망하지 않고 조선어에 관한 체계적인 연구를 계속하여 1880년과 1881년에 일본에서 세운 출판사에서 「한불자전」과 「조선어문법」 두 권을 출판시켰던 것이다.

이 작업이야 말로 나중에 한국에서 뿐 아니라 불란서, 독일, 러시아 등 많은 나라에서 한국어에 관한 최초의 연구자료가 되었던 것이다.

3. 한국의 현대화과정에 기여

1659년에 로마교황의 지침서를 통하여 교회는 동양으로 진출하는 서양선교사들에게 다음과 같이 지시를 내렸다.

「전교신부는 예수 그리스도의 사도이다. 그는 전교지방에다 구라파의 고유한 문화를 이식할 사명을 지니는 것이 아니요 다만 민족들이 그리스도교적 생활과 도덕의 요소를 받아들이고 그것과 동화 되도록 잘 지도하는데 그 의무가 있는 것이다.─」

교회는 비그리스도교적 제반문제에 대해 무관심할 수 없어 이것이 그리스도의 가르침과 일치하도록 지도해야 한다. 따라서 성경의 표현대로 교회는 그 사회 안에서 「빛」이 되고 「소금」이 되며 「누룩」이 되어야 할 것이다. 달리 말해서 교회는 인간의 품위를 높이고 인간의 존엄성을 강조하면서 진정한 사회정의를 정착하는데 기여해야 그 사명을 다하는 것이다. 이 점에 관하여 한국 천주교회가 이바지한 여러 가지 사실을 간과할 수 없는 것이다.

우선 천주교회는 유교의 미덕들을 부정한 것이 아니라 그것이 일부 양반계급을 위하여 악용되었음을 지적, 이에 대한 시정을 요구했던 것으로 보아야 할 것으로 생각된다.

교회는 당시의 계급제도, 적서의 관념, 남존여비사상, 일부다처의 폐습과 정면으로 부딪쳤다고 해서 진정한 한국사상을 파괴한 것으로 생각될 수 있을까? 교회는 오히려 어린이들, 여성들, 서자들, 서민들을 포함해서 인간을 구별 없이 이롭게 해야 한다는 홍익인간사상을 실천함으로써 계급사회의 비정상적이고 비능률적이며 비합리적인 면을 지적하여 이의 시정을 촉진한 것으로 느껴진다.

남녀, 각 계급 출신들이 한 자리에 모여 같은 자격으로 아버지이신 주님을 찬송했다. 따라서 천대받던 여성과 서민들의 지위가 그 만큼 향상되고 그때 인간적인 대우를 받지 못했던 사람들은 새로운 희망을 갖게 되었던 것이다. 당시의 신분제도를 부정하면서 교회는 인간의 기본권리를 옹호했던 것이다. 고아원, 양로원 등이 천주교회에 의해서 제일먼저 설립되었다는 사실은 커다란 의의를 지니고 있는 것이다.

4. 천주교회의 사상과 한국의 선진사회

18-19세기에 있어서 천주교회의 수용과정에서 많은 충돌이 생기고 상호간에 수많은 오해가 발생하여 수차에 걸친 혹독한 박해

를 당하는 교회는 사교와 같이 간주되어 왔던 것이다. 특히 한국의 전통사회와 중대한 충돌을 일으켰던 문제로 「효」와 「충」의 문제를 들 수 있을 것이다. 유지충으로 인하여 발생했던 소위 진산사건은 그 발단이 되었던 것이다. 그러나 천주교회는 「효」와 「충」의 기준을 전통사회와 달리 둘망정 과연 「無父無君」의 종교 「不敬父祖」의 종교로 볼 수 있을 것인가?

군신의 관계와 부자의 관계에 있어서 지나치게 일방적이 아닌 쌍방이 서로 지니고 있는 권리도 의무도 분명히 가르친 종교가 아니었는가? 군림하기보다 백성을 사랑해야 하는 임금, 자녀들을 소유물처럼 마음대로 다루기보다 자녀들을 위하는 부모를 원한다면 그들에게 기준이 될 수 있는 하나님의 말씀이 있어야 되지 않는가? 그러나 당시의 조선군주도 아버지들도 자기들을 초월하는 존재를 인정하기를 거부했던 것이다. 천주교회는 국가도 무시하고 부모도 모르는 종교로 인정되었다는 자기 위치를 사수하고 싶었던 양반들의 자세에 기인했던 것으로 생각된다.

선진사회는 정의로운 사회, 정직한 사람들로 구성된 사회, 주인의식과 공동체의식이 풍부한 사회가 되어야 하겠다. 그래서 꼭 이루어져야 되겠다는 의식개혁운동은 시작되었지만 법으로만 그 모든 것을 이룩할 수 없는 것이다. 벌이 무서워서 억지로 정직해지고 정의로운 인간이 되는 경우는 극소수이다. 그러나 신앙을 갖게 되면 성경의 가르침에 따라 누구나 하나님의 자녀로써 형제적 정신을 갖게 되면 뚜렷한 선악의 기준이 성립되는 것이다.

기업의 윤리, 상업의 도덕, 공공도덕, 청소년들의 도덕은 그런 사상과 신앙에 튼튼한 뿌리를 박을 수 있으리라고 확신한다.

韓國基督教(改新敎) 文化

徐 紘 一

(한신대 국사학과 교수)

1. 머리말 : "한국文化와 改新敎"

천주교와 달리 흔히 基督敎라고 통칭되고 있는 改新敎 (Protestant)의 그리스도신앙이 이 땅에 수용된 것은 천주교보다 1세기나 늦어 1882년 韓美條約締結 후의 일이었다. 1884년에 長老敎 Allen牧師, 다음 해에 H·G Underwood와 H·G Appenzeller 牧師가 입국하게 된다. 이들이 서울에 자리잡고 전교활동을 서두르고 있을 때 關西地方에서는 한국인 신도서상륜, 백홍준 등에 의해 이미 전교활동이 선행되었었고 1886년에는 황해도 송천에 교회가 설립될 태세가 자리잡혔었다. 개신교가 조선사회에 비교적 빨리 유포될 수 있었음은 그것이 전달될 때가 쇄국의 文化的 봉쇄시대가 아닌 開港후였다는 점이다. 개항 이래 한반도는 日, 淸, 露 삼국의 세력 각축장으로 변하였고 청일전쟁, 삼국간섭, 노일전쟁을 거쳐 결국 일본에게 병탄당하고 말았다.

개신교는 일제 침략의 위협하에 전전긍긍하던 한국인에게 구원의 손길을 내미는 형태로 나타났기 때문에 개신교에 대한 한국인의 태도는 일본인이나 중국인의 그것보다 훨씬 더 수용적이었다.

초기의 개신교의 수용과 발전은 무엇보다도 한말의 국가적 비운과 직결되어 있었다. 일본인 폭도들에 의해 왕후인 민비가 침전에서 시해당하는 기막힌 국가의 비운 속에서 굴욕감과 좌절감에 사로잡힌 많은 한국인들은 박력과 조직력을 가진 개신교에서 그 대책을 찾으려고 했었다. 이에 개신교교회는 급속도로 성장하였고, 교회는 불가불 애국적이며 忠君的인 성격을 갖게 되었다.

또한 청일전쟁에서 전통적인 청국이 근대화한 일본한테 쫓기는 것을 목격한 한국인은 근대화를 위해 전통적 보수적 사고에서 벗어나 서구의 근대적인 기독교에 의지하려 하였다. 기독교가 근대화 운동에서 차지해야 할 지도성에 대한 기대가 컸었다. 한국이 외국에 문화를 개방하고 거기에 발맞춰 개화를 추진하면서 개화파 세력들은 기독교를 도입하고자 하였다. 선교사들은 처음 기독교전파의 방편으로서 학교·병원 출판사업에 힘썼고, 거기에 따라 한글성서에 의해 한글이 재발견되어 국민 문자화 되었고, 술, 담배, 아편이 금지되었으며, 혼례와 장례가 점차 변화되었다. 또 여성교육이 확대됨에 따라 남녀평등과 여성의 권리가 사회적으로 신장되었다. 기독교의 도입과 교회의 발전은 인권의 신장, 관리들의 부정부패 방지에도 영향을 미쳤다. 재판에 의하지 않고도 백성의 인권을 유린했던 파리들의 횡포는 기독교인들의 저항을 받게 되었고, 관리들의 불법적인 세금징수와 재산 강탈은 기독교인들이 있는 지역에서는 불가능하였다. 기독교는 초기에 대내적으로 반봉건 사회개혁 의식을 일으켰고 대외적으로는 반침략 자주독립의식을 앙양시켰다.

天主敎와 改新敎 두 갈래로 한반도에 전파된 기독교신앙은 민족사에 새로운 변혁, 발전을 이끌게 하는 역사요인의 동력이었다. 우리의 전통사회가 붕괴되고 근대사회로 전환되는 가운데 가치체계의 변화는 인간은 개인으로서 중요성을 갖는다는 인간의 발견과 君主權에 반대되는 개념으로 民權과 民衆의 각성, 세계國際社會에서 개개의 民族國家는 각각 自主 獨立을 지켜야 한다는 國權論의 자작으로 인식된다. 근대사회는 전통사회의 身分制度를 극복하여 만인의 평등한 인간의 존엄성이 확인되는 자유롭고 평등한 사회이며, 인간이 지니는 고유한 가치 때문에 君主權이 國民主權을 속박하지 못하고 合理主義를 바탕으로 하여 인간은 수단이 아닌 목적으로 존중되며 어떤 제도나 권위일지라도 民衆權에 대한 강제 속박 전제 탄압이 부정되는 사회체제를 뜻한다. 근대사회는 자유, 평등, 정의, 규범 등 도덕적 의미가 가장 큰 가치로 규정되는 사회이기 때문에 한국문화에 이러한 사상적 영향으로 기독교를 제외할 수 없다.

오늘날 한국개신교수용 100年, 기독교 200年을 맞이하여 기독교인들이 전 인구의 25%를 능가한다는 상황과 관련 하여, 기독교적 가치관이라 할 자유, 평등, 정의, 평과의 질서가 또는 인권·민권·국권의 근대의식이 한국문화 속에 어느 정도 성숙되었으며, 한국문화의 윤리적 성장이 어느 정도 이루어지고 있는가 하는 문제가 제기될 수 있다.

한국문화의 입장에서 그리스도의 사랑·정의·평등의 인간관에 의해 기독교가 이룩한 公義와 善德의 가치를 살펴보고자 한다.

오늘 우리들이 당면한 과제는 세계속의 한국문학의 위치를 확인하고 나아가 傳統文化의 再創造 방안을 강구하며, 미래를 향한 민족문화운동의 방향을 정립하는데 있다.

2. 한국문화와 개신교의 文化動力

개신교는 근대한국에서 강력한 新文化運動의 動力으로서 수용되고 작용하였다. 영국의 개신교 선교사 **R. J. Thomas**목사는 천주교와 개신교가 다른 점을 인식시켜서 포교하려 했다. 그는 국가시책이나 가치관을 역행하지 않고 상호간의 유사성을 발견하여 더욱 보완하려는 자세로 대하였다. 즉 "우리 개신교(耶蘇敎)는 天道를 體로 하고 人心을 바로 잡아 邪俗을 교화시키는 것이니 仁義忠孝가 갖추어 있다. 모든 天下사람으로 하여금 良善케 함이니 天主敎와는 같지 않다."고 하였다. [今我耶蘇敎, 體天道, 正人心, 以化邪俗, 仁義忠孝皆備, 皆使天下之人, 可從良善, 非同天主敎會(一省錄, 高宗3年 7月 18日條)]

이와 같이 개신교의 선교정책은 유교의 철학 내지 윤리사상에 접근하는 방법을 대립이 아닌 조화의 방법을 채택하였다.

개신교의 윤리적이고 종교적인 가르침은 人間性을 완성시켜 나가는 개념인 유교의 仁이나 誠의 개념에 다르지 않다고 하였다.

한말 儒敎·佛敎·仙敎 等 전통적 종교들이 실제적으로 무력하여 정신적으로 고갈된 상황은 종교적 신앙의 전례 없는 공백기였다 이러한 공백이 새 종교에 대한 갈망으로 나타나 개신교를 적극 수용케 하고, 다른 한편으로는 東學을 널리 퍼지게 하였다. 그런데 한국에 처음 도입된 개신교는 미국형 교파교회였기 때문에 미국 선교사들은 본국 정부의 자본주의적 국책 수행과 관련을 가질 필요가 없었다. 그들은 당시 한국의 역사적 상황에 友誼的이었고, 선교사들의 正直性, 正義感, 人道的 태도는 한국인의 人情에 긍정적이었다. 기독교의 神中心의 宗敎的 입장과 儒敎의 人間中心의 윤리적 입장과의 대화는 그 바탕이 다르므로 상호논쟁의 귀결을 만나게 할 수는 없었다. 그러나 개신교는 그 신앙이 神中심의 사상을 人間化 내지 肉身化(Incarnation)의 原理 위에 서있었기 때문에 그 만남이 가능하였다. 개신교는 神이 역사 속에 成肉해서 참여했다는 사실에 근거하여 당시 근대화과정에 있는 한국문화 창조와 관련 하여 성실한 책임 수행을 다 하고자 하였다. 개신교는 한국문화와 대결하거나 초월하지 않고 그것을 改變(Conversion)하는 적극적 희망적 태도를 가졌다. 한말 당시 기독교인들은 "개신교의 교리가 경향에 더욱 흥왕하여서 조선이 속히 개화에 진보가 되기를 간절히 바라노라"한 것은 기독교 정신의 확보가 나아가 개화 자강한다는 것으로 인식하였다.

또한 "그런즉 개화하는 데는 인재를 교육하는 것이 긴요한 일이요, 교육 하는 데는 하나님 도를 흥왕케 하는 것이 긴요한 일로 아노라" 하였다. 즉 개화교육 신앙을 한가지로 인식하였고 기독교는 한국문화를 변혁시킬 수 있는 중요한 文化動力으로 삼았다. 1910年 에딘버러에서 회집하였던 국제선교협의회(International Missionary Conqerence)에 보고서에는 "조선에서 기독교는 宗敎로서 보다는 위대한 敎育者로서 환영되고 있다"고 하였다 지금까지 한국문화의 開進力과 改善意慾을 담당해온 불교, 유교를 대신하여 改新敎는 新文化의 창조를 위한 歷史의 改變力으로 나타났던 것이다. 그것은 무엇보다도 基督敎를 信奉하고 敎會의 敎人이 된 후 경험하게 된 가치관의 변혁에서 비롯되었다.

3. 개신교의 人間化 · 社會化 운동

기독교가 한국에 들어오면서 얻은 이름은 西學, 天主學, 邪學,

無君無父之學, 예수쟁이, 예수꾼이었다. 學은 天主敎가 얻은 별명이요, 쟁이와 꾼은 개신교가 얻은 별명이다. "쟁이"와 "꾼"이란 뜻은 천한 사람들에게 붙여진 이름이었다. 개신교는 下層民에게 傳敎되었다가 차츰 中産層으로 선교되었고 天主敎는 兩班지식층에서 庶民層으로 전교되었다. 萬人의 平等과 사랑의 기독교의 가르침은 양반에서 奴婢에 이르기까지 男女老少의 구별 없이 傳敎되었다. 기독교의 한국문화에 대한 기여를 J·E·Fisher는 身分制度를 초월한 人間平等, 人間價値의 증진으로 보았다. 기독교의 사회적 기여에 대하여 다음과 같이 말하고 있다. ① 병자와 환자에 대한 과학적 치료 ② 빈민, 고아 등에 대한 조직적인 보호책 ③ 迷信숭배의 감소 ④ 어린이에 대한 존중 ⑤ 무婚과 婚姻習俗의 개선 ⑥ 여성에 대한 태도와 處遇의 개선 ⑦ 民主主義 사상과 자존심의 앙양과 민족의 재평가 ⑧ 학문과 교육의 중시 ⑨ 한글의 보급 ⑩ 民主的인 인간관계의 발전과 階級差別의 타파 ⑪ 알코올, 마약 등에 대한 계몽 ⑫ 근대 과학의 요청과 존중 등이었다.

기독교는 이상과 같은 여러 측면에서 기존적 유교질서를 극복하여 새로운 理念과 思想의 새 倫理를 창조하였다.

개화기에 있어 교회가 주장한 가장 혁신적 사상의 하나는 남녀평등이었다. 당시에 여성의 지위는 가정적으로나 사회적으로 남성과 동등한 대우를 받지 못하였다. 一夫一婦制이긴 했지만 축첩, 다첩제가 공인되었고, 또 再嫁금지 습속에서 여성은 남성의 예속적 존재였다. 기독교의 여성해방운동은 여성의 人間化운동이었다. 태초에 1남 1녀를 창조하신 하나님의 창조질서를 들어 남존여비 사상을 혁파했다. 교육받은 어머니가 훌륭한 자녀를 키울 수 있다는 점에서 또한 여성의 인적자원을 개발 국가발전에 기여함이 크다는 뜻에서 여성교육이 역설되었고 활동적인 여인상을 추구함으로 남녀평등의 사상을 구현하고자 하였다. 갑오경장으로 인하여 士農工商의 신분체계는 사라진 듯 하였으나 진정한 의미의 계급타파는 교회 안에서 진행되었다. 교회는 하나님의 질서 안에는 貧富貴賤과 名分의 差等이 없음을 주장하였고, 人間은 누구나 하나님의 귀한 피조물이며 神앞에 萬人이 社會的 차별을 넘어서 평등함을 설파하였다. 이러한 개념은 나아가 개화된 나라에는 법이 있고 법 앞에는 만인이 평등하다는 법치사상으로 인식되기도 하였다. 기독교인은 먼저 구습을 버리는 일에 선구적인 존재였다. "弊習的인 婚姻제도를 비판함"이란 글에서 早期결혼과 부모의 일방적인 결정에 의해 행해지는 결혼을 비판하고 있으며, 구습을 탈피하여 혼인 당사자들이 서로가 배우자를 선택하여 결혼식을 올린 사실을 "희한한 일"이라는 제목의 사설로 크게 보도함을 발견할 수 있다.

우리나라 사람의 인생관은 宿命論的인 색채가 짙었다. 占卜이 크게 유행한 것도 숙명론적인 인생관이 그 터전이 되었다. 기독교는 이러한 숙명론에 대해 인간은 자기 노력에 의해서 각자의 운명이 변하고 변할 수 있다는 現實的이고 合理的인 생각을 가르쳤다. 교회는 미신우상숭배 등 民間信仰을 폭로하였고 서구의 문물과 사상을 소개하고 기독교적인 新道德觀念의 보급과 迷信打破에 앞장섰다. 禁酒, 禁煙, 祭祀문제에 대한 그 당시 교회의 견해는 성서의 교리적인 면에서가 아니라, 개화의 방향에서 볼 때 개화를 저해하는 요소로서 이를 금지하였다. 금주, 금연, 제사문제를 취급한 종래의 한국 기독교 윤리학자들의 일반적 견해는 초기 선교사들의 청교도적인 영향으로 보아 왔으나, 이러한 주장은 피상적이고 관념적인 오류에 빠진 억측에 불과하다. 먼저 금주에 대한 논리에서 첫째 음주는 건강쇠약의 원인이며, 둘째 경제적인 낭비로 인한 패가망신의 원인으로 보았고, 셋째 금주의 개념에서 건강을 위한 약으로 사용되는 경우는 허용하고 있으며 넷째 국가 패망의 원인은 외적의 침입이 아니라 음주에 있음을 밝히고 다섯째, 軍律과 사회질서 문란의 한 중요한 원인이 음주에 있음을 말하고 있다. 초기 기독교에서 흡연에 대한 견해도 금주의 논리와 마찬가지로 흡연은 개화를 저해하는 요소로 보아 금지하였다. 당시 흡연은 담배 뿐 아니라 아편도 있기 때문에 교회는 가르치기를 우리의 몸은 그리스도의 지체이며, 하나님의 靈이 머무는 神靈한 성전이라고 가르쳤다. 흡연은 신체를 불결케 하는 것으로서 하나님의 성전인 우리 몸을 더럽히는 것으로 생각하였다. 이것은 신앙적인 입장에서 금연을 주장하는 것뿐만 아니라, 경제적으로는 금전의 낭비요 보건위생상으로는 건강을 해치고 두뇌를 나쁘게 하는 백해무익한 악습으로 보았다. 교회는 한국 청년들에게 금연이 애국하는 것임을 계몽시켰고 긴 담뱃대는 잔존하는 봉건사회의 신분과 계급의식을 노출시키는 고루한 폐풍으로, 또한 노상에서 긴 담뱃대를 사용함은 다른 사람의 보행에도 불편을 준다고 생각하여 개화의 저해요소이므로 금하지 않을 수 없었다. 제사는 효의 사상을 근본으로 하는 조상을 섬기는 의식이다. 그런데 개화기에 있어 교회는 제사를 다음과 같이 비판하고 있다. 그 당시 제사는 참다운 효가 결여된 채, 명분과 허식에만 치우쳐 한갓 형식에 지나지 않는 것으로서, 개화의 정신을 역행하고 있었음을 지적하였다. 개화의 방향에서 볼 때 제사를 금한 교회의 견해는 유교사상의 지주인 孝와 충돌함이 아니라, 孝의 내용을 기독교적 입장에서 주장한 것이다. 참 제사란 하나님을 섬기고 살아계신 부모를 공경함에 있다고 계몽하였다. 1839年 丁夏祥은 그의 "上宰相書"에서 다음과 같이 주장하였다.

"아비를 업신여기고 임금을 업신여긴다 하니 聖敎의 뜻을 모르는 것입니다. 十誡命의 第四律이 부모를 孝道로 공경하라는 것입니다. 대저 忠孝의 두 글자는 萬代에 변할 수 없는 도리입니다. 부모의 뜻을 받들고 그 肉身을 奉養함은 사람의 자식으로써 당연한 일이로되 奉敎之人은 더욱 절실히 삼가고 조심합니다……忠誠은 임금에게 바칩니다. 그리고 몸을 許해서 목숨을 바치고 끓는 물속에 들어가고, 타는 불을 밟기도 하며, 감히 피하지 않습니다. 이대로 아니하면 가르치는 誡命을 어기는 것입니다. 이래도 과연 無父無君의 가르침이라 하겠습니까?" 정하상은 천주교가 正學의 정통에 충실하며, 조선사회 윤리에 반발하지 않는 미덕이 기독교정신에 있음을 변증하고자 하였다. 개화기 기독교의 제사관은 부모에 대한 공경심에서 비롯되지 않은 孝가 없는 형식적인 제사를 비판하였다 기독교의 제사문제가 사회문제로 확대된 사건이 있었다. 1920年 9月 1日 동아일보는 "애매 무리한 기독교의 희생자, 남편이 예수교를 믿고 상식을 폐한 결과 마누라가 대신 죽어"라는 기사를 크게 보도하였다. 그 당시 기독교인들은 부모의 神主앞에 절하는 것만 아니라, 살아 있는 부모 앞에 일년에 한번씩 세배 드리는 것마저 우상숭배라고 생각했다. 이것은 "하나님 외에는 절하지 말라"는 십계명을 범하는 일로 알고 있는 잘못된 신앙이 그러한 불상사를 빚어내었던 것이다. 당시 기독청년회 총무였던 월남 이상재 선생은 "종교상에도 朝鮮魂을 勿失하라. 미신이 아닌 이상 부모의 제사 지냄이 무엇이 그르랴"라는 의견을 발표하였다. 이게 월남 선생의 발언과 그 기사내용을 그대로 소개하면 다음과 같다.

"……예수의 참 가르침을 알지 못하는 사람의 일인가 하오, 물론 무슨 종교라도 부모를 저 바리라는 가르침은 있을 리가 없을 것으로 아오! 부모를 저 바리는 패륜하는 자식이 하느님을 믿은들

무엇이 그리 똑똑히 믿겠소! 물론 예수교에서는 不拜偶像이라 하
는 것이 없는 바는 아니지만 생각건대 우상에게 절하는 그것보다
도 절하는 그 마음을 옳지 못하다 함은, 하나님 외에 또 다른 것
을 믿고 절하게 되면 마음이 헛갈리어 나중에는 중도 아니요 속
인도 아닌 물건이 될까하여 염려를 한 것이다. 어찌 부모의 신주
를 한 말로 우상이라 부르며 父母의 魂靈앞에 절하는 것을 경솔
히 우상불배라는 이름아래다 매몰하는 것이 어찌 반드시 옳다 할
수 있으리오! 물론 자기부모의 신주를 받들어 놓고 거기다가 길흉
과 화복이며 나중에는 성명까지 절하여 빈다 할진대 이는 결코
예수교 신자가 되어서는 누구나 반대 할 것이려니와, 나의 생각에
는 오직 돌아간 부모를 사모하며 그리워한다는 그 마음으로 하는
일 이라하면 어떠한 형식으로 예식을 행하든지 반대할 수 없다
하겠으며, 돌아간 부모의 영혼을 위하고 제사를 지내는 것은 오직
그 부모를 기리며 사모하는 효성에서 나오는 것이라, 예수교와는
아무 상관이 없을 뿐만 아니라 '네 부모를 공경하라'하신 하느님
의 가르침에 크게 적합 되는 일일 것이다. ……서양 사람이 하지
않는 일이니까……하는 마음을 가지고 자기나라의 고유한 습관과
도덕을 깨치려하는 것은 도저히 일조일석에 되지 않는 일이요, 잘
못하다가는 도저히 서양 사람이 되기도 전에 먼저 예수를 욕보게
할 염려가 십상 팔구라!……나는 야소를 믿으니까 부모의 제사를
지낼 수 없다 하는 편벽된 생각을 가지고 집안에서 내어 쫓기는
자식이 되는 것도 매우 애석한 일이며, 야소를 믿으니까 제사 참
사를 못하여 제사를 지냄으로써 예수를 저 바란다 하는 그런 빈
약한 신앙으로는 도저히 야소를 믿는다 하더라도 며칠못갈 줄 아
는 바이다. 생각건대, 야소교인으로 부모의 제사를 지내는 것이
옳으냐, 안 지내는 것이 옳으냐 하는 데 대해서는 매우 큰 생각거

리가 될지라, 사람마다 이론이 다 다르겠으나 내 생각 같아서는 부모의 제사를 지낸다고 내어 쫓을 구실도 없을 것이요, 만일 돌아가신 부모를 기리며 사모하는 생각으로 행한다 할진대 자기는 결코 반대할 필요가 없을까 하오.”

위와 같은 월남 선생의 발언은 당시 교회와 사회에 큰 파문을 야기 시킨 것이 사실이다. 동아일보는 이상재의 발언을 환영하여 “제사와 우상숭배, 조선의 제사는 一神思想에 위반이 되지 아니 한다”는 사실을 썼고 기성교회와 선교사들은 이상재 선생을 책벌하고자 하였다.

폐쇄된 전통적 봉건사회가 붕괴되고 새로운 시민사회가 대두되는 개화기에 처하여 기독교는 새로운 가치관을 확립하여 개화의 人間像을 역설하였다. 개화의 인간상이란 ① 미래 지향적 진취적 인간상 ② 한가지의 기술을 습득하여 놀고먹는 일이 없도록 함 ③ 하나님의 창조질서와 목적을 깨달아 물건에 매인바 되지 말고 물건을 능히 부리는 인간상 ④ 세속적인 직업이나 노동에 종사하여 열심히 일하는 근로사상은 하나님이 주신 의무와 사명을 완수하는 첩경 ⑤ 사람은 무슨 일을 하던지 농사나 장사나 기술이나 모두가 하나님의 은혜다. 직업에 귀천이 없다. ⑥ 자기의 수족으로 벌어먹어야 함. 돈이나 쌀이나 의복으로 구제함 만이 사람이 아님 ⑦ 남 사랑하기를 제 몸같이 하라는 봉사적 인간상 ⑧ 개화인은 다음의 십계명을 지켜야 한다. [오늘 일을 내일로 미루지 말라. 내가 할 수 있는 일은 내가 할 것. 금전을 절약할 것. 금전을 쓸 때는 유익한 곳에 쓰라. 교만하지 말 것. 사치하지 말 것. 마음먹은 일은 꼭 끝낼 것. 시험을 퍼하지 말고 이겨나갈 것. 함부로 성내지 말 것. 자비한 마음으로 거래할 것]

이상의 논리를 살펴 보건대, 개신교의 가르침은 인간을 자연

에 예속된 상태로부터 탈피시켜 자연을 개발하고 이용하는 주체
적인 자연의 지배자로 군림시키고자 하는 것이었다. 즉 인간을
하나님께서 창조한 만물 가운데 가장 존귀한 피조물로 가르쳤다.
교회는 또한 노동의 신성함을 가르쳐 직업에 귀천이 없음을 계
몽시켰다. 모든 국민은 각자 기술을 습득하여 자기의 직업에 근
면함으로써 국가와 사회발전에 이바지해야 한다고 주장하였다.
개화의 인간상은 시민사회의 주체로서 자주자립의 정신과 내용
을 중시하는 책임, 협동, 봉사적 인간임을 천명하였다. 한국 개
신교 인간관은 서구 시민사회의 주체적 개인의 존엄성과 自由思
想을 가르쳤다. 人間은 각기 個性과 人格의 존재로 他와 대체할
수 없는 고유의 주체로 각기 사회의 구성원이 된다. 民本과 爲
民은 治者의 입장에서 본 民衆權이다. 기독교는 성서에 의하여
神聖不可侵의 天賦人權說과 公義에서 벗어난 治者에 대해서는
抵抗할수 있음을 가르쳤다. 기독교적 인간관에서 볼 때 「民本」이
나 「爲民」은 人本的 平等主義에 이르지 못한 것이었다. 그것은
한 단계 나아가 「民衆들의」 「民主」라는 社會에 이르러야 했다.
우리의 近代史는 民衆世界의 國民主權을 향한 國民國家수립과정
으로 이해된다. 결국 기독교의 인간관은 人間의 自由權, 平等權
에 대한 신념을 바탕으로 조선왕조의 전제적인 君主權을 극복하
고자 하였으며 나아가 식민지 상황으로부터 벗어나고자 하는 國
權活動으로 발전하였다.

4. 개신교의 民權·國權活動

기독교 사상에 의하여 계몽된 배재학당의 협성회나, 다수의

개신교계통의 인사들이 참여한 獨立協會 등은 반봉건 민권운동과 반침략 自主獨立의 국권운동을 전개하였다. 그들은 기독교의 영향으로 성숙한 民權을 기반으로 하여 나라의 독립을 굳건히 해 보자는 것이었다. 독립신문의 논설에는 "국가는 법에 의하지 않고는 人身의 自由를 구속할 수 없다"는 주장을 하였고, 실제로 기독교인들은 不法稅金의 납부를 거부하였다. 구한말 관리들은 예수교인이 많은 서북지방에서는 탐학이 불가능하였다. 교회의 공동집회, 토론회, 연설회는 官尊民卑와 常差別의 관념을 타파하였다. 기독교 교리에서 국가는 하나님의 통치하에 있으며 국가의 절대적 권위가 인정되는 것도 국가가 국민전체의 정치상의 공동선을 추구하는 경우에 한해서다. 국가의 힘은 수단으로 사용되는 것이며, 목적이 될 수 없다. 국가의 선을 지키고 악을 배제하는데 그 임무가 있다. 국가의 통치자는 국권과 왕권으로 구별되는 것인데, 국가의 권력, 國權이 곧 王權은 아니다. 그런데 조선왕조는 전제정치로서 王權이 곧 국가였다. 그러나 開港 이후 近代社會의 새로운 국면에 들어서면서 국가의 통치권력은 民衆에 의하여 생겨난다는 民權的 平等思想이 參政權, 抵抗權 등과 함께 天主敎와 實學者, 開化思想家들 사이에서 논의되었다가 改新敎의 傳來와 함께 民衆權은 敎會敎育의 중요한 주제가 되었다. 東學은 民이 국가의 根本임을 주장하는 사회개혁운동을 일으켰으나 君主主權을 부정하는 體制改革에는 이르지 못했다. 또한 義兵運動의 下部構造를 이루었던 民衆勢力들은 反侵略・反封建的 성격을 나타내기는 했지만 또한 君主主權의 限界를 뛰어넘지 못했다.

甲申政變의 朴泳孝가 주장한 君主權制限論도 甲午改革의 兪吉濬에 이르러 君主權擁護論으로 후퇴하였다. 그러나 기독교사상의 영향과 民衆權을 대변하였던 독립협회는 박영효 대통령 설, 공화제의 추진, 삼권분립론 等 근대 민주제적 국민주권국가를 모색하다가 君主權에 대한 반체제 저항운동의 혐의를 받고 회원들이 모두 투옥되는 사태에 이르렀다. 독립협회는 내면적으로는 공화제를 추구하였으나 당시 시대의 한계성 때문에 천부인권, 신체의 자유권, 형벌의 성문주의, 재산권의 보장 및 정체로는 입헌대의군주제로서 君主權의 制限論에 그쳤다. 당시 대한제국의 지도층은 일본의 명치유신을 모방한 천황중심의 국가제를 이상적인 정체로 인식하였다. 그러나 1901년 당시 교회에서 발간된 「그리스도 신문」에는 국가의 정체론 5가지를 소개하면서 "법과 공의에 따라 운영되는 立憲君主制와 民主共和制가 제일 훌륭한 체제"라는 주장이 보이고, 1906년 대한자강회월보에는 "군주는 국가를 私有할 수 없다"는 왕권과 국권의 구분론이 제시된다. 民權이 君主權보다 상위개념이라는 주장은 기독교의 영향으로 새 생활을 체험한 이들에게는 일반론적인 상식적 견해가 되었다. 이러한 입장을 대변하는 것이 新民會의 주장이다. 애국계몽시대 여러 단체가 있었지만 기독교도가 중심이 되어 조직된 신민회는 君主制를 폐지하고 共和制정부를 수립하고자 하였다. 전덕기, 이동휘, 이승훈, 최광옥, 안태국, 이상재, 윤치호, 임치정 등 人物은 교회 안에서 近代思想을 깨닫고 君主가 아닌 臣民이 역사의 주체가 됨을 인식하였다. 당시 대한자강회, 대한협회 등 한말관변지도층이 중심이 되어 조직된 단체들은 君主主權을 철저히 부인할 수 없었다. 기독교와 관계가 깊은 大韓每日新報, 海潮新聞, 新韓民報 등에는 國民革命論이 대두되고 있으며, 民力을 바탕으로 한 國民主體의 국가를 수립하고자 하였다. 한말 기독교도들은 義兵運動에 대해 "황실과 民族을 구분하라"고 충고하면서 尊王的 성격의 民族運動을 배격하고 國民的 성격의 민족운동을 지향하였다. 프랑스혁명에 대한 新民會 소속 기독교도들의 인식은 "국민의 권리를 세우고자 국왕을 처형한 사건"이라고 하였으나 非기독교도 개화사상가 유길준은 "폭행" "폭거"로 인식하였다. 국민주권론적 民權思想은 기독청년회, 교회 등 기독교단체에 의해서 民衆속으로 점차 확산되었고 합방의 비운과, 일제의 무단통치 10年간의 고통을 체험한 후에 1919年 三·一 運動에 이르러서는 민족운동의 성격이 國民主權的 기축으로 완전히 전환되었다. 三·一運動 당시 기독교들이 큰 세력을 이루었던 황해도 해주지방의 한 국민은 "高宗의 죽음에 대하여 喪服을 입을 필요가 없으며, 李太王은 나라를 넘긴 매국노"라고 질책하고 있다. 이때에 이르면 君主權에 대한 부정적 견해가 국가 전체에 일반화되고 있음이 보인다. 3·1운동 후 국외 독립운동 기지인 滿州의 북간도지역에서 일어난 기독교인들 중심의 「大韓國民會」는 "상해임정의 노선을 따르는 이유를 공화정부이기 때문이다"라고 주장하면서 군주제를 부활시키고자 하는 복벽노선을 부정하였다. 이상에서 開港 이후 발전해온 制限君主權, 衛正斥邪派에 의하여 주장된 尊主論的 君主制는 改新敎徒들의 民權論에 의하여 극복되어 왔음을 볼 수 있다.

기독교도들은 기독교 신앙을 통하여 확인된 자유의 절대가치, 민주제적 개인의 권리 등 새로운 개념을 새 시대의 이념적 무기로 삼아 군주권에 도전하였고 근대시민사회의 국정개혁론에 영향을 끼치었다. 民衆은 國家 公務에 參政權, 分擔權, 抵抗權을 가질 수 있음을 깨닫게 되었다. 東學革命·義兵運動·基督敎運動은 民衆世界를 기반으로 反封建 民權運動을 전개한 점에서 서로 공통점을 갖는다. 그러나 外勢에 대한 인식 면에서 東學과 義兵은 확연한 主體意識을 갖고 있으나, 기독교운동은 반침략의식의 구조에는 한계가 있었다. 기독교는 영·미 등 서양제국주의·자본주의가 지닌 침략의도와 아울러 자기인식에 철저하지 못한 점이 보인다. 기독교는 近代主義 입장에서 東學과 義兵세력(下部構造)을 東匪, 火賊, 暴徒로 인식하였다. 기독교적 역사인식은 당시 제국주의 침략 하에 民族形成의 主體勢力을 제대로 발견하지 못한 것이다. 기독교는 人間解放이나 社會的 解放을 추구하면서 近代主義를 지향하였지만 民族保存의 측면에서 침략세력에 대한 적절한 조처를 취하지 못한 입장이었다. 다시 말하면 동학운동, 의병운동, 영학당운동 등 전 民衆勢力을 결집하여 전 國民을 주체로 한 反外勢, 反侵略運動을 展開하지 못했다. 선교사들은 政敎分離를 주장하였지만, 한말 기독교인들은 반침략, 국가자주의식을 적극적으로 고양하고, 애국심을 길러야 한다는 생각으로 국기계양, 애국가의 보급, 국왕탄신일의 국민적 축하, 나라 위한 기도회 등 국권운동을 전개하였다. 노일전쟁 후 외교권을 박탈당하는 을사조약에서부터 각종 조약을 강제로 체결 당하자 기독교인들은 일본의 침략세력을 의식하고 본격적인 항일운동을 전개하게 되었다 항일운동의 양상은 조직적인 기도회, 항일시위운동, 매국원흉들에 대한 테러사건, 시장세 반대투쟁, 부정세금 불납운동, 국채보상운동, 일진회반대운동, 합방반대운동 등이었다. 기독교 단체들은 종교, 정치, 경제 등 여러 방면에서 反日, 抗日運動을 일으켰고, 기독청년들에 의하여 매국 원흉에 대한 폭력을 이용한 격렬한 테러사건도 발생하였다. 기독교는 "겨레와 함께 고난의 표말을 앞서지고 가는 종으로 자처하면서"일제가 합방 직후 단행한 安岳事件 105인 사건으로 인한 혹심한 탄압을 감수하였다. 일제는 기독교를 박멸하려 하였지만 기독교도들은 더욱 증가하여 三·一運動 당시에는 약 25만 내지 30만에 이르렀다고 추산되고 있다. 기독교는 한말부터 성장시켜온 조직력과 민족의식을 바탕으로 일제의 전제와 학정에 저항할 수 있었다. 일제하 기독교인들은 3·1운동 상해임시 정부운동, 해외독립운동, 무실역행운동, 농촌계몽운동, 각종 사회운동 및 1930년대의 민족말살정책 하에서의 신사참배반대투쟁, 우리말, 우리역사 지키기 운동 등으로 민족운동에 동참하였다. 1920년대의 국산품애용운동을 포함한 무실역행 등에는 조만식, 안창호 등 기독교계 인사들이 많이 참여하였고, 이와 맥락을 같이하여 기독교내의 절제운동이, 금주, 금연, 아편금지, 사치 낭비금지, 公娼폐지운동 등 사회정화운동이 민족운동적 성격을 띠면서 전개되었다.

1934년 장로회 절제부에서 각 교회에 보낸 謹請文을 소개하면 다음과 같다.

"술의 해독, 아편과 담배, 공창과 사창의 해독이 날로 더하여져서 사람의 귀중한 생명재산을 빼앗는다. 이 문제를 해결하기 위해 左記 몇 가지를 조선 각 교회에 근청하여 힘쓰기를 바라옵니다.

1. 신자들의 소유인 부동산이나 기타 어떠한 것이든지 창기 기생 요리업(술장사) 아편, 담배 장사에게는 절대로 빌려주지 아니할 일이오며,

2. 각 교회에서 경영하는 학교에서 일보는 선생들의 금주, 금연은 물론이요, 아이들에게 그 해독을 받지 아니하도록 하고 몸과 마음을 거룩하게 가지도록 잘 가르쳐서 그대로 생활하는 사람이 되도록 할 일이오며,

3. 교인들에게 절제생활을 가르쳐 줄 것

4. 근자에 와서는 창녀 기생 카페여급의 수요는 날로 많아가며 그들은 人肉시장에서 생지옥의 고초를 당하고 있는 것은 동

정심과 도덕심을 가진 자로서는 차마 그대로 보고 지낼 일이 못 됩니다. 그들의 영과 육을 우리가 구해 내도록 힘쓸 것이오며,

5. 각 가정에서 자녀들에게 경제생활에 대한 교육을 하여 성결한 생활을 하도록 지도할 일이오며……

이 절제운동은 일제가 한국의 전통문화와 미풍양속을 파괴하고 한국인의 도덕적 타락을 조장하는 식민지 상황에서 전개되었으며, 백정들의 신분을 해방하려는 형평운동도 기독교적 이념을 가진 사람들의 참여로 이루어지고 있다. 이것은 모두 항일, 민족운동적 성격의 일환으로 이해된다.

1930년대는 일제의 민족말살정책으로 국내에서 민족운동의 가능성을 거의 찾을 수 없었다. 이 시기에 기독교계에서는 신사참배반대운동이 일어났다. 일제는 일본의 조상신, 전쟁무사신을 모신 신사에 참배하라는 명령을 내렸다. 당시 기독교는 표면적으로는 우상숭배하지 말라는 계명에 위배된다는 주장을 내세웠지만, 거부하는 입장에서는 신앙 적동기 뿐만 아니라 민족적저항도 고려하였다. 기독교 모두가 일치하여 저항한 것은 아니었지만 기독교도 가운데서는 순교도 불사하였고 기독교의 포교가 일제의 국체를 변혁시킬 것이라는 확신을 갖고 일제에 반항하였다. 신사참배는 일제하의 한국기독교가 취했던 신앙적, 민족적 종교운동의 마지막 단계였다. 일제는 강점이후 한국침략과 식민정책을 학문적 측면에서 정당화 하려고 식민주의 사학을 전개하였다. 또한 1930年代에는 창씨개명, 한글폐지 등 더욱 악랄한 민족문화의 조직적 파괴를 자행하였다. 일제의 민족말살 정책에 대하여 많은 한국의 지식인들이 투쟁하였고, 그들 중에는 기독교인들이 압도적으로 많았다. 일제 식민주의 사학에 저항한 기독교 역사가들로는 안재홍, 남궁억, 김교신, 함석헌 등이 있다. 특히 기독교적 사

관으로 우리역사에 관심을 가졌던 함석헌의 "성서적 입장에서 본 조선역사"는 민족사에 소망을 심어준 역사 철학서였다. 남궁 억은 강원도 홍천 모곡에서 무궁화 보급운동을 일으켰으며, 모곡 무궁화사건을 수사하는 과정에서 들어난 "십자당사건"으로 많은 기독교인들이 수난을 당하였다. 뿐만 아니라 국어학분야에서도 일제의 한국어 말살정책에 저항하여 이윤재, 최현배, 김윤경, 장 지영 등은 조선어학회를 조직하여 민족문화 보존에 크게 공헌하 였다. 그들은 민족문화 수호를 위해 옥사하기 까지 민족운동에 전념하였다. 당시 기독교인들이 즐겨 부르던 "믿는 사람들아 군 병 같으니" "십자가 군병들아 주 위해 일어나"와 같은 찬송은 민족의식을 강화하는데 큰 역할을 하였으며, 이러한 민족저항의 분위기에서 주기철목사의 신사참배 반대의 순교가 있었다.

기독교는 문호개방과 함께 전래되어 교회, 교육, 개화의 논리 로서 새 가치관을 수립하여 근대화에 공헌하였고 특히 기독교도 는 민중, 민족의 함수관계 속에 국민국가 수립에 주도적 역할을 담당하였다.

기독교는 인권, 민권의식으로 반봉건 개화의식을 고취하였고, 나아가 국가, 민족의 國權運動, 민족저항운동의 주체가 되었다. 특히 일제의 강점 하에 교회는 민족의 희망과 등불로 그 역사적 사명에 충실하였으며, 그 대가로 고난과 수난도 많았다.

기독교는 民族文化 창조에 공헌하면서도 그 과오도 많았다. 이 제 끝으로 그 과오를 살펴보면서, 기독교文化가 한국文化창조에 다시 한번 그 역할을 다해야할 부면이 어떤 점인가를 기대해 보고 자 한다.

5. 맺는말: "기독교文化의 反省과 기대"

기독교가 수용된 후 우리 民族史가 맞이한 최초의 危機는 日帝侵略에 의한 合邦이었다. 1907年 기독교인들의 항일운동이 고조되고 있을 때 기독교회 내에서는 소위 대부흥운동이 일어났으며, 1909年경에는 다시 백만구령운동이 전국적인 규모로 확대되었다. 물론 이러한 종교운동, 신앙운동은 신앙과 정치를 분리하자 하는 미영 선교사들의 입장이 크게 작용하였지만 기독교는 당시 민족적 분노를 현실적으로 폭발시켜 일제의 침략을 저지하고자 하는 적극적 행동을 취하지 못하고 종교적 열정으로 변화시킴 으로서 기독교인들의 항일운동에 일정한 한계를 제시하였다. 또한 기독교인들은 당시 일어난 애국계몽운동과 義兵運動 중 애국계몽의 교육, 사회운동에는 적극적이었으나 그 시대를 극복할 수 있는 의병운동에는 소극적이었다. 이러한 의식의 결과인지 한국교회는 일제의 한국병합에 대하여 아무런 공식적인 의사표시도 없이 침묵만 지켰다. 신앙의 내면화, 정치적 무관심화 현상은 일단 비판되어야 한다. 물론 내면적으로는 민족의 문제와 계속 일체화되어 있었지만 외적인 표현이 있어야 했다.

3·1운동 후 기독교에 대한 새로운 인식이 퍼지면서 교회는 급격하게 수적으로는 발전했지만, 교회의 성격은 전제적이며 계급적인, 또한 젊은이들이 교회를 떠나고 부녀자 중심의 교회가 되고 말았다. 당시 유행하던 사회주의와 소작쟁의와 노동쟁의와 같은 민족운동의 추세에 교회는 적절한 병진을 못하는 결점을 드러냈다. 교회는 사상적으로 보수화되었고 교역자들의 지적빈곤은 한국 민족주의의 새 方向모색에 대응하지 못하였다. 물론 일제의 간교한 민족말살정책, 변화된 지적 분위기, 경제적 시련 등

여러 가지조건은 있었으나 교회는 현실 文化창조에서 도피하여 신앙의 철저한 내면화, 경건화를 꾀할 뿐이었다. 그것은 결국 기독교의 宗派活動, 神秘主義運動으로 기울어졌고 공산주의적 사회사상의 과격한 도전을 정면으로 대결하지 못하였다. 신앙의 내면화가 沒現世的 침잠으로 되었고 思想的으로 社會福音主義가 만연하였다. 이러한 危機가운데서 일제는 신사참배를 강요하였고 기독교내에는 일제에 동조하여 변절하는 사람들이 많았다. 일제의 강요에 대하여 침묵하거나 또는 적극적으로 동조하면서 신사참배의 신학적 정당성마저 주장하였고 일제 말엽 한국 기독교 지도부는 정치적으로 변절하여 일제의 어용기관으로 전락하였다.

해방이후 기독교는 일제 식민지 잔재의 청산운동, 교계정화운동을 하였어야 했다. 그러나 교회는 그 일에 철저하지 못했다. 오히려 이승만 정부가 들어서자 기독교계의 회개운동은 사라지고 일제 말기 이후의 교권론자들이 다시 세력을 잡고 회개운동을 외치는 자들은 교단 밖으로 추방되었다. 이승만 대통령의 정부는 경험 있는 관료, 경찰, 군인을 등용하여 국기를 튼튼히 한다는 구실 아래 과거 친일했던 사람들이 대거 등용되었고 민족운동에 매진했던 사람들은 소외 되었다. 이러한 현상은 기회주의, 훼절, 아첨의 사회풍토를 조성했고 가치관의 혼란이 난무하였다. 일제 식민잔재의 청산에 실패하자 기독교내에도 교권주의가 중심세력이 되었고 더욱이 이들은 6.25를 경험하면서 교단의 심한 분열상을 보였다. 사랑과 화합이 중심사상을 이룬 기독교가 민족사 앞에 큰 수치를 범하였으며, 더욱이 4.19에 의하여 기독교적 정권(개신교)이, 5.16에 의하여 또한 기독교적 정권(천주교)이 무너지면서, 1960년대 이후 우리나라가 민주화에 극심한 고통을 겪고 있다면, 그 책임은 상당한 부분이 자유당과 민주당의 기독교적 배경을 가진 정권이 또 그 정권에 참여한 기독교신자가 져야할 것이다.

70年代 산업화가 이루어지면서 기독교는 어느 종교보다도 놀라운 성장률을 보였다. 수백만이 회집되는 민족복음화의 슬로건과, 세계 선교사상 유래 없는 결실이 이루어졌다. 그러나 이러한 성장에도 불구하고 한국 기독교의 전반적인 자세는 현재 민족사의 진행과정과 당위적인 입장에 서있지 못하다. 여기저기 십자가와 교회의 종탑들이 하늘 높이 솟아있고, 방방곡곡에는 교회가 없는 곳이 없다. 어떻게 보면 이 나라가 기독교국가 인양 교회는 흥하고 교인수는 급격히 늘고 있다. 그러나 기독교文化가 한국文化창조에 빛과 소금으로서의 자기의 역할을 다하고 있는지는 생각해 볼 문제이다. 초기에 기독교는 가치관의 변혁에 큰 공헌을 하였다. 敎人들은 이 社會에서 그 도덕성, 정직성을 공인받았다. 그러나 오늘 한국교회의 기독교文化는 1910年代 자기의 모습을 회복하지 못하고 있다.

우리는 기독교文化가 解放이후 反共運動과 70年代이후 人權, 民權運動에 공헌하였고 이제 새 시대의 전환에서 80年代에 生命文化 창조운동에 매진하고 있음을 확인한다. 여신도회 전국연합회에서 발표한 생명문화 창조운동의 취지는 다음과 같다. "우리는 옛 공동체를 지양하고 새 공동체를 지향한다. ① 과거지향, 전통지향에서 미래지향적으로 ② 돈, 물질에 가치를 두기보다는 사랑, 생명, 삶 등 영적가치에 관심을 ③ 관료주의 사회, 계급사회에서 자유와 평등의 공동체로 ④ "나" 중심에서 "우리" 중심으로 ⑤ "경제적" 삶에서 "협동적" 삶으로 ⑥ 인종차별, 성차별 국가간의 분쟁에서 세계인류가 한 형제자매로 ⑦ 인간행동 동기가 "이윤동기"에서 "창조" 동기로 ⑧ 자연 파괴에서 자연을 가꾸는 것으로

⑨ 이기적인 신앙에서 이웃과 지역사회에 봉사하는 신앙으로 ⑩ 삶의 목적이 "안락"에서 보다는 창조에서 얻은 "기쁨(보람)"이 목적으로 ⑪ 맹목적 추종에서 노력과 생의 축제로"가 제시되었다. 한국의 기독교文化는 民族史와의 관련 속에서 발전해 왔다. 근대 100年史에 있어서 기독교文化는 民族史의 諸 과제를 수행함에 주체적 역할을 하였음이 분명하다. 한국기독교文化는 지난 100年을 비판, 반성하여 자기의 정체(Identity)를 재발견할 때 한국文化가 지닌 역사 목표 완성은 보다 빠르게 이룩될 것이라 믿는다.

VII. 풍토문화

韓國 忠孝思想과 國亂克服 精神史

金 丁 鎭

(경북대 윤리학과 교수)

1. 序 論

本 硏究論文은 韓民族의 傳統 主體意識 속에서 찾아볼 수 있는 忠, 孝道德思想이 우리 韓民族의 國亂克服史에 끼친 影響을 民族의 傳統 속에서 찾아보고 忠, 孝의 참된 意義를 現代的 意義로 밝히고자 하는데 力點을 두고 論述하려고 한다.

우리 韓民族은 五千年 燦爛한 文化와 歷史를 계승하고 不死鳥와 같이 그늘에 살아 왔다. 그런데 때로는 어려웠던 歷史와 國亂을 克服하고 오늘에 살아온 民族의 肯志와 活力素가 어디에 있었던가?

바로 民族史에 綿綿히 흐르고 있는 傳統 속에 忠, 孝 倫理 道德이 歷史 主體속에 意識化되어 歷史가 어려웠을 때 수백 번의 外侵을 克服하고 民族의 生存權을 守護하느데 큰 活力素가 되어 왔던 것이다.

이러한 民族의 生存權과 그 價値觀을 歷史 속에서 道德的 측면으로 考察해 보면 바로 人間의 尊嚴性은 忠孝 思想에서 發露

되는 人倫道德의 價値判斷과 直結됨을 認識할 수가 있겠다.

오늘에 사는 우리들은 흔히 말하기를 人間을 社會的인 動物이니 또는 萬物의 靈長이니 하며 人間은 홀로 存在할 수 없다고 하는 意味는 바로 人間은 道德律을 전제 조건으로 世上에 태어나서 그 道德律을 實踐할줄 아는 動物임을 스스로 認識 自覺하고 人間을 萬物의 靈長이라고 하는 것이다.

이렇게 보았을 때 道德[1]의 實踐을 전제조건으로 타고난 人間들은 道德의 價値判斷과 人間이 마땅히 지켜야 할 道德的 行爲를 이탈 했을 때 흔히 말하기를 非人間이라고 말한다.

저 유명한 孔子는 人間을 定義하기를 사람은 어질고 착해야 사람이라고 했다. 「人은 仁也라」 人이 不仁이면 非人이라고 했으며, 또 孟子는 人間의 本性, 즉 타고난 天性을 性善說에 立脚하여 人性은 善하다고 斷定했다.

이런 점을 찾아보았을 때 人間은 道德의 實踐을 爲하여 仁과 善을 전제로 世上에 태어났으니 非道德的인 人間은 참된 人間이라고 할 수 없으며 따라서 萬物의 靈長이라고 할 수 없다는 뜻으로 通한다.

위와 같이 道德의 價値判斷을 쉽게 理解 定義하고 人倫道德律을 窮極的으로 人間의 生命的 尊嚴性과 連關하여 보았을 때 特히 우리 民族의 歷史 속에 담겨져 있는 忠 孝 倫理・道德의 重要性이 그 얼마나 必要했던가를 오늘에 再認識 할 수 있겠다.

直接 古代史속에서 例를 찾아보면, 三國統一의 主導力活을 담당

---

1) 孔子思想之 中必觀念爲仁 仁者・人也 所謂相人偶・卽與人爲徒之意・孔子之道爲人道 Humanity 亦卽仁道……可名曰・人道哲學 Philosophy of the humanity 廣義的・道德哲學 卽moral philosophy in its broader sense 吳康博士著, 孔孟荀哲學 pp.19~20.

한 花郎徒精神에서 忠孝 倫理 道德의 뿌리를 考察해 볼 수 있겠다.

新羅가 三國統一을 成就하는데 가장 動脈的인 活力素는 바로 道德實踐의 花郎敎育에 있으니 즉 花郎五戒精神2)이야 말로 모두 그 敎育內容은 道德과 直結된다.

여기 五戒精神中에 우선 쉽게 두 가지 條目만 現代的으로 살펴 序文에 아래와 같이 소개 하겠다.

事親以孝는 어버이를 섬기는데 孝를 해야 된다고 했으니 이 말은 바로 나를 낳아 길러주신 父母님의 恩惠에 보답 한다는 뜻이다. 子息이 父母님의 恩惠에 報答한다는 뜻은 先天的인 人倫道德의 天倫的 始發이라 할 수 있겠다.

人間各者는 나와 가장 가까운 生命的 同一體를 가지고 있는 父母兄弟를 스스로 至極히 이미 사랑할 줄 알고 있다.

이러한 內的인 사람의 發露가 外로 表現되는 것이 바로 孝요, 恩惠에 對한 報答이라 하는 것이다.

다시 말해서 나의 生命的 高貴性을 스스로 認識함이 바로 生命의 根源인 父母兄弟의 그 高貴한 生命과 直結됨을 孝가 認識하게 해 준다는 뜻이다.

따라서 나와 父母兄弟의 生命的 尊嚴性을 認識했을 때 미루어 社會一般의 父母兄弟의 尊嚴함과 사랑을 터득할 수 있으니 즉 民族과 國家를 사랑 할 수 있다는 뜻이 孝에 內胞되어 있다.

孝를 內的인 要素에서 外的 사랑으로 確充 照明해 볼 때 內的으로는 내 父母兄弟의 生命이 高貴하듯이 民族의 生命과 祖國이

---

2) 花郎五戒는 佛敎倫理로서 혹은 經典으로서 해명될 수도 있다. 忠孝 信·勇仁의 儒敎德目으로 해석만 할 수도 없고, 그렇다고 해서 儒術에도 能한 圓光이 佛敎修行의 僧인데 佛敎의 方向으로 볼 수도 있으니 五戒는 儒佛合意的인 內容으로 볼 수 있다.
   韓國思想講座 3號, 4293年 3月刊, 高麗文花社 pp.81~9 參考.

高貴하게 되고 外的으로는 내 조국과 내 民族, 그리고 내 歷史가 소중하면 他民族과 他民族의 生命도 高貴하다는 뜻을 內胞하고 있는 것이다.

이러한 孝의 넓은 根本的인 意義는 人類平和와 人道主義와도 一面相通한다고 보는 것이 타당할 것이다.

둘째로 事君以忠의 根本的인 뜻 역시 어렵게 生覺할 必要가 없다. 忠은 바로 人間각자가 가지고 있는 良心을 實踐하는 德行이다. 흔히 忠을 잘못 理解하면 忠을 어떤 君主 個人에게 生命을 犧生 服從하라는 뜻으로 잘못 認識하고 있는 이도 있으니 안타까운 일이다.

忠은 바로 나의 良心대로 善에 立脚한 行爲를 眞實로 實踐함이 참된 忠이다. 「盡己之謂忠」

다시 論하면 人間各者는 良心에 이탈됨이 없이 最善의 行을 하고 따라서 人間各者에게 부여된 當爲的 任務를 道德的으로 實踐함이 忠이요, 行爲의 當爲性을 自覺케하는 것이다. 忠과 孝를 오늘날 잘못 認識하게 된 動機가 있다. 그것은 바로 1910년3) 倭賊에 나라를 빼앗기고 우리 先賢들이 殉國精神으로 獨立運動을 전개할 때 바로 忠孝 倫理 道德精神이 民族의 魂으로 뿜어 나오니 日帝統治者들은 우리 民族의 塊이 무서워 당시 朝鮮이 亡國한 이유가 바로 非生産的인 忠 孝思想때문에 亡했다고 力說했던 것이다.

이러한 帝國主義 民族分裂 敎育의 잔재가 오늘에 남아있는 것

---

3) 1905년 日本에 강제로 乙巳保護條約이 체결되어 朝鮮의 國權이 完全 빼앗겼을 때 崔益鉉 등의 義兵活動과 民族의 自主權을 回復키 위하여 1910년 이후 國立運動展開의 本格化……斯文論叢 1輯, pp.223~28, 斯文學會 出刊 1973년.

이다.

眞實로 忠孝의 意義는 우리 韓民族史를 계승하게 했고 그 精神은 三國을 統一시켰고 高麗朝가 外侵을 당하여 危急한 事情에 處했을때도 저 無道한 蒙古族과 40년 이상 民族의 生存權을 守護했음도 바로 忠孝의 뒷받침이다.

그리고 朝鮮朝 당시 壬辰倭亂과 丙子胡亂을 克服한 精神的 主體도 忠孝요, 그 主體가 民族의 魂이 되어 이 땅을 수호 했다. 그리고 35년 日帝侵掠 앞에 抗擧한 光復 運動역시 花郞의 忠孝 精神을 이어 받아 오늘에 이른 것이다.

오늘날 우리 民族이 어려운 歷史的 事項에 있고 悲劇의 民族 分斷과 國亂을 克服하는데 또한 現代 産業社會와 科學文化도 必需要件이 되겠으나 行해서 저 옛날 있었던 우리 歷史 主體意識의 상징인 人倫道德과 忠孝思想을 본격적으로 재 創造 계승하여 國民精神敎育과 直結시킬 때 오늘의 國亂을 克服할 수 있는 愛民·愛國平和 사상을 고취할 수 있겠다.

이상과 같이 忠과 孝思想의 意義는 韓民族의 生存權과 直結되기 때문에 아래 本文에서 歷史的으로 찾아보기로 하고, 忠孝의 根本的인 뜻은 孝가 따로 떨어져 있고 忠이 따로 떨어져 있는 것이 아니다.

孝는 內에서 始發實踐하여 外로 實踐했을 때 忠이 되고 忠은 外에서 實踐한 德이 內로 오면 孝가되는 것이지, 孝 따로 忠 따로는 文字上으로 分離되 있을 따름이다.

즉 以孝事忠은 事忠以孝가 된다는 뜻이다. 歷史上 孝가 至極한 사람은 자기 직분에 忠實하여 나라가 어려웠을 때는 忠을 다하고, 또 自己任務에 忠直한 사람은 家庭으로 돌아오면 孝가 至極한 사람이 되는 것이다.

다시 말하면 花郎이 家庭에는 어버이에게 孝하고 나가서는 나라에 忠함이 바로 忠孝의 一致性을 뜻한다.

例, 花郎徒가 國家를 保衛함에 그 職分을 다했을 때는 父母兄弟의 生命과 財産을 보호하게 하니 忠이 孝가되는 것이다. 이러한 忠孝는 오늘날 역시 不變의 眞理가 되겠다.

例, 學生이 學業에 熱中하여 學生의 任務를 다하면 家庭에 오면 父母님께 孝요, 나가면 社會와 國家에 忠이 된다.

이상과 같이 忠孝의 意義를 民族史에 있어서 國亂을 克服하는데 民族의 至大한 魂이요, 生命이었음을 肯定的측면에서 本硏究者는 時代的으로 考察하여 論文을 차례로 硏究하겠다.

2. 忠孝 思想의 基本 槪念

忠孝思想을 論하기 전에 먼저 忠孝思想의 由來와 그 意義를 찾아보고 따라서 忠孝思想의 語源的 考察을 하고 거기에 따른 人間의 倫理 道德的 價値觀이 忠孝思想과 어떤 連關이 있는가를 찾아보는 것이 順序일 것이다.

(1) 忠의 現代的 意義

먼저 忠의 由來를 周禮4)에 찾아보면 忠은 心을 다하여 스스로에게 欺瞞하지 않는 것을 뜻하고 있다. 「周禮·盡心不欺」 또 人間이 타고난 先天的良心을 行動으로 實現하는데 正義에 立脚하여

---

4) 盡心之不欺·周禮疏·中心曰直 忠愛·禮記致其 忠君愛國 忠孝兩全·中國古代·李商隱·貴忠孝之兩全·後漢때 馬融이 撰編한 忠經, 忠經新解, 趙東書著中華民國 47년刊 pp.1~7 參考. 大漢韓辭典 p.51.

中心으로부터 이탈되지 않게 하는 것을 忠의 定義라 할 수 있다.

따라서 忠은 곧 直이요, 良心이요, 中心인 同時에 남을 불쌍히 여기고 용서해 줄 수 있는 것이다.「忠恕」또 忠은 精誠과 通하고 있으니 竭誠이라고도 하며 人間의 道理를 正正 堂堂하게 道德的으로 實踐할 줄 아는 뜻과도 通하니 人間 生活에 있어서 正義로운 積極的인 生活形態를 意味하기도 한다.

忠은 언제 어느 社會에서부터 가장 要求되어 왔느냐? 中國의 古代 春秋戰國 時代에 그 社會秩序가 混亂하고 人間의 良心과 道德이 惰落되어 弱肉强食하는 非人間的이고 非道德的인 社會秩序를 바로 잡아 正義社會를 具現하기 위하여 提示된 文字의 意味를 人間生活과 연결하여 忠이라고 表現하기 시작하였다.

또 忠의 基本的인 定義를 中國古代 後漢때에 南郡太守로 있던 馬融이란 사람이 忠經이란 冊을 著術하여 忠에 관해서 자세히 설명하고 있다.

忠을 馬融 以前에 여러 가지로 찾아볼 수 있겠으나 馬融이 論한 忠을 考察해보면 誠을 다하는 것이 忠이요, 人間의 良心을 다하는 것이 忠이라고 했다.「盡己之心爲忠……忠經」

즉 忠은 人間이 本來 타고난 人性을 善에 立脚하여 行動에 있어서 良心的인 면을 뜻하며 즉 人間良心의 源泉을 性善論에 기준하여 惡에 빠지지 않고 眞實되게 行爲함을 忠이라고 한다.

다시 말해서 忠은 人間이 善한 心을 지키고 惡한것을 제거할 줄 아는 良心의 根本이 되는 것이며, 人間 各者에 있어서 맡은 바 任務를 誠實하게 다하고 따라서 社會秩序를 確立하는 것을 意味한다.

또 孟子는 忠의 뜻을 廣大 解釋하여 말하기를 人間을 善하게5) 敎育하는 것도 忠이라고 하였다. 「敎人以善謂之忠」

따라서 忠은 어버이에 孝하고 나라에 對하여 百姓으로서의 任務와 義務를 다하는 것도 忠이 된다. 「以孝事君則忠」

여기에 나타나는 君은 現代的으로 풀이하면 내가 타고난 國家를 뜻한다.

古代 社會는 君이 나라요, 즉 國家의 상징이 되었으나 오늘날 現代國家, 즉 民主主義 社會로 보았을 때는 君에 對한 忠이 아니라 자기가 태어난 祖國과 國家에 對한 忠誠을 뜻하고 있는 것이다.

다시 忠의 意義와 그 槪念의 成立過程을 考察해 보자. 古代 中國 象形文字에 나타나는 甲骨文에는 忠字가 보이지 않고 있으나 古代 文獻上 나타난 例를 들면 春秋時代에 記錄한 春秋左氏傳과 論語에 처음 나타나고 있었다.

論語에는 忠字가 單獨으로 쓰여 지면서 또 信과 直과 恕로 연결되어 忠直忠信・忠恕로 나타나고 있다.

여기에 忠字는 본래 中과 心을 合한 文字로 理解되며 이 中心이란 解釋은 거짓 없는 人間의 良心을 誠實로 뜻하고 있다.

이렇게 忠을 誠實로 보았을 때는 實踐德行을 뜻하고 또 忠誠으로 解釋할 때는 人間에 內在한 良心的 任務 및 當爲性을 뜻하고 있으며, 忠直으로 보았을 때는 人間生活에 있어서 道德的으로 거짓 없는 바르고 正直한 心德을 뜻하고 있으니, 이 모두가 忠信으로 귀결되고 있을 뿐만 아니라 固有한 人性의 眞・善・美의 世界를 眞實한 人間象으로 나타내고 있는 것이다.

---

5) 忠經新解, 中國趙東書著, 忠經序 pp.1～2 參照.
　　忠經・書名・後漢南部太守馬融所撰. 忠者也誠也. 盡己之心爲忠, 論
　　語 「巨事君以忠」. 孟子 「敎人以善謂之忠.」

古典 論語에 忠字가 여러 번 보이고 있으나 여기에 忠의 本意義는 人間이 良心에 따라서 自己欺瞞이 없는 誠實과 忠直으로 스스로에게 스스로가 대하는 「對自關係」 良心의 命令이 첫째 그 意義로 內包되어 있다. 他人關係에 있어서는 남을 理解하고 親愛하고 尊敬하는 뜻을 內包하고 있다.

다만 文章構成에 보여지는 社會秩序로 보았을 때 人君은 臣下를 부리되 禮로서 하고 臣下는 人君을 섬기되 忠으로서 해야 된다는 뜻은 바로 여기에 君의 定義는 古代社會의 君主專制에 있어서 君權과 모든 國權을 統制하고 있었다. 때문에 君은 바로 國家라는 槪念이 成立되니 君에 忠이라는 뜻은 個人 어떤 君主에 對한 忠이 아니라 國家와 民族과 그 歷史를 爲해서 民이 守護할 義務가 있다는 뜻을 말함이요, 오늘날 요구하는 나라에 忠誠과 直結되고 있을 뿐만 아니라 個人에 있어서 職分의 義務요 忠實이며 國民인로서 國家에 對한 義務實踐이, 즉 忠이라 할 수 있겠다.

또 左傳에는 윗사람이 百姓에게 利로움을 생각하는 것도 忠이라 하였으니, 즉 위가 아래를 보살피고 사랑하는 것도 忠이다. 또 忠經에는 至公無事6)함이 즉 公平되고 私私로운 個人 利己가 아니고 萬民과 더불어 利와 公과 平을 認識하고 個人의 權利를 보장하는 것도 忠으로 보았다.

이상과 같이 忠은 가까이는 個人으로부터 멀리는 社會國家에까지 관계되며, 古代社會에 있어서 治國의 方道로 活用되고 있으면서 人間과 自然의 永續性과 萬物에 까지도 忠을 自然의 法則으로 解釋했다.

忠은 人間의 마음을 바로잡아 最善을 다하는 行動이다. 또 忠

---

6) 「忠者忠也・至公無私・天無私・四時行・地無私・萬物生・人無私・大亨貞」 忠經新解 pp.2～3.

은 善의 불변성을 뜻한다. 순수고 결한 人性을 뜻한다. 마음이
公되고 私惡이 없어야 한다. 天 즉, 自然의 四時가 불변하듯이
土 즉, 땅이 만물을 生하는데 불변하듯이 人間의 마음도 至善에
입각한 中心을 지킨다는 뜻이다.

　忠經에 보면 忠을 直接 忠이라 하고 至公無私라 하여 人間의
心이 바르지 않는 것은 自己스스로 利를 追求하기 때문에 忠에
反對된다고 보았다.

　또한 天地自然의 法則으로 보았을 때 天에 있어서 四季節이
運行함에 私가 없듯이 地에 있어서 萬物이 生性함에 私가 없다
고 忠의 眞理를 말하고 그 天地의 不變的 眞理를 人性에 比하여
人間 역시 本心을 至善으로 規定하고 私가 없는 것은 純潔한 心
情과 크게 通達한다고 하였다. 이렇게 忠을 人間에게만 타고 날
때부터 天性的으로 부여받은 良心的 行爲를 항상 하나로 즉 一
心으로 지키고 實踐함이라고 自然의 不變性과 一致시키고 있다.

　따라서 忠을 人間生活과 直接내지 間接的으로 관계시켜 考察
해 보면, 人間의 良心을 中心이란 忠으로 보았을 때 中者란 天
下의 正道라고 朱子는 말했다. 天下之正道를 庸으로 보았을 때는
心의 定理로 보는 것이다.

　때문에 人間은 誠心껏 自己를 먼저 修養하고 偉大한 人格에
이르면 그 타고난 人間의 天稟 즉 至善의 良心이 二心으로 변할
수 없게 되니 이 一心이 즉 忠이 된다는 것이다.

　이상과 같은 忠直한 一心이 社會的으로는 國家에 봉사하고 아
름다운 환경을 造成할 수 있으니 自身의 忠은 바로 名譽와 幸福
에 이를 것이다.

　이러한 幸福과 榮光은 家族에 充實하여 父母님께 孝道가 되고
따라서 自然히 兄弟 友愛하고 夫婦간에 和睦을 이룰 수 있으며

이렇게 넓은 意義를 內包하고 있는 忠을 實現하면 온 國民의 忠
이 統一되어 不信風潮가 自然的으로 제거되고 天下가 和睦한 社
會가 되어 서로 믿고 살 수 있는 福祉社會를 建設할 수 있는 것
이 바로 忠의 大義라 할 수 있다.

(2) 孝의 現代的 意義

孝는 禮記에 父母를 모시는데 착하게 모시라고 했으며 「善事
父母」 또 孝라는 것은 父母를 奉養한다는 뜻과 그 마음을 거역
하지 말고 人倫 道德的으로 順從하라는 意義가 바로 孝라고 記
述하고 있다.

또 孝經에 考察해 보면 孔子는 말하기를 孝7)는 德의 根本이라
하였고, 孝에 있어서 德의 根本이란 意義는 父母를 모시는데 그
마음을 편안하게 順德으로 받드는 것이 德의 本인 것이다.

孝에 있어서 德之本이란 定義는 바로 恩惠에 報答한다는 뜻과
도 通하여 論語에 孔子는 孝를 論함에 사람이 仁함은 善을 行하
는 根本이라 말했다.

卽 孝는 人間이 仁과 德을 行으로 表現할 때 그 孝의 意義를
認識하게 되는 것이다.

위와 같이 孝와 仁은 內外관계로 볼 수 있으니 仁은 內의 人
性을 뜻한다면 孝는 外로 나타나는 善行을 意味한다.

여기에 內의 人性이란 人間이 本來 타고난 天稟을 뜻함이요,
孝는 그 타고난 人性을 人間의 道理 즉 善으로 實踐하는 當爲性
을 말하여, 孝의 참된 意義로 보는 것이다.

---

7) 子曰・夫孝・德之本也.……身體髮膚・受之父母 不敢毀傷・孝之始也.
　　立身行道・揚名於後世. 以顯父母 孝之終也. 中國 趙東書著 및 孝經
　　集註全 pp.4～5.

또 孝가 무엇인가?

孝經에서 쉽게 말해주고 있다.

孝의 極致는 人間各者의 生命的 根源을 파악하고 그 生命의 源泉과 身體의 連續性을 말할 때 먼저 父母님을 잇지 못하게 하는 認識 觀念으로 提示하고 있다.

「身體 髮膚는 受之父母라. 不敢毀傷은 孝之始也」————라고 했으니 孝는 제일 먼저 肉體的 生命의 重要性을 認識하는 것이 孝의 始發로 보는 것이다.

모든 人間의 生命은 父母의 肉親과 同一性을 內包하고 있고 따라서 生命의 連續性을 말하고 있으니 子息으로서 지켜야 할 道理가 제일 먼저 그 몸을 잘 보전하는 것이 孝의 始發로 보는 것이다.

子息으로서의 身體는 父母로부터 물려받았으니 그 몸 아끼기를 父母님 몸을 모시듯이 잘 보전함이 바로 孝가 된다는 것이다.

또 成長해서는 사람의 道理를 잘 實踐하여 먼 훗날까지 그 이름이 남으로부터 욕되게 하지 않는 것이 父母에 對한 恩惠에 報答하는 것이 되니 그 父母님의 마음이 기쁘고 남에게 떳떳할 수 있으니 그 이상 孝가 없다는 것이다.

이상과 같이 孝는 내몸을 조심하고 맡은바 人間의 道理를 實踐하여 父母님을 기쁘게 해 드리는 것이 바로 孝라 했으니, 家族과 血統8) 관계에서 孝가 社會와 接할 때는 그 國家와 民族을 爲하여 國民으로서의 道理를 끝까지 지킬 수 있는 것이다.

---

8) 여기에 孝는 내 부모 내형제 사랑하듯이 남의 부모 형제도 같이 사랑하면 人類의 平和까지 달성할 수 있다는 뜻이 내포하고 있다.
　　「左傳」 君義 臣忠・父慈 子孝. 兄愛 弟敬, 所謂包括四海之內言. 民用和睦. 黎民百姓. 和是和氣 是相親相愛・敬而和也. 孝經新解 趙東書著, pp.2～3 참조.

또한 父母를 잘 奉養하고 사랑하는 者는 남을 憎惡하지 않고 사랑할 줄 알며, 父母를 잘 恭敬할 줄 아는 사람은 對人 관계에 있어서 오만하지도 않다고 했으니 이러한 孝誠과 德化가 社會와 接했을 때는 萬百姓이 다 孝를 實踐하게 되어 上下·老小 모두 아름다운 敬愛의 社會를 建設하고 道德的인 本然의 人間生活로 돌아간다고 보겠다.

위와 같이 孝는 社會로 發展함에 있어서 人間 各者의 行動實踐의 方向까지 提示해 주고 있다. 例를 들어 누구나 社會生活을 하는 데는 각자의 職分이 있으니 그 職分이 윗자리에 있어서 驕慢하지 않으면 높아도 危殆하지 않고 勸儉 節約하고 素朴한 生活을 하면 즉 不正蓄財를 하지 않으며 그 職位가 오래도록 유지될 수 있고 위태롭지 않을 것이니 素朴한 富貴를 자연적으로 누릴 수 있다는 것이다.

오늘날의 富貴는 잘못된 非道德的으로 認識되어 무조건 一時的으로만 生覺하는 富요, 感覺的으로만 생각하는 貴를 要求하기 때문에 社會가 混亂한 것이다. 古代 傳統社會의 富貴는 오늘과 같은 높은 官職이나 不正한 財産을 탐내는 富貴가 아니고 먼저 人間의 道理를 다하여 얻어지는 正當한 位置와 素朴한 官祿으로서 貴와 富를 認識하여 內로는 父母님을 잘 모시고 外로는 社會에 떳떳한 生活을 하게 되니 이를 孝로 規定하였다.

위와 같이 孝의 定義는 어떤 從屬관계에서 父母가 子息에게 어떤 恩惠의 報答을 要求하는 것이 아니라 條件없이 天倫으로 받는 사람을 子息 역시 無條件 그 父母에게 愛와 敬으로서 報答하는 것이 眞實한 人間의 道理요, 恩惠에 對한 報答이며 孝의 眞情한 뜻이다.

孝를 東洋의 古代 社會에 있어서 擴大解釋하여 百行의 根源이

라고 하고 그 孝의 百行의 根本을 實踐함에는 德의 根本이 되고
또 仁을 行하는 根本인 同時에 바로 孝가 된다고 보았을 뿐만
아니라 人間의 至善을 表現한 말이라고 보겠다.

여기에 德의 本을 善으로 認識하고 그 認識한 最高의 善을 實
踐躬行하는데는 人間만이 所有하고 있는 不撓不屈의 道德的 價
值基準을 意味하고 있다.

위와 같이 仁德을 忠孝의 根本으로 하는 東方社會의 道德的
價值觀으로 要求하고 있는 忠과 孝는 人類의 尊嚴性을 認識케
하여 相扶相助하는 理想社會로 結合할 수 있는 根本 要素로서
孝는 直接的인 血緣관계와 社會관계로 擴充되어 人類에까지 미
쳐 갈 때 孝는 忠으로 成立되며 愛와 直結된다.

孝는 바로 人倫의 純粹한 天性을 具現實踐하는 慈愛로서의 根
本이 되기 때문에 孝經에 말하기를 人間의 德行이상 없다고 보
았고 또 어버이를 恭敬하는 것보다 더한 것이 없다고 하였으니
孝를 敬天하고 愛人하는 根本으로 보았다.

때문에 仁에 根據한 忠孝는 「너」를 위한 「나」와의 관계이며,
「나」를 위한 「너」와의 관계로 敬上 愛下와 左右 平等의 敬愛로
서 社會生活에 共同體意識과 直結된다.

따라서 五倫9)과 三綱이 바로 忠孝思想을 實現하는데 가장 基
本要素가 된다고 보아야겠다. 五倫을 먼저 現代的 意味에서 밝히
고자 하면 아래와 같다.

---

9) 우리 傳統社會에 있어서 五倫은 人間이 마땅히 지키고 實踐하여야
   할 德目이요 道理였다. 또한 社會規範인 同時에 民族的 차원에서
   보면 主體意識이요, 나가서는 國家觀의 확립이며 個人과 共同體生
   活意識의 基本이라 할 수 있겠다. 父母 夫婦子息은 家族관계 君
   臣·長幼·朋友는 社會관계로 볼 때 五倫은 共同體生活의 基本질
   서이기도 하다.

① 父子有親……父母와 子息간에 있어서 父母는 子息을 무조건 사랑으로 養育하니 거기에 따라 子息은 父母에게 無條件 고마워하여 恩惠에 報答하고 父母子息간에 서로 對話하고 서로 理解하면서 家庭을 和睦하게 사는 것이 五倫의 첫째 번이다.

② 君臣有義……君과 臣 즉 國家의 元首와 閣僚 간에는 個人의 私利 私欲을 떠나서 國民에 對한 公益과 正義를 위하여 無私公平한 政事를 義롭게 下愛上敬의 精神으로 처리해야 한다는 뜻이다.

③ 夫婦有別……男女平等과 各者에 주어진 任務를 뜻한다. 男子는 男子로서의 實務를 忠實히 實踐하고 女子는 女子로서의 義務를 實行한다는 뜻이다.

즉 힘들고 어려운 일은 外에서 男子가 부담하고 쉽고 섬세한 일은 약한 女子가 부담하여 相互 人格과 權限을 尊重하자는 뜻이 바로 夫婦有別이지 封建君主時代의 人權蹂躪으로 잘못 착각하여 해석하면 男尊·女卑의 人間차등으로 오해한다. 여기에 有別의 別이란 뜻은 別務 各各 나누어 맡은 職務를 뜻한다.

④ 長幼有序……敬上 順下하는 敬愛의 뜻과 어른을 恭敬하고 어른은 아랫사람을 보호한다는 뜻도 內包되어 있으며 社會秩序에 있어서 道德的인 질서를 제일 먼저 人間관계에 準하고 있음을 意味한다.

⑤ 朋友有信……同友간에 젊은 靑少年들은 學窓時節에 서로 사랑하고 믿고 信義를 지키어 未來에 國家의 主人이 될 원만한 人格을 陶冶하여 明朗한 社會紀綱을 確立하고자 하는데 그 뜻이 있다.

三綱은

① 君爲臣綱……國家의 元首는 아래 官吏 즉 國家公務員에게 모범이 되어야 하고,

② 父爲子綱……父母님은 子息에게 항상 父母답게 處身하고

生活까지도　模範을　보여　주어야　한다.

　③　夫爲婦綱……一個人의　家庭이나　社會生活을　함에　있어　男子는　男子로서의　道理를　다하고　家庭에　있어서　夫君으로서　義務에　對한　責任을　져야　하며　여기에　수반되어　弱한　女子는　男子를　믿고　그　家庭을　위하여　살　수　있다는　뜻이다.

　이상과　같이　五倫三綱은　現代的으로　解釋된다.　五倫은　즉　父父子子라는　뜻으로　父母가　父母다워야　子息이　자식답게　되고　君君　臣臣으로　임금이　즉　國家元首가　政治를　하는데　모범이　되어야　臣下가　즉　長官의　道理를　할　수　있다는　뜻이다.

　또　夫夫婦婦는　어느　社會나　어느　時代라　해도　夫는　男子다워야　女子로부터　尊敬을　받고　女子는　女子다워야　男子로부터　사랑과　尊敬을　받는다는　뜻이요,　長長幼幼는　어른은　어른답고　솔선수범하여　어린이의　模範이　되어야　어린이는　어린이로서의　道理를　이어　받을　수　있다는　것이다.

　이상과　같이　忠孝와　관계되는　모든　그　뜻과　社會倫理體系는　人間이　共同體生活을　하는데　있어서　絶對로　어떤　一方的인　要求가　보이지　않고　相對的으로　人間生活의　合理性을　內包하고　있으니　忠孝思想에　있어서　道德的　價値觀이야말로　人類平等과　博愛의　지름길이요　人間道德基本의　根本이라아니할　수　없겠다.

3. 韓民族의　忠孝思想과　歷史的　意義

　韓民族史에　있어서　忠孝倫理　道德精神이　民族　生存의　動脈이　되어　왔음은　否認할　수　없는　事實이　그　歷史　속에　나타나고　있다.

　韓民族의　五千年　歷史　속에서　어려운　苦難이　무수히　많았고

勿論 民族의 傷處도 무수히 많았다.

그러나 오늘에 이르기 까지 어떤 他民族의 侵掠 앞에도 屈하지 않고 偉大한 이 民族의 生命力을 이어 왔고 또 살아남았다.

따라서 永遠히 韓民族은 五千年 歷史의 主體로서 살아 갈 것이다. 또 살아있는 歷史의 主體인 民族은 무엇인가? 그리고 民族의 歷史 속에 報答하여야 할 必然的인 義務가 무엇이며 그것은 바로 歷史의 主體가 되는 民族이 담당하여야 할 歷史계승과 同時에 任務가 이어지기도 하다.

단 하나 밖에 없는 歷史의 主體 民族의 生命은 괴롭거나 즐겁거나 그 歷史를 守護하고 繼承하여야 할 義務는 그 누가 代身해 줄 수도 없고 代身 創造 계승해 줄 수도 없다.

따라서 民族의 生命, 그리고 歷史의 創造는 그 누구도 代身할 수 없기 때문에 民族이 태어난 이 祖國[10])을 위해 우리 民族은 살아야 하고, 또 죽어야 한다.

또 無窮한 五千年 民族史가 담겨진 이 祖國江山을 위해 그 누구도 代身죽어 줄 수도 없고 대신 살아 줄 수도 없으니 바로 民族의 責務는 歷史 속에 살아 있는 歷史의 主體인 우리 韓民族이다. 이 歷史守護의 責任을 우리 조상들은 忠과 孝로서 五千年 긴 역사를 오늘에 지켜왔다.

이러한 忠孝 思想의 意義를 民族史 속에서 考察해 보면 우선 記錄이 不分明한 說話나 傳說에서 찾아보는 것 보다 記錄으로 傳해지고 있는 三國遺事나 三國史記에서 부터 찾아보고 그리고 모든 歷史的 資料를 根據로 考察하는 것이 타당할 것이다.

우선 新羅가 三國統一을 이루는데 가장 精神的 支柱가 된 花

---

10) 傳統思想과 主體意識 1973年刊, 斯文學會, 論叢一輯, pp.223～4參照.
　　崔昌圭著, 民族과 祖國 그리고 歷史 pp.28參照.

郎徒 精神을 찾아보고 그 속에 담겨진 忠孝 思想과 花郎五戒를 現代的 意味에서 考察하고 그 忠孝精神이 高麗로 이어 朝鮮朝의 國亂 克服을 成就하는데 얼마나 힘이 되어 왔는가를 論함이 우리 民族에 있어서 忠孝思想의 脈絡인 同時에 그 意義라 하겠다.

이상과 같이 忠孝思想의 意義와 그 脈絡을 展開해 볼 때 대략 아래와 같이 時代別로 拔萃해 보겠다.

먼저 新羅가 三國統一을 成就하게 된 動機를 考察해보면 忠孝 思想에 바탕을 둔 花郎徒의 殺身成仁 精神이 同時에 國力이라 아니할 수가 없다.

花郎徒는 그 敎育目的이 뚜렷이 나타나고 있을 뿐만 아니라 온 國民精神이 花郎徒와 一體되어 國亂을 克服하는데 總力을 수반하고 있었다.

바로 花郎精神 敎育은 忠孝道德을 救心力으로 삼았던바 그것이 花郎 五戒精神이요 敎育目的이기도 했다.

新羅의 花郎徒는 原來 風流徒·風月徒 또는 國仙徒라고도 呼稱하였다. 그리고 花郎의 敎育目的은 먼저 道義를 鍊磨하는 「相磨以道義」11) 人格修養과 정서교육 그리고 身體단련 교육과 娛樂교육에도 힘썼다.

여기에 花郎五戒精神은 三國을 統一하는데 國力의 動脈役割을 하였으니 花郎五戒는 다음과 같다.

① 事君以忠 ② 事親以孝 ③ 交友以信 ④ 臨戰無退 ⑤ 殺生有擇

이상 五戒精神은 첫째, 나라에 對한 忠誠이요, 둘째, 父母에 對한 孝道요, 셋째, 남과 사귀는 데는 信義를 生命으로 지켰고, 넷째, 國亂을 克服하는데 戰爭에서는 절대로 비굴하게 물러가지

---

11) 儒學原論 1978년 成均館大學校出版部刊, 柳承國 敎授編, pp.280~ 281參照.

말라 했으며, 다섯째, 모든 生命體를 殺生함에는 살릴 것과 죽일 것을 明確히 가려서 처리해야 된다고 하였다.

위와 같은 五戒精神 敎育의 힘이 바로 三國統一의 主體意識이었다.

五戒精神 속에는 이미 忠과 孝思想이 內包되어 있을 뿐만 아니라 殺生有擇이나 交友以信 같은 條目에는 和合과 人道主義思想이 있으니 그것은 바로 만약, 戰爭을 하면서라도 生命을 尊重했다는 意味가 들어 있다. 이러한 人命尊重의 花郎徒思想은 또한 民心을 규합하는데 큰 힘이 되기도 했다.

三國統一의 主力을 담당한 偉大한 人物中의 人物은 바로 金庾信이다. 김유신은 15세에 花郎이 되어 郎徒들로부터 推仰을 받았으며 용화향도(龍華香徒)라고 불리었다.

그는 18세 때 이미 花郎의 敎育을 마치고 三國統一의 위업을 꿈꾸었다.(625)년, 30代의 靑年將軍 김유신은 決死隊를 組織하여 三國統一12)의 꿈을 이루고저 불철주야 苦心끝에 드디어 三國統一을 이루었다.

우리나라 歷史上 가장 위대한 英雄을 든다면 누구나 新羅의 金庾信과 高麗忠臣 尹瓘將軍, 壬辰亂의 聖雄 李舜臣 將軍을 빼놓을 수 없을 것이다. 이렇게 김유신은 花郎出身으로서 韓國歷史上 古代民族統一을 위해 빛나는 愛國思想과 盡忠報國精神을 남겨 놓았다.

김유신이 당시 新羅의 英雄이라 해도 오늘날 民族國家形成에 全 民族이 그 偉大한 統一과업을 높이 추대하지 않을 수 없다.

김유신은 法興王 때 귀속한 金官伽倻의 王孫이었으나 眞骨로서 新羅에 對한 忠誠心은 他의 추종을 불허 하니 바로 이러한

---

12) 三國遺事 原文 卷第一. pp.52～3. 李丙燾 譯註 1979. 廣曹出版社.

忠誠心이 忠孝敎育의 活力素라 아니할 수 없으며, 따라서 忠孝倫理 道德敎育의 힘은 新羅千年은 물론 三國統一의 原動力이 되었던 것이다.

이상 新羅花郞의 忠孝가 國亂克服과 三國統一의 偉力을 發揮했음을 簡約하게 들고 高麗朝의 忠節 精神과 40년이란 긴 民族抗戰의 主體性을 考察해 보자.

高麗는 治國13)의 道로서 新羅와 같이 佛敎의 護國精神을 계승하고 儒敎의 修身의 道와 이상儒佛 兩思想을 行하여 高麗文化의 기반을 계승했다.

高麗의 佛敎는 來世의 求福만을 기원하지 않고 現世求福의 성격에 置重하여 國亂克服에 커다란 힘이 되었으니, 來世의 佛的 極樂만 推求하지 않는 佛敎는 당시 現實的인 儒學과 道敎 및 經濟問題도 重視하여 國力과 直結시켰다.

高麗는 護國精神의 힘을 발휘할 때 民族總和라는 前提下에 八萬大藏經을 온 國民의 精神的 支柱로서 總力을 다하여 製作했으니 이렇게 結合된 民心은 바로 外侵에 對應하는데 큰 國力으로 나타났다.

뿐만 아니라 新羅가 三國統一(AD 669)이후 自生的 民族統一의 活力을 계승한 고려는 民族國家의 發展으로 이어지면서 高句麗의 後身임을 자처하고 北進政策에도 눈을 돌리고 있었으니 그가 바로 尹瓘將軍이다.

尹瓘將軍은 1107년 女眞정벌의 元帥가 되어 副元帥 吳延寵과

---

13) 敎養 韓國史 pp.89~91 참조. 成均館大學校 史學科 編纂, 成大出版部刊. 高麗는 對北方 蒙古와 抗戰하면서도 民族의 精神的 단합을 佛心으로 集約키 위해 八萬大藏經을 出刊하여 大藏都監을 설치하고 高麗人의 자주적 정신을 과시했다.

17만 大軍을 이끌고 女眞 九城을 平征하였으니 이 偉大한 愛國 忠誠의 魂이 바로 花郎의 忠孝思想을 이어 받은 기상이라 할 수 있겠다. 尹瓘將軍은 어려서부터 孝誠이 至極하고 남달리 비범한 재주와 學問을 게을리 않더니 그는 이미 少年期에 科擧에 급제한 文武겸비한 仁德을 갖춘 훌륭한 將軍이었다.

高麗政府는 그의 人格과 德望과 外交術에 탄복하고 外交官으로 宋나라 大使로 파견하여 祖國과 民族을 위하여 눈부신 活動을 하게 하였다.

그는 將軍인 同時에 뛰어난 外交官이며 智, 仁, 勇 三達德을 다 겸비한 大元帥요, 修身齊家 治國平天下 할 수 있는 仁將이라 할 수 있다.

尹將軍의 人格은 恒常 溫厚·謙虛하고 忠直했으며 평소에 新羅의 김유신 장군을 흠모하고 花郎의 忠孝精神을 이어 받아 나라에 忠誠하고 父母께 孝道하고 對人관계는 信義를 지켰고 戰爭에는 前進 뿐 이였다.

이상 特出한 高麗 忠臣 尹瓘將軍을 대략 소개하고 그 후 高麗가 蒙古14)에게 수십 년의 侵入을 받았으나 우리 民族은 끝까지 屈伏하지 않고 最後의 一人까지 蒙古軍과 對抗하여 祖國을 守護하였다.

高麗國民의 忠誠心은 自尊意識과 主體性으로서 男女老少를 막론하고 身命을 다 바쳐 高麗를 지켰으니 바로 이점이 우리 祖上들에게 찾아볼 수 있는 對蒙 40年 抗爭의 忠孝精神이요, 保國思想으로 歷史 속에 나타나고 있는 民族의 不滅의 魂이라 하겠다.

이상 高麗時代의 忠節精神을 略述하고 따라서 새로 建國되는

---

14) 새 韓民族史 pp.266~269 참조. 崔昌圭著 1974. 金烏出版社刊.

朝鮮朝의 忠孝節義思想을 儒敎的 측면에서 考察해 보겠다.

朝鮮朝에 있어서 忠孝義理 報國精神을 考察해 볼 때 實際的으로 國亂克服에 몸 바쳐 歷史를 守護한 義理學派가 있고 또 生命을 保全하면서 理論學派가 있었으니 여기에는 保國精神을 行動으로 보여준 歷史의 人物만 몇 사람 우선 소개 하겠다.

儒敎의 根本이 되는 孔孟의 仁義思想을 義理精神으로 받아들여 여기에 담겨진 忠孝思想은 바로 國亂을 克服하는 데 殺身成仁의 희생정신과 直結된다.

이러한 仁義精神은 民族의 興亡 盛衰앞에 生死를 두려워 않고 歷史가 어렵고 民族生存의 위기에 처했을 때 바로 忠과 孝라는 民族의 傳統精神으로 계승되어 國亂克服에 活力素가 되는 것이다

五千年 긴 歷史 속에 우리民族은 歷史의 主體로서 國家와 民族의 生命을 守護했다.

朝鮮朝가 國亂을 克服하는데 있어서 어려웠던 歷史的 狀況을 어떻게 지켜왔느냐 또 당시 强大한 이웃나라 元과 明나라 사이에 어려운 國際關係를 어떻게 대치하고 國權을 어떻게 유지하느냐가 문제였다.

그리고 侵掠을 서슴지 않고 들어오는 對淸관계와 明15)과 사이에 어떻게 國權을 持續하느냐 또 다시 新興勢力으로 등장하는 明과 後金의 權力鬪爭사이에 어떻게 나라의 生命을 守護하느냐 여러 가지 國際的 갈등이 있었다.

朝鮮朝 당시 壬辰倭亂, 丁卯胡亂 그리고 丙子胡亂은 마침내 우리民族의 生死問題가 百尺竿頭에서 있었다.

이때 忠武公 李舜臣 將軍은 壬亂에 倭賊을 물리쳤으니 그의

---

15) 傳統思想과 主體意識, pp.165~166參照. 斯文學會 1973刊. 論叢一輯 柳正東敎授가 쓴 淸陰 金尙憲先生의 斥和義理編.

忠義精神을 새삼 評價할 수는 없으나 忠武公은 家庭에는 孝誠이 至極하였고 나라에는 忠誠이 至極하였다. 亂中日記에 보면 그는 陣中戰鬪에서 故鄕에 계신 80老母를 걱정하지 않은 날이 없었다고 한다.

나라의 運命이 죽느냐 사느냐 하는 찰나에 祖國을 守護타가 病席에 누워계신 80老母를 生存에 못 뵈면 不孝가 莫心하고 老母를 生存에 뵙자 하니 倭賊이 江山을 侵掠하겠고 이러한 쌍갈래 길에 그는 忠孝의 大뜻을 깨달고 忠은 孝요, 孝는 忠임을 認識하고 끝까지 倭賊을 물리쳤으니, 大忠인 同時에 大孝를 實踐한 것이다.

또 壬亂때 重峯[16) 趙憲先生 역시 不幸하게도 일찍이 어머니가 돌아가고 繼母 밑에서 자라더니 그 계모가 暴惡하여 사랑을 받지 못하고 자랐으나 壬辰倭亂이 일어나매 孝誠이 至極한 趙憲은 늙은 계모와 異腹 男同生을 安全한데 잘 피난 시켜 놓고 그는 49세의 나이로 어린 아들과 같이 700의 精銳部隊를 이끌고 錦山 戰鬪에서 父子殉國하였다.

역시 孝誠이 至極한 趙憲은 나라가 위태롭고 歷史가 끊이려 할 때 忠으로써 나라를 지켰다. 또 여기에서 忠과 孝의 一致함을 볼 수 있으니 우리 民族史에 있어서 忠孝야말로 國亂克服의 主體精神이라 아니할 수 없다.

또 霽峯 高敬命義兵大將(1535∼1592)은 壬亂에 三父子 殉國했으니 韓民族史에 나타난 忠孝傳家의 代表的 家庭이라 아니할 수

---

16) 重峯 趙憲先生은 壬亂당시 晋州城에서 왜적을 무찌르고 아들 趙完基와 같이 700精銳 義兵을 거느리고 지금 忠南 錦山에서 왜적과 싸우다가 이들과 같이 700全員 父子殉國한 義兵將이다.
   現代史學의 諸問題, pp.527∼550 참조. 1977, 一潮閣出版.

없다.

人間은 누구나 生命力을 지니고 世上에 태어나면 태어난 순간 부터 스스로 태어난 國家와 民族의 歷史 속에 必然的인 그 民族 의 歷史 속에 살아야 할 權利가 있고 또 그 歷史를 守護하기 위 하여 죽어야 할 義務도 있는 것이다.

이상과 같이 生死의 價値觀을 認識한다면 비로서 各者 生命의 高貴性도 認識할 수 있으니 여기에 生死의 意義가 設定되어 어 떻게 삶이 眞實한 삶이며 어떻게 죽음이 참된 죽음이냐가 判斷 되는 것이다.

여기 뚜렷이 生死의 價値權을 實踐한 분이 바로 高敬命 將軍 一家殉國 精神이다.

壬辰亂 때 저 無道한 海賊倭人이 이 祖國 江山을 侵略하여 온 民族의 生命이 危急할 때 高敬命 三父子는 盡忠報國 精神으로 殉國했으니 바로 霽峯高敬命先生은 義兵將으로 錦山戰鬪에서 次 男 高因厚와 같이 殉國하고 長男高從厚는 晋州城을 지키다가 殉 節했으니 矗石樓三壯士中의 一人이다.

또 忘憂堂·紅衣將軍·郭再祐先生(1552~1613)은 倭賊이 侵入 했다는 소식을 듣고 그는 民族의 울분을 참지 못하고 祖國과 民 族을 위해 生命을 바쳐 愛民忠國의 精神으로 의연히 義兵깃발을 들고 왜적을 격퇴 하였다.

그는 幼時부터 勤以讀書[17]로 글 읽기를 좋아하는 선비였고 愼 以持身으로 몸가짐을 항상 고심했으며, 孝以事親의 精神으로 父 母님께 孝誠이 남달리 至極하더니 壬辰倭亂이 일어나자 忠以事

---

17) 國亂을 克服한 사람들. 李鉉淙著, 1981년 文賢閣出版, pp.105~109 참조. 郭再祐, 1552~1617년 때 義兵將. 號는 忘憂堂, 文科에 급제, 一名 天降紅衣將軍, 자기재산 팔아 義兵을 일으키다.

君의 思想으로 祖國守護를 위해 身命을 다 바쳐 왜적과 싸웠다.

紅衣將軍은 倭賊이 侵略해 들어올 때 스스로 自己財産을 팔아 義兵들에게 必要한 經費로 썼으며 당시 先生께서 壬亂을 克服하는데 비장한 愛國精神은 바로 民族과 國家를 위해 生命을 바칠 기회는 바로 이때라고 외치며 義兵을 크게 일으켰던 것이었다.

따라서 丙子胡亂때 忠臣 仙源 金尙容先生(1561~1637)과 淸陰·金尙憲(1570~1652)先生 두 兄弟는 淸나라가 朝鮮朝를 物理的 힘으로 항복을 강요할 때 끝까지 仁祖大王을 모시고 祖國을 守護타가 仙源 金尙容先生은 江華島에서 어린 13세된 孫子와 같이 殉國하였고, 同生 淸陰 金尙憲先生은 끝까지 仁祖를 모시고 南漢山城을 死守하다가 國力의 중과부적(衆寡不敵)으로 仁祖는 不得히 王命으로 降伏文을 草案하여 淸나라에 바치려 할 때 義롭지 못한 삶은 죽음만 못하고 子孫萬代에 부끄러운 歷史를 남길 수 없다하여 降伏文을 찢어 버렸다.

이와 같이 金尙容·金尙憲 두 兄弟는 憂國忠節이 남달리 뛰어나더니 그 本을 받은 孫子되는 13세 된 어린 金壽全 역시 江華島에서 敵의 投火에 屈하지 않고 같이 殉國했으니 忠과 孝의 一致點을 여기에서 찾아볼 수가 있다. 즉 祖父님들의 盡忠報國 精神과 위로는 家庭에서 孝誠이 至極한 家門에서 자란 어린 孫子는 忠과 孝를 本받아 祖國을 守護타가 生을 마치니 一名 以孝事忠이 바로 이런 뜻이며, 忠孝傳家가 여기에 있는 것이다.

저 三國時代의 花郎徒의 忠孝精神은 三國을 統一했고, 高麗의 어려운 歷史的 사항을 지킨 愛國精神은 民族史를 빛나게 했으며 朝鮮朝의 盡忠報國精神은 1905년 以後 義兵運動과 光復運動으로 연결되니 바로 忠孝思想이야말로 이 民族의 五千年 歷史에 있어서 國亂克服에 등불이 되었다.

韓末 勉菴 崔益鉉先生은 74세의 老人으로 마지막 쓰러져가는 民族의 國權을 回復시키려고 倡義殉國 精神[18]으로 湖南에 義兵을 일으켜 倭賊과 싸우다가 倭憲兵隊에 구금되어 敵의 땅에서 千秋의 限을 풀지 못하고 餓死殉國했을때 그의 忠節은 民族의 不死的 義가 따랐고 이 겨레의 새로운 生命이 넘쳐흘렀다.

또 幼時로부터 孝誠이 남달리 뛰어난 白冶 金佐鎭 將軍은 5세에 아직 먼 산에 눈이 녹기도 전에 그의 慈堂님이 病席에 누어 山菜를 먹고 싶다고 하니 어린 金佐鎭은 아무 말 없이 어린 몸으로 山에 올라가 눈 녹은 陽地바른 잔디 속에서 어머니가 원하는 새싹 山나물을 캐오더니 15~17세 때 이미 장래 나라를 걱정하고 倭賊이 이 江山에 侵略해 오기 전에 스스로 수많은 財産과 그 넓은 家屋을 무상으로 분배해 주고 나라 걱정을 했다는 것이다.

어려서 孝가 극진하더니 자라서 나라를 걱정하는 忠은 當然지사였다.

마침 倭賊에 나라를 빼앗기고 民族의 運命이 끊기려 할 때 그는 남보다 먼저 獨立運動의 길로 떠났다. 白冶 將軍은 저 北滿州 영하 37도가 넘는 추운 吉林省에서 獨立軍 總司令이 되어 倭敵을 수천 명 무찔렀으나 그는 祖國光復을 보지 못하고 限많은 生을 祖國에 바쳤다.

그런가 하면 梅軒 尹奉吉義士[19] 역시 어려서 父母님께 孝誠이 至極하여 어려운 家庭에 자라면서 父母님을 잘 奉養하고 同里어른들께 恭孫하더니 자라서 農民會를 組織하여 소득증대에 힘썼고 夜學으로 同里 靑年들에게 文盲퇴치 敎育을 하여 國力을 길러서 獨立을 해야 한다는 一片斷心 뿐이었다.

---

18) 斯文學會刊 論叢1輯 傳統思想과 主體意識 pp.223~251 참조.
19) 財團法人, 梅軒學財團 1976刊, 不滅의 愛國魂 pp.29~63 참조.

그는 20代에 光復運動의 길로 떠나 저 추운 만주까지 亡命하여 中國 上海까지 수천萬里나 걸어서 金九先生을 찾아뵙고 倭敵將 白天大將을 上海紅口公園에서 暴殺하여 韓民族의 氣魂을 世界萬邦에 떨쳤다. 20代에 집을 나가 中國 上海까지 5年을 도보로 걸어서 25歲의 젊은 나이로 怨讎를 갚고 殉國했으니 尹義士 역시 花郞의 氣脈 忠孝精神이 血管속에 흐르고 있었다.

또 獨立萬世를 부르다가 殉國한 16세 어린 少女 柳寬順 누나도 꽃도 채 피기전에 倭賊에게 被殺되어 祖國光復도 못보고 殉國했으니 그 千秋의 限을 누가 풀어 주겠는가? 柳寬順 역시 幼年時節에 어려운 家庭에서 자랐고 同生들도 있었다. 그는 항상 어머니 말을 거역할 줄 몰랐고, 또 同生들을 남달리 사랑하여 兄弟友愛하더니, 나라가 없는 설움을 한탄하여 祖國을 찾는 길만이 삶의 길임을 깨닫고 光復運動을 외치다가 殉國했던 것이다.

이상 忠孝倫理 思想은 韓民族史에 있어서 國亂克服의 精神的 支柱가 되었으며 우리民族의 偉大한 主體性으로 오늘에 살아 왔던 것이다.

4. 三國統一과 花郞徒의　忠孝敎育

花郞徒는 新羅때 健壯한 美貌의 靑少年들로 組織된 修養團體로서 圓滿한 人格을 陶冶하고 忠孝道義 敎育을 硏磨하여 盡忠報國 精神으로 愛族・愛民 思想을 鼓吹하는 것을 그 敎育의 目的으로 하였다.

新羅의 花郎徒[20)]는 風遊徒, 風月徒, 또는 國仙徒라고도 稱한다. 花郎의 教育目的과 그 生活指標는 첫째, 道義를 鍊磨하는데 있으며「相磨以道義」理性的 人格完成의 人間性을 確固히 하고 人間과 道德이라는 價値觀을 生命의 尊嚴性과 一致시키는데 그 意義가 있었다.

둘째로는 情緒 教育으로서 詩와 音樂과 歌舞를 즐기며「相悅以歌樂」人格을 順和케하고 相扶相助의 人情感을 教育하였다.

셋째로는 健壯한 心身을 鍊磨하기 위하여 名山 大川을 遊戲하면서 國民과 더불어 人情世態를 파악하고, 民心의 和合을 도모하고 士官 즉 花郎과같이 生死苦樂의 一體感을 심어 주기도 했다.

넷째는 花郎徒 中에서 人格과 德望이 우수한 人材를 천거하고 朝廷에 進出하여 官民奉士에 힘써 國民의 信望을 얻기도 하였으니 新羅가 三國을 統一하는데 있어서 活力素가 되었던 것이다.

花郎徒가 三國을 統一할 수 있었던 가장 큰 原動力은 당시 그 社會의 여러 가지 여건도 있겠으나 첫째로는 教育과 政治, 그리고 宗教와 政治의 一致主義에 있었던 것이다.

教育에 있어서는 勿論 圓光法師의 花郎五戒 精神도 重要하겠으나 그 五戒精神이 나올 수 있는 당시 教育의 目的과 教科目에도 찾아볼 수가 있다.

(1) 花郎徒의 教科目(壬申誓記石)

花郎의 教科目을 壬申誓記石에서 考察해 보면, 먼저 三年期間 工夫를 하는데 工夫의 目的이 뚜렷이 나타나고 있다. 그 目的은 첫째, 나라에 忠誠하고 父母님께 孝道하는 것과 花郎徒로서 實踐

---

20) 韓國民族史大系 **pp.136~137** 참조. 古代篇 亞細亞學術研究會刊, 1973, 京一出版社.

해야 할 道理를 굳게 盟誓한점이 敎育의 특징이다.

　新羅의 花郎敎育은 그 敎育의 目的이 뚜렷하다. 왜 무엇 때문에 敎育을 받느냐, 또 敎育的 價値가 무엇이냐, 나라와 民族을 위하여 國亂이 있을 때는 어떻게 生死觀을 決定하느냐 이런 등등으로 花郎徒는 敎育의 指標가 明確했던 것이다.

　그러면 오늘날 敎育의 目的은 어떠냐 하는 문제가 提示된다. 오늘날 교육의 目的은 모두가 個人의 幸福과 個人의 利害관계에 두고 있기 때문에 花郎敎育과 다른 점이다.

　壬申誓記石에 나타난 花郎敎育의 目的과 敎課目을 記述해 보면 다음과 같다.

　「壬申年 六月十六日 두 사람이 같이 天에 盟誓21) 하고 記錄하면서 今日부터 三年동안 熱心히 工夫하여 國家에 忠誠하고 어버이께 孝道하자고 盟誓했다.

　그리고 그 盟誓를 위반하지 말자고 강조하면서 萬若에 花郎들이 盟誓한 忠과 道를 지키지 못하고 위반한다면 天에게 大罪를 받을 것이라고 誓約했다.」

　위와 같이 三年동안 工夫熱重하여 忠道를 다 하자고 盟誓했기 때문에 工夫가 끝난 다음에는 어떻게 할 것이냐 까지 그 目的이 보이고 있다.

　만약 國家가 不安하고 大亂世가 오면 國家와 民族과 歷史의 守護를 위해 直接行動으로 뛰어나가자고 하였다.

　그리고 또 三年동안 工夫를 하는 데는 敎科目 즉 工夫해야할

---

21)　壬申誓記石影印參照 및 現代社會와 倫理 螢雪出版社刊, **pp.89~91** 참조.
　　壬申年 六月十六日 二人並誓記・天前誓 今自三年以後 忠道執持, 過失无誓 若此事失, 天大罪得若國不安大亂世 可容行誓之, 又別先辛未年七月二十二日 大誓 詩尙書・春秋傳倫得誓三年.

冊은 어떠어떠한　冊을　連讀하기로　盟誓했으니　그　內容을　考察하면　다음과　같다.

辛未年　七月二十六日　크게　盟誓하기를　먼저　詩傳을　工夫하고 (情緖敎育에　該當하는　冊)　다음에　尙書를　工夫하자고　했다. (政治에　該當하는　冊)　그리고　春秋左傳(歷史에　該當하는　冊)을　열심히　계속해서　三年期間에　工夫하자고　했으니　以上과　같은　敎科目이　花郞들이　필수적으로　通讀한　敎育敎材로　볼　수　있는　것이다.

　　　壬申誓記石原文
　　　壬申年　六月十六日　二人誓記天前　誓今自三年以後　忠道　熱持過失旡誓若此事失　天大罪得.
　　　誓　若國不安　大亂世可容行誓之·又別先辛未年　七日卄六日大誓·詩·尙書·春秋傳倫得誓三年.

이상과　같이　花郞徒에　있어서　三國統一의　原動力은　바로　忠孝敎育의　힘이라고　보는　것이다.

그들이　忠道에　對한　精神　敎育의　힘이　아니었다면　그　조그마한　新羅가　막강한　高句麗와　百濟를　어찌　統一할　수　있었겠는가?

(2)　花郞　世俗五戒와　그　意義

新羅가　三國을　統一하는데　있어서　그　源動力이　되었던　힘은　바로　五戒精神이다.　花郞五戒　精神을　設定한　사람은　僧·圓光法師였다.

圓光[22]의　所謂　世俗五戒는　原來　花郞徒의　五戒로　規定지었던

---

22)　李瑄根著,　花郞道　pp.14~16　참조.　1971.　螢雪出版社刊,　韓國思想: 講座　3.　pp.30~32　참조.　4293년　高句麗文化出版.

것은 아니었고 다만 貴山外 몇몇 請願에 答한 敎訓이 차차 널리 紹介되어 花郎五戒로 認定 되었으니 이때부터 花郎徒의 團體的 敎訓의 意義를 實踐하는데에 있어서 花郎道의 「道」라는 즉 花郎 徒가 지켜야 할 道理의 道로서 五戒思想이 中心理念이 되어 發展한 것이 花郎道요 그 道가 즉 五戒精神 實踐德目이다.

그 五戒精神을 살펴보면 아래와 같다.

① 事君以忠－現代的으로 解釋하면 君을 섬기는데 忠誠으로 한다는 뜻으로 오늘날 君은 國家요, 나라와 民族이라는 同一槪念으로 보아야 한다. 즉 나라에 忠誠한다는 뜻이니 花郎은 國民으로서 마땅히 義務를 忠直하게 行動으로 보여 준다는 뜻이다.

② 事親以孝－父母님께 孝道한다는 뜻이니 여기에 孝道란 즉 忠과 連關性을 뜻한다. 儒敎的인 뜻으로 보았을 때 父母兄弟에게 孝하고 悌하는 것은 나아가 나라와 民族을 사랑한다는 意義가 되니 以孝事忠으로서의 孝는 忠이 된다고 보아야 한다. 忠은 人間이 지켜야 할 道理요 良心인 同時에 職務이기 때문에 外에서 忠直은 內로 들어가면 孝가 된다는 것이다. 즉 外의 忠은 內로서 父母兄弟의 名譽를 빛내 준다는 것이다. 따라서 內의 孝는 花郎들이 血綠關係의 生命을 保護하고 사랑하는 孝悌라는 精神으로 나아가 民族과 祖國을 사랑할 수 있으니 孝는 忠이요, 忠은 孝가 된다는 뜻을 意味한다.

③ 交友以信－親友와 사귀는 데는 信義를 지켜야 된다는 뜻이다. 그러나 花郎五戒中에 가장 重要한 德目이 바로 信義관계니 단순한 學友의 信義만이 아니라. 그 社會에 있어서 國家와 民族의 生死問題가 興하느냐 亡하느냐는 바로 信義에 있다.

論語에 子貢이 孔子에게 政治23)는 어떻게 하면 成功합니까 물었을 때 對答하기를 ① 足食(經濟問題) ② 足兵(國防問題) ③ 民信(政府를 信任) 3가지로 대답했다.

그러나 이상 세 가지 政治方法中에 不得이 하나를 버린다면 무엇을 버려야 됩니까 하니 「去兵하라」 國防을 감축하라. 또 不得이 하나를 더 버린다면 어떤 것을 합니까 하니 「去食」하라 즉 經濟生活을 하라. 근검절약하라 했다.

그러나 自古로 그 社會와 政府가 잘 發展하는데는 國民의 信望이 없이는 存立할 수 없다고 강조하여 信義만은 끝까지 지켜야 된다고 하였으니, 이러한 信이 바로 花郎에 있어서 信이라는 뜻이 된다.

④ 臨戰無退－여기에서 戰爭에 出兵했을 때는 智・仁・勇 三達德으로서 勇敢해야 된다는 것이다. 戰爭에 있어서 前進만이 삶의 길임을 깨우쳐 준 것은 바로 仁에 해당된다. 즉 仁은 愛也라 했듯이 愛는 民族과 祖國을 사랑하기 때문에 勇敢하게 必死의 精神으로 싸우는 것이 바로 삶의 길임을 뜻하고 있다. 이러한 精神이 바로 壬辰倭亂 당시 忠武公의 報國忠節과 通한다. 「必生則死요, 必死則生也」라 반드시 죽기를 盟誓하고 싸우면 永遠히 살길이 있고, 살기를 願하고 싸우면 오로지 죽을 길 뿐이라고 외쳤던 것이다. 花郎徒가 臨戰에 있을 때 無退라는 말은 忠武公이 말하는 永生의 意義를 內胞하고 있다.

---

23) 孔子的 「仁」與教育思想研究 國立臺灣大學 大學院 哲學研究所 碩士論文 金丁鎭編, 참조. 1969년.
「子貢問政・子曰・足食・足兵 民信之.」
子貢曰・必不得已而去・於斯三者何先 曰去兵.
子貢曰・必不得已而去・於斯二者何先?
曰去 食・自古皆有死・民無信不立. 論語顔淵編, 參照.

때문에 花郎은 三國統一에 있어서 生死의 價値觀이 確立되어 있었으니 어떠한 삶이 眞實한 삶이며, 어떠한 죽음이 價値있는 죽음이냐 이러한 判斷이 바로 戰場에서 後退하지 않고 前進뿐이라는 뜻이 되니 三國때의 花郎의 精神과 朝鮮朝의 忠武公의 生死觀이 通하고 있을 뿐만 아니다. 그들은 오늘도 永遠히 民族史 속에 살아있는 것이다.

⑤ 殺生有擇－生命을 죽이는 데는 人間의 生命뿐이 아니라 山川 自然草木까지도 選別할줄 알아야만 된다는 뜻이다.

三國統一 當時 花郎들이 戰場에 臨했을 때 스스로는 殺身成仁의 精神으로 싸우되 만약 進擊한 地方에 들어가면 無分別하게 理性을 잃고 良民을 함부로 학살한다거나 自然環境까지도 함부로 훼손시키면 안 된다는 뜻이다.

이렇게 花郎의 道를 準守하고 對民관계까지 和合으로 實踐하면 民衆이 花郎徒의 人格과 德望을 믿고 따르게 되니 바로 勝戰으로 이끌어진다는 뜻이 殺生有擇의 意義가 內包되어 있다고 보아야 한다.

위에서 考察해 보았듯이 花郎徒의 敎育目的과 花郎徒의 忠孝 實踐 道는 바로 新羅가 三國統一를 이루는데 精神的 支柱가 되었고, 여기에서 圓光法師가 貴山等에게 가르쳐준 五戒精神은 行動力으로 深化되어 新羅全體의 國力이 되었던 것이다

이러한 忠孝倫理를 中心으로한 花郎徒 精神은 新羅文化의 千年꿈을 이루었고, 그 三國統一 精神的 主體인 忠孝는 高麗에 있어서 蒙古族이 이 江山을 四〇年이란 긴 時間을 두고 괴롭혔으나 國亂克服의 民族의 魂으로 이어졌으며 朝鮮朝 五百年 民族의 主體性으로 昇華되어 어려웠던 歷史를 지탱했던 것이다.

5. 高麗의 國亂克服과 忠節精神

(1) 建國理念

高麗를 建國한 太祖王建(918)은 뛰어난 武將이며 政治家요 동
시에 外交國防에도 能하였다.

드디어 後三國을 統一한 高麗 太祖 王建은 新羅의 傳統과 體
制와 권위를 계승하고 新羅末期에 成長한 豪族의 勢力들을 포섭
과 同時에 貴族지배 階層에게 祿田까지 우대하여 高麗 新王朝의
높은 官僚로 포섭하였다.

이러한 政策機術로 볼 때 王建太祖가 政治外交 國防에 能함을
엿볼 수 있다.

위와 같이 太祖의 處事는 新王朝體制에 있어서 民心을 수습할
수가 있었고 또한 新羅24)의 傳統과 權威를 계승하여 高麗의 國
力을 견고히 하려는 政策이기도 하였다.

王建 太祖는 新王朝 體制를 견고히 하고 民心을 수습하여 國
力배양에 힘썼으며, 따라서 高句麗 옛 땅 收復을 위한 北進政策
을 建國의 理念으로 一貫하였다. 이 같은 高麗의 國家的 意志는
어느 王祖 때 보다 가장 많은 外侵을 받으면서도 끝까지 國亂을
克服 하였다.

高麗의 강인한 國力은 戰爭外侵과 抗爭하면서도 平和時와 못
지않게 빛나는 文化創造의 유산을 우리 後孫들에게 남겨 주었으
니 쉬운 一例로 八萬大藏經이다.

당시 어느 때 보다도 國內外的 情勢가 어려웠던 때에 한편으로

---

24) 韓國文化史大系 11卷 宗敎哲學史 上卷 pp.375~377 참조.
    高麗大 民族文化硏究所에서 1970~1979版.

는 外侵을 막아내고 內로는 民心總和를 위하여 一大 大役事를 計劃했으니 이것이 바로 佛心으로서 護國精神으로 團結하는 精神的 지주였다.

또 王建은 한편 國泰民安을 빌고 民心을 수습하기 위하여 新羅로부터 傳承된 佛敎를 보호하고 民族의 氣象을 內外에 떨치기 위하여 燃燈會와 八關會를 베풀어 百姓들로 하여금 興趣를 불러 일으켰다.

또 한편으로는 唐의 儒敎·敎育制度를 받아들여 國家的으로 必要한 人材를 養成하고 官吏登用에 對備할 敎育에 많은 힘을 썼다.

國初부터 開城에 學校를 設立했으니, 당시 國立 最高敎育機關25)으로 成宗때(992) 國子監을 설치하였다. 다시 仁宗때 學校制度가 再整理되어 高麗後期에는 國學 또는 成均館으로 改稱되기도 하였다.

이러한 敎育制度는 오늘날 綜合大學과 같이 여러 專功분야 별로 되어 있었다.

例, 國子學 太學, 四門學, 律學, 書學, 算學, 文學으로 構成되어 있었다.

위와 같이 高麗의 새로운 敎育의 效果는 漸漸 儒敎的 現實主義로 發展하여 훌륭한 文武百官을 배출하게 되었으니, 바로 敎育의 힘은 國亂을 克服하는데 막중한 歷史의 任務를 담당하였던 것이다.

新羅가 治道로 내세웠던 佛敎精神文化가 1000년을 지켜 왔기

---

25) 國子監, 高麗때의 敎育기관으로 992년 성종 11년에 국자감에는 國子學 三品 이상의 자제가 다니고 太學은 5品 이상의 자제가 공부했다. 여기에는 國子司業搏士, 太學博士, 四門博士, 助敎 等의 제도가 있었다. 韓國史 大事典 p.189 참조.

때문에　高麗는　建國初에는　急激한　變革을　피하고　人間來世의　感想主義와　理想主義와　佛敎를　숭상하면서도　漸漸　변혁시켜　人間의　現實主義를　주장하는　儒敎의　修身濟家　治國政策을　내세우게　되었으니　成宗　때부터　文宗에　이르기까지　儒敎政治가　크게　빛을　보게　되었다.

(2) 對蒙抗爭과　主體意識

高歷의　朝廷과　國民은　어느時代　보다도　國力과　主體意識이　강하였다.　王建　太祖는　主體性의　年號를　세워　天授라　하였고　高句麗의　옛　땅을　回復하겠다는　결심으로　國號를　高麗라　定하고　北進政策을　써서　領土를　넓히는데　國民의　總力을　기울였다.

이러한　高麗의　主體性은　皇帝를　稱하여　開城(지금　平壤)을　皇都라　하고　西京을　西都라고　스스로　하였으니　이런　점이　高麗의　主體意識을　說明　해주고　있으며,　주위의　異民族과　자주　싸우고　수차　侵入을　받기도　하였으나　國土를　잘　保存하였을　뿐만　아니라　도리어　高句麗의　領土를　回復하기도　하였고　끝내　蒙古가　世界를　제패　하였으나　高麗는　完全히　侵略　지배하지　못하였으니　實로　歷史上　民族의　主體意識이　가장　강하였던　時代라　하겠다.

高麗는　武人政權의　수립이　되면서　당시　崔氏政權때　우리　民族史에　있어서　가장　큰　國亂을　겪었으며　바로　이때가　對蒙抗爭　40年　不屈의　싸움이다.

蒙古는　여러　部族을　統一하고(1206)　그　勢力을　떨쳐　金나라를　侵略하였으니　이때　滿州에서　쫓겨난　契丹族[26]을　江東城에서　무찌르게　되었던　연유로　蒙古와　접촉이　始發(1219　高宗　6)되었던

---

26) 敎養韓國史　p.95.　새韓國民族史　pp.254~263　참조.

것이다.

그 후 蒙古는 연합군으로 契丹族을 물리쳐 주었다는 功을 빙자하여 高麗에 막대한 朝貢을 要求하면서 수십 년 이 나라를 괴롭게 하였으니, 옛날이나 오늘이나 國力이 弱하고 民族이 단합하지 못하면 强國의 희롱을 면할 수 없다.

마침내 괴롭히는 蒙古와(1225) 國交가 斷絶되다가 高麗는 國家의 울분을 克服키 위하여(1231) 다시 蒙古와 抗爭 準備를 결심한 최우는 江華遷都를 단행하였으며 이것은 海戰에 경험이 없는 蒙古에 對한 노골적인 宣戰布告가 되는 것이다.

그러나 蒙古는 끝까지(1259) 高宗 40년까지 前後六次에 걸쳐 高麗를 침입하니 高麗는 끝까지 屈하지 않고 對抗蒙戰을 벌였으니 이것이 高麗의 40년 抗蒙戰의 主體性이다.

40년 抗戰으로 인하여 수많은 貴重한 人命 피해는 勿論이요, 慶州 皇龍寺의 9층탑과 大邱 符仁寺의 大藏經板 등 귀중한 文化財가 소실되었다.

그러나 최우는 失望하지 않고 國民의 단합된 總力을 과시하기 위하여 佛力으로서 다시 蒙古를 격퇴 시키겠다는 결심으로 大藏都監을 두고 大藏經造彫에 착수하여(1251) 高宗 38년에 完成을 보았으니 바로 이것이 오늘날 陜川 海仁寺에 전해오는 八萬大藏經이다.

위와 같이 역사의 主體意識的인 측면에서 高麗는 40년 긴 抗蒙抗爭의 힘은 바로 당시 政治的인 安定보다도 民衆의 愛國忠節과 희생적 主體性의 活力이라 아니할 수 없으며 온 國民男女老少를 莫論하고 당시 精神敎育의 힘이라 볼 수 있겠다.

이상 40년 抗爭의 主體性을 略述하고 高麗를 守護한 名將 姜邯

贊27)과(1010~현종 원년) 尹瓘將軍(예종 6~1111)의 忠義와 業積을 소개하고 將軍이 아닌 僧 金允候의 愛國忠節의 抗蒙殉國 精神은 一般民衆의 義兵運動으로 이어졌고 麗末名將 崔瑩은(1316~1388) 忠肅왕 3년 창왕 1년 때 生을 버리고 義를 擇한 뛰어난 名將이었다.

이상 高麗의 歷史를 守護키 위해 殺身成仁의 愛國精神과 舍生取義로 一貫된 名將 몇 사람을 소개하면 아래와 같다.

(3) 契丹(거란)軍을 殲滅한 姜邯贊將軍의 忠節

姜邯贊 將軍은 顯宗元年(1010)에, 40만의 거란군을 섬멸시킨 自主意識이 강한 智將이요, 德將인 동시에 勇盟을 떨친 장군이었다. 당시 거란의 侵略으로 國家가 存亡危機에 처했을 때 朝廷에는 침울한 어전회의가 열리고 있었으나 亂國을 克服할 道理와 對策이 이루어지지 못하고 있었다.

이때 御前會議場 한편에 있던 姜邯贊이 말문을 열었다. 오늘 비상한 事態가 發生하여 비록 敵의 武力과 숫자가 강하여 擊退키는 어려우나 우선 敵을 피하여 軍備를 강화하고 國王을 安居地에 피난시켜 모신 다음 온 百姓과 같이 이 힘을 모아 契丹(걸안)의 40만 大軍과 抗爭하면 勝戰할 수 있다고 외치면서 절대로 항복하지 말고 싸우자고 했다.

이와 같이 姜邯贊은 氣像을 과시하면서 거란과 싸우다 죽더라도 一戰을 불사 하겠다고 主張하고 나섰다.

이때 자나 깨나 心氣가 괴로운 顯宗은 힘을 얻어 곧 姜邯贊을 예부시랑에 命하여 거란과 싸우게 하였으나 당장 거란軍을 완전히 擊退치는 못하였다. 그러나 顯宗九年(1019) 다시 勇猛智將 姜

---

27) 李鉉淙著, 새 韓國民族史 p.255 참조.

邯贊을 西京留守로(不壞) 任命하여 第二次의 거란 軍을 격퇴하기 始作하였다.

마침 姜邯贊이 西京留守로 부임하면서 契丹軍은 顯宗 19년 12월에 예측대로 高麗에 쳐들어 왔으나 이미 侵略할 것을 예측한 姜邯贊 將軍은 20만 大軍으로 거란을 격퇴시켰다. 이때 10만 大軍을 거느린 敵將(蕭排押)소배압은 감히 싸우지도 못하고 돌아갔다. 이렇게 싸운 高麗의 막강한 軍備와 義兵은 戰鬪가 있을 때마다 적군을 무찔렀으니 이 전투가 바로 姜邯贊의 구주대첩28)의 통쾌한 勝戰이다.

이렇게 勇敢한 英雄 姜邯贊이 거란 10만 大軍을 섬멸하고 개선하여 돌아오자 온 國民과 같이 王은 술잔을 높이 들고 그를 극진히 歡迎하니 忠臣으로서 最高의 영예였다.

(4) 女眞征伐元帥 尹瓘將軍의 忠義

高麗를 王建 太祖가 창업한(918) 뒤 15대 肅宗王(1098)에 이르기까지 歷代王들의 숙원이 있다면 무엇보다도 恒常 우리 民族을 괴롭히는 邊方民族을 北으로 멀리 擊退시키고, 옛 高句麗땅을 수복하려는 政策이요 念願이었다.

이때 尹瓘 文肅公은 누구보다도 王의 뜻과 百姓의 소망을 잘 알고 있던 將軍이었다. 당시 尹瓘29)은 北邊의 外侵을 擊退하는

---

28) 韓國의 人物, 呂文社編著, 1972년 p.537. 人名大事典 p.2에 보면 강감찬은 거란의 침략에 조신들은 항복을 주장했으나 이를 반대하고 河共辰으로 하여금 적을 물러나게 했고 蕭排押이 10만 대군으로 高麗를 침공하자 2만 8천軍을 이끌고 龜州에서 적을 무찔렀다.
29) 高麗는 윤관의 건의에 의하여 軍備를 재정비하여 尹瓘장군으로 하여금 다시 여진토벌의 준비가 시작되었다. 崔昌圭著, 새 韓民族史 p.255 참조.

것만이 將軍의 任務가 아니고 高句麗 옛 땅을 回復하는 것이 그
의 과업으로 生覺한 나머지 北進政策의 國是를 實踐하는데 苦心
硏究 하였다.

　마침 高麗 肅宗7년(1102)에 女眞族이 定州에까지 侵略해 오니
文肅公은 王命을 받들어 추장 許貞과 羅弗이란 놈을 붙들어 구
금하고 調査하니 그들이 온 이유가 바로 高麗를 侵略하기 위한
음흉책이라는 것이 드러났다.

　이때 尹瓘은 女眞이 우리 高麗江土를 侵掠할려는 意圖를 파악
하고 女眞은 우리의 숙적임을 確認했다.

　女眞族은 원래 高麗에 朝貢까지 바치던 北方 吉林省을 中心으
로 흩어져 살고 있던 種族으로서 우리 高麗가 강했을 때는 高句
麗에 예속되고 발해가 강했을 때는 발해의 지배를 받았고 발해
가 亡한 다음에는 거란(契丹)의 지배를 받던 民族이 거란이 亡한
뒤 分散되어 우리나라 平安北道 一帶에 걸쳐 살기도 하였다.

　그 후 高麗의 지배를 받다가 高麗의 勢力圈을 벗어나 高麗를
侵掠하기 始作 하였다.

　高麗가 처음으로 女眞族을 크게 征伐한 것은 文宗 34년(1080)
이었다. 이때 尹瓘將軍은 文武兼한 人物에게 命하는 官職 行營兵
馬都使에 임명되어 北方 女眞族 토벌에 나섰다.

　그러나 生覺보다는 女眞族의 兵力이 강하여 쉽게 征伐치 못하
고 高麗軍이 失敗하게 되자 女眞의 軍備는 兵馬라는 점을 認識
하여 다시 我軍도 兵馬로 軍備를 갖추게 되었다.

　이때부터 새로운 兵馬의 강한 軍備를 갖춘 尹瓘은 변방의 파
수병으로부터 급보를 전달 받았다. 바로 女眞族이 다시 高麗를
侵略하기 위한 참모 會議임을 정탐하고 睿宗王께(1107) 報告하
니 王은 尹瓘을 北伐軍 總司令官으로 임명하여 드디어 17만 大

軍을 이끌고 忠節의 길로 出征하게 되었다.

또한 尹瓘은 九城30)을 設置하고 정주에 到着하여 軍事 5만 3천을 거느리고 陸地와 海路에서 일제히 女眞을 공격하여 섬멸했으니 이때 女眞族의 陣地 1백 35개소를 물리치고 敵兵 약 5천명을 死殺하고 수백 명을 生捕했으니 드디어 역대 高麗王朝가 希望했던 北進政策과 女眞征伐의 꿈을 成就시켰다.

(5) 僧將 金允侯의 忠節과 義兵精神

僧將 金允候는 高麗 高宗때의(1215) 兵馬를 갖추지 않은 僧將으로서 外侵에 抗爭하기 위하여 愛國忠節에 불타는 精神으로 義兵을 일으켜 蒙古軍을 擊退하는데 앞장섰던 人物이다.

당시 對蒙 聖戰이 있을 때 勿論 勇氣있는 兵將들이 많이 出戰했으나 金允候 僧將같이 軍備와 訓練과 兵馬도 없이 오로지 忠節의 精神으로 강인한 對蒙抗戰에 勇猛을 떨친 사람도 드물다. 金允候는 蒙古軍이 第二次, 四次 高麗를 侵入했을 때 그의 뛰어난 活躍은 우리에게 많은 教育的 主體性을 심어주기도 한다. 蒙古軍이 高麗를 항복시키려 하자 金允候는 조그마한 암자에 隱居하면서 蒙古軍을 擊退할 준비를 하였다. 그는 날마다 일찍 일어나 새벽부터 國家와 民族의 平安을 佛心에 기도했고 또 한편으로는 남몰래 對蒙抗戰을 위하여 활 쏘는 연습을 게을리 하지 않았다.

그리고 다른 僧侶들에게는 나라와 民族이 어려움에 처했으니

---

30) 尹瓘은 九城을 설치하여 外侵을 방어했고 女眞族이 정주 城밖에 쳐들어올 때 여진족을 물리치려고 했으나 一次는 중과부적으로 피하고 제차 육지와 해상을 통하여 5만 3천의 兵馬로 공격하니 女眞族은 물러갔다. 이 전투에서 적군 5천명을 사상하고 포로 130여명을 생포하니 그의 전공은 온 나라의 기쁨이었다. 李鉉淙著, 국난을 극복한 사람들, pp.63~67 참조.

우리 僧侶들은 편안히 得道만 할 수 없다고 敎育하면서 國家와 民族을 위해 싸워야 된다고 하였다.

그러던 어느 날 蒙古軍 司令官이 우리 땅을 점령하고 金允侯가 居하고 있는 주위를 左右 探情하고 있을 때 바로 이때를 놓칠세라 敵將[31] 살레탑(몽고적장 이름)을 向하여 힘껏 화살을 당겨 그 자리에서 死殺했던 것이다.

당시 수차 高麗를 侵略하고 勝戰의 放心을 했던 蒙古軍 司令官이 死殺되니 勇氣를 잃고 北으로 물러가기 시작했다.

그렇게 당당했던 蒙古軍이 金允侯의 救國忠義의 화살을 맞고 물러나게 됐으니 僧將 金允侯의 義兵 思想이야 말로 높이 그 공을 추모하지 않을 수 없다.

위와 같이 高麗의 國民은 國亂을 克服하는데 階級이나 貴賤을 떠나서 온 國民이 男女老少는 勿論이려니와 어떤 身分에 구애치 않고 모두가 殺身成仁의 精神으로 나라를 守護 하였다.

(6) 鴻山大捷과 최영 장군의 忠節

崔瑩 將軍은 高麗·忠肅王 3년 때의(1388) 名將으로 그 이름 우리 歷史上 너무나도 有名하다.

崔瑩은 高麗 開國公臣의 후예로서 끝까지 高麗를 지키다가 生涯를 마치었고 그의 家訓은 父親으로부터 받은, 너는 마땅히 財物보기를 돌과 같이 알라는 가르침을 平生토록 지켰다고 하니 父母님께는 孝誠이 至極했고 나라가 外侵에 어려울 때는 生死를 돌보지 않는 忠誠을 다하여 國家와 民族의 生命을 守護했으니

---

31) 金允侯는 一般將軍이 아니고 하나의 僧侶로서 敵將을 殺害한 義兵이다. 그의 義兵精神은 高麗 一般國民에게 커다란 勇氣를 북돋아 주었다. 上揭書 p.68 참조.

高麗末 으뜸가는 文武兼備한 義將이요 德將이다.

그는 對外관계에 있어서도 뛰어난 業積이 있었으니(1354) 元나라의 要請에 의하여 柳濯과 같이 軍事를 統率하고 中原에 들어가 元의 軍과 연합하여 張士城 등의 반란군과 싸워 큰 戰功을 세우기도 하여 名聲을 크게 國內外에 떨쳤다.

張士城은 당시 蒙古族32)인 元나라에 抗戰하고 일어난 中國漢族이 居하는 곳이었다. 이때 元이 要請한 高麗는 崔瑩 將軍에게 命하여 軍事 2천을 거느리고 元나라에 援軍으로가 큰 戰果를 이루었다. 당시 高麗는 元나라의 內政간섭을 받았는데 崔瑩이 元에 援兵으로 갔을 때 元이 이미 國家의 질서와 國力이 쇠퇴함을 파악하고 그때부터 元나라의 간섭을 물리치고 빼앗긴 高句麗땅을 찾으려고 北進政策을 세우고 또한 억압으로 당해야만 했던 蒙古風俗을 버리고, 우리 韓民族의 文化속에서 美風良俗을 계승하고 斥元運動을 적극적으로 취하기 시작 하였다.

또한 崔瑩은 한편으로 始終 근 30년 期間 倭寇討伐에 큰 功을 세웠으니 그 中에 가장 큰 戰積으로 들 수 있는 것은 鴻山戰鬪였다. 禑王 2년(1376) 7월에 倭敵이 連山地方으로 공격하여 큰 피해를 보았을 때 崔瑩은 自願해서 倭敵討伐에 나가기를 請하자 禑王은 崔瑩이 너무 늙었다고 許諾치 아니하였다.

그러나 再三請願하여 王의 命을 받고 늙은 몸으로 勇猛을 떨치고 鴻山戰地에 이르니 倭敵이 감히 接戰을 피하였다. 이때 사병들 앞에서 왜구를 무찌르는데 先鋒에 서니 모든 高麗軍事들은

---

32) 崔瑩은 尹瓘과 같이 北進主義(元을 물리침)의 英雄이다. 최영은 北進에도 힘썼으나 倭賊의 討伐에도 더욱 유명하다. 그는 한평생 家訓에 따라 청렴결백하였다. 韓國의 人物 **pp.605～609** 참조. 고려는 항상 거란과 漢族中心의 元. 倭 등의 강국 침략을 받으면서도 끝까지 국권을 수호했던 것이다.

勇氣를 얻어 쫓기는 倭敵을 섬멸하였다.

이상과 같은 戰功으로 崔瑩장군에게 政府는 큰 褒賞을 내려 侍中이란 官職을(오늘날 국무총리) 내렸으나 끝까지 사양하였으 니 그의 참된 忠과 孝思想을 後인들은 감탄했다.

6. 麗末 忠節과 義理精神의 새 價値觀

麗末 忠節과 義理思想에는 그 文化的 背景부터 考察해 보아야 할 것이다.

대개 高麗의 文化는 新羅統一 後 佛敎文化의 延長이라 할 수 있다.

高麗太祖는 佛敎를 國敎로 삼았고 强大한 契丹(거란)과 隣接하 고 있었기 때문에 武備策에 重視하였다. 그 후 外敵의 侵掠이 자주 있게 되니 新羅때 極盛한 佛敎의 安逸한 大慈大悲의 佛敎 文化는 漸次 墮落되어 新羅때 微微하게 나타나고 있었던 現實主 義的·儒敎가 점차 向上되지 않을 수 없게 되었다.

本來 佛敎가 印度로부터 直輸入되지 않고 中國의 漢字文化를 통하여 發達한 이상 漢字文化의 수입과 發達은 곧 佛敎文化 뿐 이 아니라 同時에 儒敎의 發達과도 直結된다.

高麗33)는 國敎의 信仰은 崇佛思想이었으나 東洋人文 思想의 基本인 儒敎를 버리고는 政治를 할 수 없게 되어 점차 崇儒政策 을 併用하여 儒學者들로 하여금 文治를 하게 되었다.

이상과 같은 文化的 背景은 드디어 高麗末에 와서 孔孟의 仁

---

33) 高大 民族文化硏究所出版, 1970~1979, 韓國文化史大系 11卷, 宗敎 哲學史上, p.375.

義思想을 現實的 政治理想으로 實現하려는 義理實踐論으로 대두되기 시작 하였다.

　이러한 儒教의 仁義思想은 麗末에 드디어 저 有名한 三忠臣을 배출하게 되었으니 그들이 바로 麗末三隱이다.

　勿論 高麗가 마지막 歷史가 끊기려 할 때 忠臣 烈士가 많았으나 그 가운데 代表的인 人物로는 圃隱34) 鄭夢周·陶隱 李崇仁·牧隱 李穡 三人이다.

　위에 考察한 바와 같이 한 나라의 歷史가 수천 년 이어오며 그 時代變遷에 따라 그 政治理念은 달리할 수도 있겠다.

　新羅는 完全 佛教立國으로서 아름다운 千年文化의 꽃을 피웠고 또한 高麗도 佛教政治를 施行하면서 이미 文治에 內包되어 이어온 儒教的 制度로 많이 改革되고 있었다.

　마침 高麗가 망하고 새로운 政治集團인 李朝가 등장하게 되니 完全 儒教制度로 바꾸게 되었다.

　이 새로운 政治集團은 太祖 李成桂를 中心으로 朝鮮을 建國하게 되니 바로 이때부터 朝鮮王朝가 始發되었다.

　마침 高麗忠臣으로 有名한 三隱은 새로 建國한 李成桂를 따라 協力할 것이냐 아니면 高麗가 망한 道德的인 責任을 뉘우치고 節義를 지킬 것이냐? 하는 기로에 處했을 때 三隱은 끝까지 高麗忠臣으로서 節義를 지키다가 歷史의 祭物로 殉國했으니 이러한 忠節思想은 바로 朝鮮朝의 義理思想을 낳게 하였다.

　高麗忠臣 三隱이 不事二君의 精神으로 끝까지 高麗王朝를 守

---

34) 朝鮮儒教淵源, 張在軾編 參考, 韓國人名大事典 647, 665, 823 참조. 陶隱 李崇仁先生 文集, 國譯內, 文景鉉教授 論文, 부록, 三隱考研究 pp.511～535 參照. 高麗名賢集 卷4 pp.215～371 참조. 成均館大 大東文化研究院 1973 影印本.

護하지 못한 道德的 責任을 지고 李朝에 복종하지 않고 隱居한다는 것은 그들이 李朝에 있어서 民族과 國家에 對한 不忠의 反對가 아니라 高麗王室을 보좌하다가 國民으로서 또 臣下로서 끝까지 지켜야 할 道德的 義理 精神이었다.

비록 李成桂에게 順從하지 않고 忠節을 지키다가 목숨까지 잃은 것은 안타까운 일이라 하겠으나 그들이 生을 버리고 死를 擇하여 義로움을 지킨 것은 새로운 王朝를 반대가 아니라 우리民族의 歷史的 義理敎訓으로 이어지고 있다.

즉 한나라의 臣下가 國王을 모시다가 나라가 망하면 그 責任을 痛感해야 된다는 敎訓이요, 또 하나는 만약 外敵으로부터 侵掠을 받을 때 그 나라의 國王과 臣下는 勿論이요, 모든 國民은 國民으로서 祖國과 民族의 生存權을 위하여 죽음으로써 나라를 지켜야 할 國民의 義務를 認識케한 敎訓인 同時에 國亂克服 思想의 主體精神인 것이 바로 三隱의 忠節과 通한다.

여기에 밝혀 두고자 함이 있다면 歷史的으로 보는 것도 있겠으나 강열한 民族意識的으로 볼 때 그러한 忠節은 國亂克服과 通하는 意味도 內包되어 있다.

즉, 三隱이 高麗에 忠節을 지킨 精神은 어떤 體制에 反對하기 위한 반대로만 보지 말고 그 義理思想을 國家가 危急할 때 民族의 生存權을 지켜야하는 愛國心으로서 外侵을 막아 낸다면 그 精神은 바로 民族史를 계승하는데 盡忠報國精神으로 直結된다고 볼 수 있겠다.

때문에 朝鮮朝 初期에는 三隱을 體制에 反抗者로 보았으나 다시 조선조는 時間이 흘러감에 따라 그들은 萬古忠節의 歷史的 人物로 崇仰하여 그들의 道學과 높은 節義精神을 李朝五百年동안 나라를 守護하는 報國精神으로 이어받고 民族의 自主的 主體

性과 연결시켜 敎育했던 것이다.

이상과 같이 高麗末, 忠節로 有名한 三隱의 節義精神을 새로운 價値判斷으로 考察理解할 때 그들의 높은 道德과 忠節은 바로 朝鮮朝가 500년 동안 어려운 國亂을 克服하는데 精神的 主體로서 저 유명한 任辰倭亂, 그리고 丙子胡亂, 또 1910年 乙巳條約 이후 光復까지 愛族, 愛民, 愛國, 義兵思想과 연결된다고 보아야 할 것이다.

7. 朝鮮朝의 忠孝思想과 國亂克服精神

朝鮮朝는 儒敎를 國是로하고 孔孟의 仁義思想을 中心으로 建國理念을 내세워 道德을 전제로 한 敎政一致主義인 理想政治를 實現하였다.

儒敎의 根本思想은 孔子의 仁愛라는 人間의 最大 尊嚴性과 價値觀을 道德基準에 두고 있으며, 人間과 人間은 相扶相助라는 共同體속에서 만이 할 수 있다는 判斷을 提示해 주고 있다.

孔子의 仁愛는 바로 人間이 世上에 태어나서 적극적인 人間의 삶의 사랑의 道理로 보았으니 仁이란 愛의 理致, 즉 사람이 사람을 사랑할 줄 아는 道理를 뜻함이며 「仁·愛之理也」 그 속에 人間의 尊嚴性과 平等思想이 內包되어 있으니 바로 人道主義 精神의 始發이기도 하다.

따라서 孟子는 孔子의 仁思想을 더욱 깊이 理解시키고 仁義를 主張하여 人間의 基本的인 權利와 義務를 實現하는데 적극적으로는 硏究 검토하여 政治的 革命論으로 發展시켰다.

이상과 같은 孔孟의 仁義思想을 朝鮮朝는 立國理念으로 내세워 새로운 政治風土를 이루고 儒敎的 革新政治制度로 出發하게 되었으니 이를 近世朝鮮이라 稱하는 것이다.

朝鮮朝는 政治 敎育 文化의 中心을 仁35)과 義로서 出帆하게 되니 仁義思想은 곧 人道主義의 基本이 되고 人道主義에 基本은 萬民平等이요, 同時에 人倫 道德思想과 直結되고 있다는 意味이다.

이렇게 朝鮮朝의 立國理念은 仁愛와 道德을 政治目的으로 삼았으니 여기에 바로 民族主義思想의 뿌리가 抬頭되게 되었던 것이다.

우리 韓民族의 弘益人間 建國理念과 連結되는 仁義思想은 人倫道德을 가장 生命의 價値觀으로 認識했기 때문에 民族意識이 强하게 나타나고 있다.

人倫이란 不可分의 生命的 共同意識을 뜻하고 있으니 바로 가깝게는 父母兄弟요, 나가서는 民族이요 國家라는 歷史觀과 直結된다. 이러한 朝鮮朝의 敎育과 政治理念은 一致되어 어떠한 外敵의 侵掠 앞에서도 不死의 精神으로 民族의 生存權을 지키려는 主體性을 이루고 있었으니 바로 이 主體精神은 民族主義 思想이요, 民族主義 思想은 外侵과 항거하는 義兵精神으로 連結되고 따라서 國亂克服으로 通한다.

이상과 같이 朝鮮朝의 主體思想을 考察해 보았을 때 그 歷史에 담겨진 精神的 支柱는 바로 人倫道德과 거기에 따른 忠孝思想이다. 우리 民族史를 通해서 나라가 어렵고 歷史가 괴로웠을 때 民族과 國家를 위하여 殉國한 偉大한 先賢들이 많았으니 이들은 한

---

35) 吳康著 孔孟荀哲學 pp.25～26 參照. 臺灣商務印刷刊「人道卽爲人之道·玄德曰仁 孔子之基本思想」 夫仁者己欲立而立人·己欲達而達人……論語 雍也章 參照.

결같이 孝誠이 至極한 者는 나라에 歷史上 忠誠을 다했다.

이런 점으로 보아 朝鮮朝 國亂克服에 있어서 유명한 忠臣들을 몇 분 아래와 같이 소개하였다.

壬辰倭亂때 忠武公 李舜臣과 霽峯 高敬命의 三父子 殉國精神과 重峯 趙憲先生의 父子殉國 등은 모두가 孝誠이 至極한 先賢들 이었다.

그리고 丙子胡亂 때의 斥和에 有名한 淸陰 金尙憲先生의 主體性과 朝鮮朝 1905년 이후 義兵將 崔益鉉의 倡義殉國精神 또 光復運動에 몸 바친 金佐鎭將軍, 그리고 安重根義士, 尹奉吉義士, 柳寬順 등을 들 수 있다. 이 論文에서는 다 쓰지 못하고 계속해서 忠孝思想과 國亂克服 精神일부만을 硏究소개 하겠다.

(1) 忠武公 李舜臣의 忠節精神

忠武公 李舜臣將軍은 仁宗 元年(1545~1598)에 나서 宣祖 31年 54세의 짧은 나이로 盡忠報國타가 祖國과 民族을 위하여 昇華한 聖雄이다.

朝鮮王朝가 建國된 14世紀末 宣祖에 이르러 立國理念인 儒敎文化 전승기를 이루고 있을 때 壬辰·丁酉의 外侵倭亂이 계속되고 있었다.

壬辰倭亂 당시 國家의 存亡危機가 百尺竿頭에 있을 때 聖雄 李舜臣은 白衣從軍 精神으로 이 나라 이 民族을 위해 倭敵과 싸우다가 殉國한 民族의 守護精神처럼 稱頌되고 있는 우리 歷史의 偉大한 英雄이다.

忠武公은 幼時로부터 그 性品이 남달리 不義를 보면 참지 못하고 强直한 人品의 소유자라고 전해지고 있으며, 한편으로는 工夫

를 게을리 않고 또 한편으로는 同友들과 놀이를 할 때면 언제나 大將노릇을 하면서 兵馬를 타고 戰爭을 방불케 하는 놀이를 열심히 했다고 한다.

또 家庭에 있을 때는 嚴하신 아버지와 慈愛로운 母親36)의 教育과 그 말씀을 한번도 어기지 않았을 뿐만 아니라 孝誠心이 至極하였다고 한다.

忠武公은 32歲때(宣祖5年 1576) 늦게 試軍武科에 급제하고 壬辰倭亂이 일어나기 전47세에 全羅左水使로 임명될 때 까지는 주로 함경도 변방지방의 軍官으로 女眞族의 侵掠을 막아내는데 그 智略을 다하여 功을 크게 세웠다.

마침 壬辰倭亂이 일어나자 宣祖는(1591) 倭敵과 對戰할 수 있는 人材를 찾고 있었다. 이때 柳西涯의 추천으로 全羅左水使로 特進轉補 命을 받았다.

이때부터 忠武公의 뛰어난 戰術이 發揮되게 되니 士卒을 사랑하고 軍紀를 確立하여 戰備에 萬全을 기하게 되었다.

이후 1년 수개월 동안 忠武公은 묵묵히 거북선을 創制하여 戰備를 갖추고 있을 때 드디어 壬亂의 外侵이 도발되어 民族의 生命과 歷史가 위협을 받게 되었다.

이때부터 忠武公은 殺身成仁의 精神으로 倭敵과 싸워 7년이란 戰場에서 民族의 生命을 救하는 大戰功을 세웠으니 오늘날 後世 우리들은 그를 聖雄이라 부르는 것이다. 公은 陣中에서도 항상 80이 넘은 母親에 대한 孝誠이 지극하여 戰亂中에 그의 모친은 가까이 順川에 모시고 항상 安否를 듣고 氣力이 安寧하시다 하

---

36) 傳統思想과 主體意識, 1973, 斯文論叢一輯 pp.150~151 참조. 1972년 呂文社發行 韓國의 人物 p.430 참조. 教養韓國史 pp.155~157 참조. 成均館大學出版, 1977년.

면 어찌나 기뻐했는지 몰랐고 또 病患이 계시다는 소식을 들으면 보이지 않게 눈물을 흘렸다고 한다.

이같이 忠武公은 어버이에 對한 孝誠이 남달리 至極하더니 나라와 民族의 生存權이 위협을 받을 때 戰爭에서는 忠誠을 다하여 將軍으로서 맡은바 소임을 다했던 것이다. 이런 점으로 볼 때 바로 孝는 忠이 되고 忠은 孝가 된다는 것을 意味한다.

自古로 우리 民族史에 있어서 國亂을 克服하는데 新羅의 花郎徒 이후 孝誠이 뚜렷한 사람은 나라에 忠을 다했으니 忠孝精神은 언제나 國亂克服에 民族의 主體性과 通하고 있다.

忠武公이후 오늘에 이르러서 1910년대 이후 倭敵의 侵掠으로 나라와 民族의 生命을 빼앗겨 신음하고 있을 때 獨立運動을 한 여러 鬪士들 역시 父母에 對한 孝誠이 至極했던 先賢들이다. 그 중에 몇 분만 소개하면 金佐鎭장군이 어려서 孝誠이 남달리 뛰어났고 柳寬順女士도 이미 어렸을 때에 孝誠이 지극하였다. 이런 점으로 보았을 때 오늘날 역시 어두운 世界의 歷史 속에 사는 우리民族의 어려운 國家的 분단의 아픔을 統一로 和合하는데 역시 忠孝倫理와 道德敎育이 時急히 요청되고 있다.

(2) 忠孝思想과 死生觀

충무공이 壬辰倭亂 7년 동안 戰場에서 記錄한 亂中日記에 찾아보면 그의 忠義精神과 生死觀을 明確히 살펴 볼 수 있다. 公은 戰爭中에도 公私가 뚜렷했고 軍務에 있어서도 對民 관계나 對士卒관계에도 사람과 그 誠實이 오로지 民族과 祖國을 위한 길 뿐이었다. 戰爭이 멈추고 혼자 앉아 있을 때 나라 일을 생각하니 저절로 눈물이 흐르고 또한 病席에 계신 老母를 생각하니 근심 속에 뜬 눈으로 밤을 새웠다고 記錄하고 있다. 이 같은 日記를 보아도 公의 애절한 忠誠心과 至極한 孝誠을 우리 後世人들은 느낄 수 있는 것이다.

忠武公의 生涯는 死生을 초월하여 忠孝의 不動의 信念이 넘쳐흐르니 이러한 忠武公의 精神은 바로 孟子37)가 말하는 것과 같이 스스로의 마음(天命)을 다하는 자는 자기의 本性을 알며 자기의 性을 알면, 곧 하늘을 아는 것이다라는 뜻과 같다고 하겠다. 「盡其心者·知其性也·知其性 則知天矣·孟子盡心上章」

또한 사람이 타고난 天性과 그 마음을 함양하고 보존하는 것은 하늘을 섬기는 道와 같다고 하였다. 따라서 일찍 죽거나 오래 사는데 精神을 두지 않고 自身의 德을 修養하고 天命을 기다리는 것은 타고난 天命의 性品과 人間의 道理를 지키는 方法이라 하였다.

이와 같이 忠武公은 儒學의 人道精神의 根本을 깊이 自覺하고 人間의 尊嚴性을 하늘과 같이 通할 수 있음이 生命의 眞理임을 파악하였다.

따라서 人間에게 절대적으로 부여된 人間生命의 존엄성과 價値觀을 認識하는데 있어서 儒教的 德目이라 할 수 있는 忠·孝와 智·仁·勇 三達德을 실천한 사람이 곧 忠武公 李舜臣이라 할 수 있겠다.

孔子는 말하기를 人間이 道를 넓히는 것이지 道가 人間을 넓히는 것은 아니라 하여 人間이 實踐할 道理와 임무를 깨닫게 하

---

37) 忠經註解,「忠」孟子·教人以善謂之忠. 孝經「孝者所以事君之義」. 則知者, 俊忠而成之 忠不可廢於國 孝不可弛於家 後漢時馬融所撰 忠經新解, 趙東書著參考, 孟子盡其心者, 知其性. 知其性則 知天矣, 孟子盡心上章..

였다. 또 中庸에서도 말하기를 人間이 實踐해야할 眞理的 價値觀을 誠으로 表現하고 있으니 誠의 道를 하늘의 道라 보았고 참되게 行爲함을 人間의 道라 보았다. 「人能弘道 非道弘人 論語 衛靈公章, 誠者天之道也 誠之者人之道·中庸十二章」

이상과 같은 人間의 道理와 天性을 實踐함이 바로 忠武公에 있어서 人道主義 精神이요 良心의 眞理이며 良心의 眞理는 忠直으로 실천되니 民族과 國家를 위해서는 忠誠이 되는 것이다.

따라서 公이 壬辰倭亂을 克服하는 데 그의 뚜렷한 生死의 초월관을 下卒들에게 외칠 때 戰場에 꼭 살려고 하면 죽을 것이요 반드시 죽기를 盟誓하고 勇敢히 싸우면 永遠히 살뿐이라고 외쳤다. 「必生則死 必死則生也」 이와 같이 忠武公의 生死觀38)은 비록 肉身은 祖國과 民族의 生存權을 수호타가 殉節했으나 오늘날 公의 그 높은 精神은 永遠히 우리 民族의 精神史에 살아있다.

公이 50이 넘어서 陣中에서 老母를 그리워하는 孝心은 體察使 (지금의 도지사)로 있던 李元翼에게 보낸 편지를 보면 公의 愛節한 孝誠心을 짐작할 수가 있다.

그 書信 內容을 살펴보면 아래와 같다. 統制使로 있을 당시 公의 任務는 막중한 責任이 있어 陣中을 떠날 수 없고 몸을 自由로이 움직일 수 있는 길이 없어 어버이를 그리워하는 心情만 애탈 뿐이고 자식 걱정하는 어머님의 마음을 위로해 드리지 못함을 탄식했다.

어버이는 자식이 아침에 일찍 나가 늦게 돌아오지 않아도 문밖에서 기다린다 하거늘 못 뵌지 3년이 됩니다.

---

38) 李忠武公 全書下 參照. 社團法人忠武會刊 4293刊, 斯文學會刊 1973
년. 傳統思想과 主體意識 參照. pp.150~151 仁道精神과 死生觀 李
鉉淙, 國亂을 빛낸 사람들, pp.96~100 참조..

얼마 전 人便에 어머님이 下書를 보내셨는데 그 內容은 다음과 같습니다.

「늙은 몸의 病이 나날이 더욱 악화되니 앞으로 더 삶이 얼마나 되겠느냐 죽기 전에 이 어미 네 얼굴 다시 한번 보고 싶다.」 하였습니다. 이 書信의 句節을 남이 들어도 눈물날 말씀이니 어찌 자식 된 사람의 道理라 하겠습니까?

이 말씀을 道知事께(體察使·李元翼) 드리오니 이 애끊는 母子의 情을 살피시어 몇 일 휴가를 주시면 가까운 水路로 가서 老母님의 마음을 生存에 조금이나마 위로해 드릴 수 있겠습니다.

그러나 혹시 갑자기 戰勢가 惡化되어 무슨 변고가 생기면 휴가의 許諾이 되었다 하여도 감히 國家의 重大한 일을 그르치고 떠나겠습니까?

이와 같이 忠武公의 至極한 孝誠은 國家와 民族을 救하는데 불타는 忠誠으로 바뀌어 결국은 휴가를 스스로 취소하고 以孝事忠의 救國愛民 精神으로 倭敵을 무찔렀다.

(3) 高敬命의 義兵運動과 三父子 殉國精神

① 倡義殉國과 民族의 主體意識

霽峯 高敬命 義兵大將은 朝鮮朝 中宗 28年(1533)에 태어나 宣朝 25년(1592) 壬辰倭亂에 三父子가 같이 倡義殉國하였다. 先生의 家門은 당시 曾祖되시는 高自儉은 높은 官職贈戶曹參議를 받았으며 祖되시는 雲은 文科에 급제하여 刑曹와 禮曹佐郎을 지냈고 아울러 春秋官記事官을 지냈으며 贈職으로 禮曹參判겸 春秋館事를 지낸 유명한 德望 높은 儒門의 집안이었다. 또 父親은 霞軒公 高孟英先生 인바 그의 人格과 德望은 他가 추종키 어려

울 만큼 훌륭했다 하며 官職은 大司諫까지 역임하였다.

이상과 같이 先生의 家門은 德望 높은 儒門이었고 代代로 仁義와 忠을 지키는 血統을 이어받고 태어난 先生은 나라와 民族을 위하여 죽음으로써 生을 버리고 義를 취한 舍生取義 偉大한 義兵將이다.

바로 이러한 先生의 盡忠報國 精神은 오늘날 괴로운 歷史 속에 사는 우리民族은 國亂을 타개하는데 先生의 높은 忠義를 계승하여 國家安保와 民防衛精神으로 이어져야 할 것이다.

위와 같이 高敬命先生[39]의 忠節報國 思想을 考察해 볼 때 人間의 生死的 價値觀을 쉽게 認識할 수 있겠다.

우리 人間은 누구나 어떤 歷史 속에 高貴한 生命力을 지니고 태어난다. 그러나 人間이 世上에 태어나면 그 순간부터 죽음을 피할 수 없이 必然的인 그 歷史의 現實 속에 살아야 한다.

그렇다면 참된 生의 意義가 무엇이며 참된 死의 意義가 무엇이냐에 따라 生死의 價値觀은 正確히 認識된다.

여기 壬辰倭亂 당시 우리 韓民族史에 보이고 있는 生의 意義와 死의 意義를 眞實로 高貴하게 生死의 뚜렷한 가치관을 實踐한 先生이 있으니 그가 바로 霽峯 高敬命先生이다. 朝鮮朝 당시 저 無道한 오랑캐 海賊倭人이 東方의 禮義之國 우리나라를 不義로 侵掠해 오니 救國의 忠義로써 두 주목을 불끈 쥐고 의연히 일어나 두 아들과 같이 憤慨하여 義兵의 깃발을 높이 들고 倭敵을 격퇴할 것을 높이 외쳤다.

따라서 先生은 先頭에서 祖國과 民族의 生命을 救하겠다는 信念으로 倡義殉國의 길을 택했다. 이때 全家族과 같이 倭敵과 抗

---

39) 霽峰全書, 上中下　參照. 韓國精神文化硏究院　1980년刊.
　　東洋文化硏究論叢　第六輯, 慶北大學刊　pp.178∼179　참조.

戰타가 家族은 勿論이요 사랑하는 두 아들까지 殉國하니 이를 말하여 高敬命先生의 一家 三父子殉國 精神이라 일컫는다.

壬亂當時 霽峯先生은 次男 高因厚와 함께 錦山戰鬪에서 殉國 하고 長男 高從厚는 역시 慶南 晋州城을 死守타가 殉國하였으니 이는 晋州 矗石樓三壯士殉節이라 한다.

당시 倭賊이 남으로부터 물밀듯이 쳐들어오자 아무 官職도 없 이 鄕里에 隱居하고 門人弟子나 가르치던 先生은 白衣從軍 精神 으로 義兵을 일으켜 오직 盡忠報國의 길을 택했으니 먼저 一家 族이 倭敵과 대항함을 본 주변의 一般洞民이 感動하여 삽시간에 수천 명이 先生을 따라 의병에 가담했다 한다.

先生은 人格과 學門이 특출하여 이미 높은 官職에 역임하였었 다. 20세 되던 해(1552) 壯元으로 進士에 급제하고 또 26세에 文科에 壯元으로 成均館, 典籍으로 승진하였다. 그리고 書狀官, 漢城庶尹 그리고 東萊府使, 通政大夫 또 禮曹正郎 등 화려한 官 職의 경륜을 가진 先生이시다.

그러나 先生은 모든 官職에서 물러나 청빈과 正義를 生命같이 지키고 있으니 그의 德望과 人品은 世人으로 하여금 추숭을 받 지 않을 수 없었다. 國亂을 克服하는데는 歷史 속에 언제나 高 敬命先生 같이 民望이 높은 人格者나 아니면 一般大衆 보다는 무엇인지 잘난 人物이 先頭에서 희생정신을 보여줄 때 모든 百 姓이 따르게 되니 壬亂을 막아내는 데는 바로 精神的 힘이 되었 던 것이다. 先生은 바로 앞에서 먼저 사랑하는 두 아들을 앞세 우고 義兵을 일으켰으니 모든 民衆이 앞을 다투어 義兵에 가담 하여 救國의 길로 뛰어 나왔던 것이다.

오늘에 사는 우리들은 世界列强들의 장난으로 民族分斷의 어 려운 처지에 있다. 우리 祖國 三千里 江山을 그리고 六千萬同胞

를 强大國이 갈라놓고 그 아픔의 상처는 우리 스스로 해결해야 된다. 이 아픈 民族分斷 祖國을 統一키 위해서는 高敬命三父子[40) 殉國精神을 이어받아 民族의 生命을 나의 生命 같이 아끼고 사랑하는 精神으로 온 六千만 겨레를 知識人이 먼저 희생정신을 發揮하고 양보할 줄 알아야 南北統一을 平和的으로 結合할 수 있겠다는 敎訓을 高敬命 三父子 忠節精神에서 배워야 한다.

이상과 같이 先生一家三父子 倡義殉國 精神을 考察해 보았을 때 先生의 生死觀은 바로 捨生取義라는 民族의 魂이 되어 참된 삶의 길이 무엇이며 참된 죽음의 길이 무엇인가를 우리 後世人들은 明確히 認識할 수가 있다.

이 世上에 태어난 모든 사람들은 누가 生을 버리고 死를 좋아할 사람이 있겠는가. 그러나 先生은 義롭지 못한 生은 義로운 죽음만 못하고 반대로 義로운 죽음은 비겁한 生보다 그 意義가 더 큼을 認識하고 어려운 民族史를 지키기 위하여 三父子가 倡義殉國했으니 先生一家 三父子의 죽음이 아니라 永遠히 民族史 앞에 살아갈 것이다.

② 저! 有名한 馬上檄文과 民族正氣

全羅 義兵將 절충장군 행부호군 高敬命은 각도 官吏 및 軍民에게 通報한다. 이와 같은 布告文을 八道郡民에게 그의 애절한 忠節을 호소하는 檄文이 바로 馬上檄文이다. 先生은 이 馬上檄文을 쓰는데 앉아서 쓸 수 있는 時間이 없어 말 타고 敵陣을 向하여 공격하면서 一筆에 揮之하여 온 겨레 上下 老少身分에 구애없이 다같이 일어나 倭敵과 싸우자고 告한 布告文이다.

그 內容을 살펴보면 다음과 같다.

---

40) 上揭書, p.180~181 참조.
　　忠孝大節·固名敎之百稱……上揭書 參照.

人間[41])이 世上에 한번 태어나면 한번 죽기는 매일반인데 저 섬 오랑캐 倭賊의 손에 비굴하게 죽는 것 보다 勇敢히 싸워 적과 싸우다 죽는 것도 死의 義로움이다라고 외쳤다.

오늘 祖國의 운수가 좋지 못해 섬 오랑캐가 이 땅에 쳐들어왔다. 우리民族이 放心한 틈을 타서 허점을 찌르고 賊이 쳐들어오니 그 위세가 하늘도 속일 수 있듯이 제멋대로 침략해 온다.

소위 우리 편의 장수란 者는 위기에 회피하고 守令이란 者는 멀고 깊은 숲 속으로 도망치는구나. 이러한 광경을 차마 볼 수 없어 八道에 布告檄文으로 외친다.

저! 無道한 섬나라 오랑캐에게 나라와 民族을 내 맡기는 것이 人間으로서 차마 할 짓이겠느냐! 우리가 國王을 진실로 至極히 받든다는 마음만 있다면 王으로 하여금 나라를 크게 걱정케 한다면 네 마음이 어찌 편안하겠는가? 이 어찌 수백 년 은혜를 입은 백성으로 일찍이 한사람도 義理가 있는 大丈夫가 없단 말이냐.

외로운 軍士를 이끌고 깊이 들어오는 女眞族이 본래 兵法을 모르는데 中心部를 때리지 못한 大漢나라가 스스로 지략이 없었다. 때문에 긴장(長江)은 갑자기 천참(天塹)을 상실하고 적군이 이미 城內에 육박했다. 南朝에는 이미 사람 없다는 소식을 듣게 되니 眞實로 통분한 일이로다.

北軍이 뛰어왔다는 말과 비유하니 그 얼마나 不幸한 일이 아니겠는가?

드디어 우리 國王께서 大王이 周를 떠나던, 心情과 같이 되었으니 대개 宗社를 위한 면밀한 계획 아래 순간적으로 지방을 순시하는 어려움을 감수 한 것이다…… 오늘 어쩌다 잘 못되어 나라

---

41) 正氣錄 p.35 참조. 忠烈公 高敬命先生 記念事業會刊 1978년.

형편이 이지경이 되었느냐 奉天에 계신 임금님의 수레는 돌아오지 못하고 相州에 있는 軍事는 이미 무너졌네 저 벌떼 같이 움직이는 왜적들이 아직도 죽음을 면하다니 아! 안타까울 일이다.

城안에 불붙은 것은 초막집에 날개 치는 제비와 어찌 다르랴, 이미 서울을 점령 했으니 마치 함속에 갇힌 원숭이와 같구나 혹시 우방 明나라가 지원병을 보내어 줄 것을 믿지만 역시 남은 믿을 수 없고 흉악한 왜적도 도망치지 않으리니 사태는 어렵구나.

이 敬命은 丹心의 晩節이요 白髮의 弱儒로서 깊은 밤에 닭 울음 듣고 혼란한 앞일을 견딜 수 없어 中統에 떠내려가는 뱃전을 두들겨 스스로 日月과 같이 孤忠을 허락 하였다.

이는 오직 太馬가 主人을 그리는 情誠을 품었을 뿐이요, 모기가 泰山을 지고 있는 격과 같이 스스로의 힘을 측정하지 못한 것이다.

당장 義兵을 규합하여 바로 서울로 뛰어 올라 가기로 하고…… 애끊는 눈물을 흘리고 군중과 맹세하니, 곰과 범을 잡을 장사는 우렛소리 폭풍같이 수레에 뛰어 오르니 官門을 넘어가는 무리는 구름 모이듯 비 쏟듯 한다……

아! 우리 열읍(十邑) 수령 각처에 있는 人士들아! 忠誠心이 어찌 임금을 잊겠는가? 義理란 마땅히 나라위해 죽는 것이니 혹자는 武器를 돕고 혹자는 軍糧을 도우며 또 혹자는 말 등에(馬) 앞을 다투어 올라타고 戰場으로 달려라 농부는 쟁기를 던지고 논밭에 있는 모든 농부는 일어나 能力의 끝까지 오직 忠義로 돌아가라 여기 누구든지 임금을 위해 저 오랑캐 倭를 막는 자 있다면, 나 高敬命은 그와 같이 行動하기를 願하노라……

대개 馬上檄文의 內容을 찾아보았듯이 敬命先生이 各道에 보낸 馬上布告文書를 읽어본 이는 先生의 忠節에 머리 숙여 울지 않은 자가 없었다. 霽峯先生의 이 같은 義兵精神과 愛國忠節 정신을 오늘에 되살려 民族史의 正統性과 主體性을 確立하는데 敎訓으로 삼을 수 있다.

(4) 重峯 趙憲先生의 忠孝와 倡義殉國

① 義兵精神과 倡義殉國

重峯 趙憲先生은(1544~1592) 壬辰倭亂때 民族史 속에서 일찍이 찾을 수 없는 愛民愛國精神이 투철한 義兵將으로 民族과 歷史守護에 身命을 다바쳐 倡義殉國한 偉大한 人物이다.

저! 無道한 오랑캐 倭敵이 우리 三千里江山을 침략해 올 때 重峯先生은 移孝事忠하는 높은 愛族 愛民·愛國으로 國亂을 克服하는데 孝와 忠과 義로서 倭敵을 격퇴한 유명한 義兵大將으로서 民衆의 師表가 되어 推仰을 받았다.

당시 倭敵으로부터 점령당했던 淸州城을 탈환하고 全羅錦山地方에 와있는 倭敵을 격퇴기 위해 一時도 머물지 않고 錦山(現忠南)戰地로 精銳義兵 700명을 이끌고 戰場에 임하여 사랑하는 아들(趙完基)과 같이 最後의 1인까지 最後의 一刻까지 싸우다가 壯烈히 倡義殉國하였다.

이러한 先生의 偉大한 忠節精神은 壬亂克服史에 있어서 단순한 戰功에 그치는 것이 아니라 오늘에 살고 있는 우리들은 그의 忠節과 殉國精神을 받들어 民族의 永遠한 主體意識의 活力素가 되어야 할 것이다.

先生은 幼時로부터 高邁한 人格의 소유자로서 眞理를 탐구 하매 愛民 愛國思想이 남달리 투철 했을 뿐만 아니라 仁義를 崇尙하고 春秋大義를 앞세워 不義를 배격하는데 뚜렷한 正義에 입각하여 人道精神을 밝힌 순결한 學者인 同時에 義兵將이다.

重峯先生은 원래 傳統的인 家門42)에 태어나 學門的으로는 栗谷先生과 같은 偉大한 스승을 받들고 性理學과 道學에도 깊이 硏究하였다.

뿐만 아니라 先生의 人生觀은 一生동안 義에 합당치 않으면 行하지도 않고 또한 道理에 어긋나는 일은 쳐다보지도 아니한 正正堂堂한 그의 人品과 德望을 後世사람들에게 生死의 價値觀을 보여주고 있다.

重峯先生은 人間이 世上에 태어나면 주어진 한 生命의 眞實한 任務가 무엇이며 또 무엇을 어떻게 行함이 참된 사람의 道理인가를 스스로 躬行 實踐하였다. 「盡己之爲忠」

壬亂當時 先生은 民族과 祖國 그리고 民族의 앞은 歷史의 소용돌이 속에서 倡義殉國하는 순간까지 그의 忠孝節義 精神은 마침 오늘에 이어온 永遠한 精神的 삶이라 하겠다. 따라서 有限한 生보다는 無限한 精神的 生의 價値觀을 우리 歷史 속에 심어주고 있다.

重峯先生의 이러한 忠義精神을 본받은 아들 趙完基氏는 아버지가 祖國과 民族을 救하기 위해 殉國의 길로 떠날 때 같이 倭敵과 싸우다 죽어 忠하는 길도 孝요 또 孝하는 것도 忠임을 깊이 깨닫고 같이 戰場에 뛰어 들었다. 이것이 바로 孝가 옮겨서 忠이되고 忠이 옮겨서 孝가 된다는 意味다.

「移孝事忠, 事忠移孝」

위와 같이 두 父子는 錦山 戰地에 700義兵과 같이 뛰어 들어 죽기를 盟誓하고 싸울 때 아름다운 父子의 情인 일화가 있다.

---

42) 國朝人物考 上卷 參照. pp.342~343 참조. 1978년 서울大圖書館刊. 重峰文集 및 重峰年譜·重峰行狀 參照. 韓國史學의 諸問題, 1977년 一潮閣刊 參照. pp.529~534.

戰場에 같이 뛰어든 아들 趙完基氏는 아버지가 敵陣中에 들어갈 때 아들이 앞을 다투어 敵陣에 뛰어 들어가니 完基氏의 至極한 孝心은 바로 忠으로 直結된다.

아들 完基氏는 父 重峯先生이 義兵將으로, 조금이라도 아버지의 生命을 保全키 위해 아버지가 입은 義兵將의 衣服을 억지로 빼앗아 입고 먼저 앞에 나가 장렬히 순국 했다고 전해주고 있다. 이러한 그의 行動은 그 얼마나 孝誠이 至極했으며 또 忠孝가 一致했는가를 말해주고 있다.

② 人品과 孝誠

重峯先生은 일찍이 10세에 母親을 잃고 繼母를 모시게 되었다. 아버지가 다시 맞이한 계모의 性品이 極히 완악하고 학대가 극심하였다. 계모에게 重峯先生은 사랑을 받지 못하고 자랐다. 심지어는 넉넉한 生活 속에 자란다 해도 배가 고파 그 슬픔이 말이 아니었다.

先生은 괴로움을 참고 먼 훗날을 위하여 오로지 工夫에 열중하고 있는데 어느 날 重峯을 낳아주신 生母인 外家집에 갔는데 外祖母가 불쌍한 重峯을 보고 하는 말이 憲아! 들건대 너의 새어머니 계모가 그렇게 학대가 심하다니 너는 장차 어떻게 살겠느냐? 걱정을 크게 하였다.

이 말을 들은 어린 重峯은 한참동안 엎드려 外祖母의 말씀에 對答하지 않고 있었다. 그 후 수개월 만에 外祖母님을 찾아뵈오니 外祖母는 重峯 趙憲에게 너 무슨 연고로 오랜만에 外家에 왔느냐? 고 물었다.

이때 어린 重峯은 對答하기를 지난번에 제가 할머님 뵈러 왔을 때 外祖母께서 말씀하시기를 지금 모시고 있는 저의 繼母[43)]에 對한 완악한 性品을 나쁘게 評하시니 子息된 道理로 차마 듣기가 민망했습니다.

이러한 理由로 外祖母께 오래도록 오지 못했습니다. 이때 外祖母는 어린 重峯이 깊고 높은 孝心에 크게 感嘆하여 또 다시는 重峯의 繼母에 對한 이야기를 못하였다. 그러나 重峯의 繼母는 날이 갈수록 어린 憲에게 더욱 완악하고 책망이 극심하였다. 그래도 重峯은 아무 不評없이 繼母도 어머니 인지라 子息으로서 할 道理를 다하여 계모를 더욱 극진히 공경하고 孝誠이 지극하게 모시어 기쁘게 해드렸다.

다시모신 繼母金氏 婦人은 重峯의 異服同生을 4명이나 낳았다. 그러나 重峯은 이 異服同生들을 조금도 미워하지 않고 항상 兄弟友愛하고 사랑을 아끼지 아니하고 계모를 절대로 異服同生들이 모시지 못하게 하고 恒常 重峯이 老繼母를 直接 모시어 기쁘게 해드리는 孝子였다. 드디어 壬辰亂이 일어나 祖國과 民族을 救하기 위하여 錦山戰場으로 갈 때 역시 繼母와 同生들을 安全한 곳으로 피신 시켜 모시고 倭敵과 싸우러 나갔다. 錦山 戰鬪에서 倭敵과 싸우다가 重峯은 그의 아들 完基[44)]와 같이 殉國했다는 소식을 듣고 重峯의 孝誠에 감탄한 繼母는 주야로 눈물을 흘렸다. 하여 아들 重峯殉國후 8년 뒤까지 살다가 돌아가시도록

---

43) 重峰文集 및 年譜行狀 參照. 現代史學의 諸問題 pp.546~547. 重峰의 忠孝思想 倡義殉國精神論 참조.

44) 서울大學 編著, 國朝人物考上卷 pp.34~347 참조.
　　重峰의 孝誠은 凡人이 理解하기 어려울 만치 그는 完全히 人道主義의 君子之風을 가진 全人像이다. 어려서 生母를 잃고 계모 속에 자라면서 가진 학대를 받았건만 壬亂에 그의 아들과 같이 殉國의 길로 떠나면서까지 계모에게 孝性이 지극했다.

殉國한 아들 重峯과 孫子 完基를 생각하여 슬픔을 잊지 못했다고 한다.45)

또 이미 돌아가신 先生의 父親이 病席에 누워 臨終時에 牛肉을 願했으나 求할 길이 없어 못해드렸는데 父親이 운명하신 뒤에 重峯은 牛肉만 보면 원한의 눈물을 흘렸다고 한다. 그리고 自身도 終身토록 父親께 牛肉을 求해드리지 못한 不孝를 뉘우치고 소고기를 먹지 아니 하였다.

이상과 같이 重峯先生의 孝誠心이 얼마나 훌륭했던가를 可히 짐작 할 수가 있다. 또 先生은 언제나 아랫사람과 같이 음식을 먹을 기회가 있으면 조금도 차별하지 않고 同席하여 下人까지도 흐뭇하게 해주었다 한다.

先生의 精神은 항상 上下貴賤 없이 백성을 사랑했고 또 人格을 존중했으니 그의 品德을 가히 짐작할 수 있다. 先生이 錦山에서 殉國한 몇 달이 지난 뒤에 李慶男이란 사람이 安邦俊이란 사람과 같이 全州땅에 가는 길에 날이 저물어 어느 村家에 쉬어 갈려고 들었는데 그 村家에 이미 몇 분의 客이 와 있었다. 그중 어떤 한사람이 喪服도 입지 아니 하였는데 다른 손님과 달리 素食을 하는 것을 보고 어찌 당신은 喪主도 아닌데 素食을 합니까? 하고 물으니 나는 倡義殉國하신 重峯先生의 옛 부하요 先生은 나라를 위하여 殉國하시고 忠節을 하셨는데 부하로서 같이 倭敵과 싸우다 죽지 못한 罪를 뉘우치고 先生의 限을 풀기 위하여 素食百日하기로 결심했습니다. 라고 對答하였다.

그때서야 李慶男과 安邦俊이 그 사람의 이름을 물어보니 金大壽라는 사람이었다. 이렇게 보았을 때 重峯先生은 生存時에 그의

---

45) 成均館大學出版部刊, 韓國儒學原論, 近代思想과 傳統精神 參照. pp. 281~283.

人格과 德望이 얼마나 남달리 특출했으며 父母에 對한 孝誠과 나라에 對한 忠誠心이 日月과 같이 빛났으니 그의 最後에 忠과 孝의 一貫으로 殉國하여 이 나라 이 民族의 精神史에 길이 빛나고 있다.

8. 結 論

忠孝倫理 道德을 現代的으로 考察해 볼 때 人間共同 生活을 道德적으로 定하고 그 理想을 實現하는데 規範이라 할 수 있는 相扶相助의 秩序라고 할 수 있겠다.

앞에서 說明한 바와 같이 忠은 스스로에게 誠實을 다하여 自我의 發展은 즉 社會의 發展이요 社會의 發展은 國益의 발전이 될 때 眞實한 忠의 意義가 成立되고 人間各者에게 어느 時代 어느 場所에서나 부여된 職務를 良心에 이탈됨이 없이 實踐하는 것이 忠誠이 되는 것이다.

孝는 不可分의 血緣관계에 있어서 가장 가까운 父母에 對한 恩惠意識을 뜻하고 있으며 인간만이 가질 수 있는 人倫道理를 지켜야하고, 또 지킬 줄 아는 偉大한 道德判斷이기도 하다. 여기에 孝는 어떤 從的인 要求가 아니라 自然的인 사랑의 뜻이 될 수도 있다. 父母가 孝를 願해서 子息을 기르는 것이 아니라 스스로의 血緣的 連續性을 지닌 生命이 子息이기 때문에 그 자식을 사랑함은 즉 스스로를 사랑함과 같다.

이러한 사랑을 받고 자란 人間은 누구나 가장 가까운 사랑의 源泉인 父母를 자연으로 사랑할 줄 알게 되니 이 것은 바로 人間에 있어서 先天的 善의 行을 뜻함이다. 즉 孟子가 말하는 良

知와 良能을 뜻하고 있다. 후천적으로 배워서 父母가 자식을 사랑할 줄 아는 것이 아니라 배우지 않고도 本能的으로 사랑할 줄 안다는 뜻이다.

반대로 子息이 父母에게 사랑을 받았기 때문에 父母에게 의식적으로 고마워하는 것이 아니라 自然的으로 父母를 공경 할 줄 아는 것이 孝이다. 孝는 반드시 어떤 條件에서가 아니라 人間에게만 있을 수 있는 아주 自然的인 道理인 것이다.

孝는 血緣的이고 家族的이라면 忠은 社會的이고 포괄적이다.

이상과 같이 忠孝의 意義를 認識할 때 孝는 父母兄弟에게 먼저 實踐한다면 다른 父母子息도 실천하게 되니 이러한 순수한 사랑의 실천이 다 같이 너와 나라는 소집단을 떠나서 남의 父母兄弟의 숭고한 사람도 내 부모형제의 숭고한 사랑과 연관될 때 民族과 國家에 까지도 사랑으로 연결되니 孝의 擴充實現은 나라를 사랑하는 忠으로 옮겨진다.

때문에 忠孝思想의 根本은 人間의 生命과 權利를 가장 존중하게 되니 萬民平等思想과 人道主義의 지름길이요 民主主義의 첨단이기도 하다. 忠과 孝안에는 仁義精神이 內包되어 있다. 여기에 仁이란 참된 人間像을 뜻하고 있으며 같이 共存한다는 뜻도 있을 뿐만 아니라 仁은 人間만이 實踐할 수 있는 最高愛의 상징이기도 하다.

때문에 우리 五千年 歷史 속에 오늘에 살아온 우리民族 精神이 바로 忠孝에 바탕을 두고 있다.

新羅가 花郎道의 忠孝로서 지켜왔고, 高麗가 忠孝로써 國亂을 克服했고 朝鮮朝가 忠孝道德政治로서 國亂을 克服했고 光復과 獨立運動에도 忠孝가 精神的 主體가 되어 왔다.

그러나 日帝 侵掠이후 35年 동안 民族의 魂이 되어온 忠孝倫

理를 韓民族의 歷史를 亡하게 한 思想이라 가르쳤고, 光復 32년 동안 西歐文化를 소화능력 없이 받아들여 民族의 歷史的 魂을 빼놓고 敎育한 점이 오늘날 가치관의 혼란이다. 한나라의 民族이 발전하는 데는 그 나라의 傳統과 文化의 기반 위에 外來文化를 수용하면 어떤 文化가 들어와도, 우리 文化속에서 소화되어 그 民族의 生存權이 보장되는 것이다.

지금 우리 現實은 또한 一部 어떤 國民은 精神的으로 자기의 조국이 없다. 남의 나라가 자기의 조국인양 잘못 착각하고 살고 있으니 南北統一도 시급하겠으나 조국에 대한 가치관의 교육이 더욱 시급하다. 따라서 反共敎育과 칼 마르크스의 이데올로기 비판교육도 중요하지만 모든 문제를 해결하기 위해서는 우리民族 史의 主體가 되어온 참된 傳統倫理敎育이 더욱 시급하다.

이상과 같은 道德的 그리고 忠孝의 主體敎育이 실현되면 먼 장래에 자연적으로 勝共統一의 길이 되는 것이다.

왜냐하면 共産主義 社會는 人間을 物質化 또는 生産도구화하 니 倫理道德이 없는 社會요, 우리체제는 人間의 生命을 가장 존중하는 사회이어야 하니 忠孝倫理 역시 父母兄弟와 民族과 人類를 사랑하는 사상이기 때문에 忠孝敎育은 反共敎育 이상의 效果를 거둘 수 있다.

朝鮮朝 선비의 人間觀

=栗谷의 人間形成論을 中心으로=

金 益 洙
(서울공업전문대 교수)

1. 序 論

우리나라의 傳統的인 人間觀은 古朝鮮以來로부터 三國時代에 걸친 郎徒・仙郎思想과 高麗와 朝鮮朝의 선비精神으로 나누어 볼 수 있는데 本論文에서는 儒教哲學에 바탕한 朝鮮朝의 선비思想으로 하되 특히 栗谷先生의 人間形成原理로 밝혀보고자 한다.

선비의 理想은 天人合一하는데 있는바 結局은 聖人을 追求한다는 점에서 聖學이라고 부르기도 하는 것이다. 따라서 修己로써의 聖學과 安人으로써의 經世가 선비의 中心課題가 되고 있는 것이다. 다시 말하면 儒學, 특히 性理學은 修己와 治人의 道를 講明하고 唱道하는 聖人의 學이라고 할 수 있다. 그러기 위하여 선비는 人性을 다함으로써 天理를 구현하고 「盡己」와 「推己」로써 仁을 實現해야 하는 바 明德과 新民, 修・濟・治・平의 大道를 完遂함으로써 止於至善하기를 指向함에 그 뜻이 있는 것이다.

栗谷의 學도 여기에서 벗어나지 않았거니와 그는 實學을 무엇보다도 강조한 儒學者로 修己 治人의 人格과 實踐躬行을 매우 重要視

하였다.

그의 著書「擊蒙要訣」序文에 보면,「사람이 世上에 나서 學問이 아니고서는 사람이 될 수 없다.」라고 한 것만 보아도 잘 알 수 있거니와 學問의 目的은 人間이 되기 위함에 있었던 것이다.

栗谷은 立志를 重視하였고 聖人을 自期하라고 하였던 바 그의 선비敎育의 理想的 人間像은 聖人이 되게 하는데 있었다. 여기에서의 聖人은 仁義道德을 실천하는 者를 말하는 것이다.

그런데 栗谷思想을 一貫하는 根本原理는「誠」에 있는 것이다. 따라서 인간형성의 原理도 誠에 두고 있는 것이다. 人間의 本性은 本來「誠」이지만 現實的으로 우리 人間은 時代的 社會的 諸要因으로 因하여, 그 誠을 잃고 있다. 따라서 存養·省察하여 本然의 誠을 實現하는데서 그의 人間敎育의 理念을 찾을 수 있음을 인식해야 할 것이다.

栗谷은 선비의 理想的인 人間像을 實現하는데 있어서 修己的 學問方法論으로 居敬·窮理, 力行을 들고 있다. 中國의 程·朱以來로 退溪도 居敬·窮理를 人間形成의 原理로 보았으나 여기에 力行을 加간 것은 그의 독창성의 발로이며 特長이기도 하다.

現下의 실정을 냉철히 비판하여 보건대 人間이 本然의 性을 잃고 있으며 人間性 喪失의 소리가 드높아지고 있음은 昨今의 일이 아니거니와 우리 人間이 正經大道를 걷지 못하고 있음은 크게 보아서 倫理에 어긋나게 행동하기 때문이다.

周子도 이르기를,「天下에 至極히 높은 것은 道요, 至極히 貴한 것은 德이요, 人生으로써 至極히 얻기 어려운 것은 道德을 몸에 두는 일이라」고 한 것처럼 栗谷도 理想的人間像, 卽 聖人은 道德을 실천하는데 있다고 하였으니 栗谷의 人間思想을 硏究하는 價値와 本意가 바로 여기에 있는 것이다.

人間이란 무엇이며, 인간은 어떻게 살아갈 것인가에 대한 의문은 東·西의 學者의 見解가 各己 다르거니와 오래전부터 論難의 對象이 되어왔다. 그러나 總而言之하면 人間과 禽獸의 差異는 倫理에 있는 것이다. 따라서 栗谷의 修己論의 研究가 人間의 本性을 回復하고 道德性의 主體를 찾을 수 있으며, 善한 人間行爲의 基本이 되게 하는 朝鮮朝의 선비가 되는 길을 찾아보는 것이 本 研究의 취지임은 두 말할 것도 없다. 또 하나의 의도가 있다면 現下 道義不在現象을 脫皮하여 올바른 人間의 자세를 확립해 보려는 뜻도 또한 여기에 있다.

2. 人間의 本質

"人間이란 무엇인가."라는 문제는 東西哲人들의 오랜 세월동안 관심사가 되어 왔고, 또 문제를 提起해 온 바 있던 疑問中의 하나이기도 하다. 그런데 여기에서의 人間은 自然과 人間을 二分할 때의 人間임을 의미하는 것이다.

일찍이 孟子는 人間과 最近類인 禽獸와 人間의 차이를 들어 人間을 비교하여 다음과 같은 定義를 내리기도 하였다.

「사람이 금수와 다른 것은 적으니 서민은 버리고, 군자는 간직한다.」[1]고 하였고 뿐만 아니라 孟子는 倫理的 見地에서 人間과 禽獸의 차이를 分明히 하였다. 여하튼 우리 인간은 많은 動物中의 靈特한 存在로 人類學的으로 보면 약 200萬年 前에 인간과 같은 生物들이 世上에 나타나 進化의 過程을 거쳐 動物과는

---

1) 孟子, 離婁章句下 「孟子曰, 人之所以異於禽獸者幾希, 庶民 去之 君子存之.」

달리 우리 人間은 많은 特質을 가지고 있다.2)

 孔子는 우리 인간의 價値는 道德에 있다고 판단하고 弟子들에게 道德的인 人間이 되도록 人間敎育에 중점을 두었다. 그러면 어떤 人間이 道德的이냐 하면 孔子는 仁을 行하는 人間을 말한다고 하였다.

 「仁」은 孔子의 中心思想일 뿐 아니라 學問의 精髓이며 極致일 뿐 아니라 유교윤리의 理想이기도 하다. 孔子는 인간의 理想은 결코 高遠한 宗敎信仰이나 심오한 哲學思想을 要求하지는 않는다고 하였다. 그러면 孔子思想의 背景은 어디에서 근거하였는가 하면 모든 사람이 共有하고 있는 「仁」에서 由來한 것이라는 것이다.

 「仁」에 대한 儒家들의 從來의 해석은 一致하지 않지만 孔子는 그의 中心思想으로 一生동안 力說하였고, 生活을 통하여 실천의 原理로 삼아 온 것이 사실이라고 하여도 過言이 아니다. 그런데 結局 「仁이란 사람다움이었다.」3)라고 하였는데 이는 인간에게 仁한 마음이 없으면 인간이라고 할 수 없음을 말한 것임은 再言의 여지가 없다.

 孔子는 그의 제자 曾參과 子貢에게 말하기를, 「내 道는 一以貫之이다.」4)라고 하였는데 曾參은 여기에서의 「一」을 忠恕라고 定義하였으나 그것은 「仁」을 의미함이 틀림없다. 그런데 孔子는 仁을 말할 때 行하는 方法을 弟子들에게 말하던지, 아니면 仁의 一部分을 말할 뿐 그 전체를 定義하지는 않았다.

 孔子의 弟子 中에는 六藝에 能通한 제자가 무려 70餘人에 達하였지만 쉽게 仁者로 許與하지 않고 다만 顔淵만을 마음에 두

---

2) 金益洙, 儒家思想과 敎育哲學, 서울, 螢雪出版社 1976, p.p.13.

3) 中庸, 「仁者人也.」

4) 論語, 衛靈公.

고 있었던 것 같다. 그러니 孔門에서도 仁은 至上의 最高의 德으로 여겨 왔음은 말할 나위가 없다.

그러면 仁의 구체적인 內容은 무엇인가.

「論語」에 明示된 仁에 대한 설명은 무려 58章이나 되거니와 學者들의 見解는 各己 다르다. 그러나 「사랑(愛)」을 中心으로 한 것임에는 共通된다.

顔淵이 孔子에게 仁을 물으니 「克己復禮가 仁이다.」5)라고 하였으며, 樊遲가 仁을 물으니 孔子는 사람을 사랑하는 것이 仁이다.」6)고 하였다.

여하튼 孔子가 말한 「愛人」은 사람을 사랑한다는 말로 가장 친근감이 있는 말이다. 그러나 黑子(BC. 5世紀前半)가 말하였던 兼愛와는 다른 뜻을 가지고 있다.

孔子는 말하기를, 「君子가 가까운 이에게 두텁게 하면 백성이 仁에 興起한다」7)고 하였는데 여기에서의 仁의 의미는 親親을 가르친다. 그런데 親親의 道德은 곧 孝悌이다.

孝悌는 인간의 道理요, 天地의 原象으로 이것이 곧 믿음의 뿌리가 되며, 진실의 源泉이 되고 充實의 바탕이 될 뿐 아니라 인간의 價値도 여기에 있으며 사람이 살아가는 보람도 여기에서 찾을 수 있는 것이다.

따라서 孔子는 말하기를 「天地의 稟性에 사람이 가장 高貴하니 사람의 행위는 孝보다 더 큰 것이 없다」8)고 하였다.

栗谷은 말하기를 「孝야말로 百行의 우두머리이며 正家之道」9)

---

5) 論語, 顔淵, 「顔淵問仁 克己復禮爲仁.」
6) 論語, 顔淵, 「樊遲問仁, 子曰愛人.」
7) 論語, 泰伯, 「君子篤於親則民與於仁.」
8) 孝經, 「子曰, 天地之性 人爲貴 人之行 莫大於孝.」
9) 李珥, 聖學輯要, 正家章.

가 된다고 하였다. 이 점에 대하여 孔子는 말하기를, 「무릇 孝는 德의 근본이라 교육이 말미암아 나오는 바이다.」10)라고 하여 孝야말로 모든 德의 근본일 뿐 아니라 人間敎育의 原初가 된다고 하였다.

인간이 인간다워질 때 인간의 道理가 생기는 것이며 인간의 道理가운데는 孝悌가 제일이며 孝·悌야말로 곧 仁을 실천하는 길이기도 한 것이다. 따라서 孔子의 제자 有若은 말하기를,

「그 사람됨이 孝悌하되 윗사람을 범하기를 좋아하는 사람은 거의 없다. 君子는 根本에 힘을 써야 하니 근본이 세워지면 道가 생기나니 효도와 공손함은 그 어진 것을 하는 근본인 것이다.」11)고 하였던 것이다. 더 이상 설명할 나위도 없거니와 孝悌는 仁을 行하는 根本인 것이다. 따라서 人道의 출발점이 되기도 하는 것이다.

孟子는 말하기를, 「仁의 진수는 어버이를 섬기는 것이요, 義의 진수는 兄을 따르는 것이요, 智의 진수는 이 두 가지를 알아 여기에서 떠나지 않는 것이요, 禮의 진수는 이 두 가지를 조리에 맞도록 하는 것이요, 樂의 진수는 이 두 가지를 즐거워하는 것이다. 즐거워하면 孝悌하는 마음이 생기고 孝悌하는 마음이 생기면 어찌 그만둘 수 있겠는가.」12)라고 하였다.

五倫의 기본이 되는 孝·悌를 中心으로 하는 孟子의 실천규범

---

10) 孝經, 「子曰, 夫孝 德之本也 敎之所由生.」
11) 論語, 學而篇, 「有子曰, 其爲人也 孝悌 而好犯上者 鮮矣. 不好犯上 而好作亂者 未之有也 君子務本 本立而道生 孝弟也者 其爲仁之本與.」
12) 孟子, 離婁章上, 「孟子曰, 仁之實 事親 是也, 義之實 從兄 是也, 智之實 知斯二者 弗去是也. 禮之實 節文斯二者 是也, 樂之實 樂斯二者 樂則生矣 生則惡可已也.」

은 그 밑바탕에 仁·義·禮·智가 이를 合理化해주고 있다는 점을 注目하여야 한다.

그런데 孔子는 仁이 親親에서만 그치는 것이 아니고 모든 사람에게까지 두루 미치고 있다는 점이다.

「君子가 효도하라고 가르치는 것은 天下의 남의 아비 된 자를 공경하라는 것이요, 우애(悌)하라고 가르치는 것은 천하의 남의 兄 된 사람에게도 공경하라는 것이다.」13)고 하였음을 볼 때 天下의 사람을 모두 부모형제로 본 것이다. 이와 같은 論理는 父母兄弟를 사랑하는 마음을 확충하여 점차로 인류애까지 미치는 博愛精神이 깃들어 있음을 알 수 있다.

要컨대 孔子로 대표되는 東洋의 儒家의 人間觀은 「仁」으로 集約할 수 있거니와 克己復禮니 仁은 忠恕愛人함에 있는 仁을 구체적으로 실천하는 길은 孝悌를 통하여서이다. 孟子의 道는 人間本性의 不忍之心을 바탕으로 하여 舍生取義하는데 있다고 볼 수 있다. 西洋의 종교는 天神本位요, 西洋의 哲學은 存在本位이니 여기에 바로 중대한 모순이 있는 것이다. 그러나 儒道야말로 哲學과 宗敎를 合一한 것으로 오직 人生本位요, 當爲가 本位인지라 人間社會의 公共福利만을 價値의 표준으로 하는 것이다. 그렇기 때문에 「中庸」에 보면, 「道不遠人, 人之爲道 而遠人 不可以爲道」라고 하였던 것이다.

돌이켜 批判하여 보건대 西洋의 自然科學은 自然을 정복하여 近代物質文明을 건설하였지만 西洋의 哲學은 정신적인 자연의 存在를 탐구하여 人生에게 不利한 자연의 조건을 정복하여 人類를 齊道하고 지도할 능력이 없는가. 東洋의 儒敎哲學이야말로 그

---

13) 孝經, 「敎以孝 所以敬天下之爲人父者. 敎以悌 所以敬天下之爲人兄者.」

의 현실을 改造하는 最上의 方途를 천명한 것이므로 이것이 孔子의 人道요, 仁義의 思想이기도 한 것이다. 따라서 哲學의 方法으로써 孔子學說의 中心은 仁이요, 仁은 個人修身의 原理이며, 또한 社會生活의 原理임과 동시에 宇宙의 原理이기도 한 것이다.

따라서 栗谷도 여기에서 벗어나지 많은 人間觀과 선비정신을 살펴보려는 것이다.

3. 栗谷의 理想的 人間觀

孔子가 理想視하는 인간은 두말할 것도 없이 仁을 실현할 수 있는 사람이다. 孔子의 理想的 人間想은 聖人·君子를 養成하는 데 있었는데 栗谷 또한 그러하였다. 最高의 人格을 갖고 실천할 수 있는 者야말로 理想的인 人間像이기도 한 것이다. 그런데 聖人은 아주 드물고 다만 누구나 노력을 하고 修養을 쌓으면 中心的인 표준인물이 될 수 있고 선비와 같은 倫理的 인간이 될 수 있는 것이다.

선비 란 德行과 學行이 높고 自己에 주어진 어떤 所任을 해 낼 수 있는 全人이기도 한 것이다. 道德的으로 가장 원만한 人格의 所有者요, 여기에서의 學問은 인간이면 마땅히 걸어가야 할 人間의 道理의 學問을 말하는 것이다.

따라서 修己治人하는 全人이 되어야 함을 의미하는 것이다.

道德과 政治와의 兩者의 관계 및 중요성에 관하여는 東西의 哲學者들이 自古로 論及해 온 바이지만 유교에서는 修己와 治人, 自善과 兼善을 平行 乃至 合一的으로 할 것을 주장하고 또 그렇게 여겨 왔으니만큼 道德과 政治를 다 같이 重視하여 왔음은 再

言의 여지가 없다. 그렇기 때문에 修己와 自善을 몰각한 治人과 兼善은 存在할 수 없는 것이다. 그러나 유교의 本有思想을 망각하고 우리나라의 儒者들 가운데는 士禍期를 맞아서 本然의 官職을 버리고 자기 자신의 一身만을 위하여 山林이나 田園에 묻혀 책이나 읽고 지조나 굳히고 있었던 사실이 있었다. 이는 分明히 道德과 政治, 即 修己와 治人을 별도로 보는 경향이 있었던 것이다. 栗谷은 유교의 根本精神에 입각하여 修己와 治人, 道德과 政治, 學問과 經世를 겸하지 않은 學者는 비록 學問이 깊더라도 理想的인 선비의 태도로 보지는 아니 하였던 것이다.

따라서 이와 같은 理想的인 참다운 儒者는 우리나라에는 아주 드물게 보았던 것이다. 中國에 있어서는 道學의 淵源을 夏·殷·周·堯·舜·孔子·子思·孟子의 道學에 두고 宋代의 程朱에 傳承되었다고 본다. 朱子以後에는 黃勉齋·蔡九峯을 비롯하여 斯文에 공로가 많은 사람들이 있지만 어느 누구도 朱子의 適傳(眞儒)으로는 허락하지 아니 하였다. 그런데 栗谷은 「朱子 뒤에 道統의 정맥을 얻은 사람은 꼭 누구라고 지적할만한 사람이 없습니다.」14)라고 하였다. 다만 張南軒은 朱子와 더불어 道義의 交友로 講論의 공이 있었고, 蔡西山以下 諸公은 다 朱子에게서 학문을 얻었던 것이다.

위에서 論及한 바 있거니와 道學의 연원이 夏·殷·周 3代의 堯·舜·禹·湯·文·武·周公의 聖學과 聖治에 있다고 보았으며 그 내용은 六經과 四書에 그 道가 밝게 갖추어졌다고 하였다. 그렇기 때문에 그는 특히 道學의 功으로써 涵養成就하고 器量을 넓혀 修己治人의 道學을 회복하여야 한다고 강조하였다.15)

---

14) 栗谷全書 卷 14, 趙靜庵 墓地銘.
15) 栗谷全書 卷二六 「朱子以後 得道統正者 無可的指之人..」

修己와 治人은 유교의 宗旨요, 道學의 最大 目標이기도 한 것이다. 修己와 治人은 둘로 나누어 설명하지만 本來의 근본은 같은 것이다.

栗谷이 선비(참답고 理想的 人間像)를 如何히 보았느냐 하는 것은 매우 중요한 관건이 아닐 수 없다. 그가 理想的으로 본 人間像은 곧 선비의 人格과 朝鮮朝 선비思想을 이해하는데 크게 관계가 된다고 보아야 할 것이다.

栗谷은 趙靜庵을 높이 평가하기를,

「先生의 빛이 彰徹하여 上下의 많은 선비(士)들이 喬嶽北斗와 같이 우러러 본다고 하였으며 趙靜庵의 被禍는 個人의 禍가 아니고 국가정맥을 끊은 것인즉 이것은 人鬼가 다 같이 용서할 수 없으며 三尺童子라도 또한 唾罵할줄 아나니 九泉의 刑을 가한다고 할지라도 용서할 수 없다. 이는 참으로 榮華냐 侮辱이냐 하는 것으로 評論할 수 없는 것이요, 오직 後世사람에게 무엇이 옳고 무엇이 그른가 하는 動善할 것과 徵戒할 所以를 알게 하는 것이다.」라고 하였고,

「世上에 나아가서는 이 百姓을 건지며 물러나서는 바른 말씀을 세우는 것이 賢者의 使命일진대 그 당시의 정치풍토가 靜庵先生으로 하여금 나아가서는 그 道를 다 行하지 못하게 하고 물러 와서는 말씀을 後世에 드리우지 못하게 하였으나 天理를 밝히고 人心을 밝히려면 先生의 功德은 두고두고 後世의 標準이 될 것이니 하늘이 그 生命을 헛되이 할 것이 아니다.」[16]고 하였다.

---

16) 栗谷全書, 聖學輯要一, 序, 「臣按, 道妙無形, 文以形道 四書六經, 旣明具備 因文求無不現, 第患全書 浩瀚難以領要, 先正表章大學以立規模. 聖賢千模萬訓, 皆不外比, 此是領要之法.」

栗谷은 말하기를,

　　「聖賢의 學은 修己와 治人에 不過한 것이다.」[17]라고 하였고,
　　「선비의 兼善은 본시 그 뜻(志)이니 물러가서 自守하는 것이
　어찌 그 本心이겠는가. 隱者와 같은 것은 너무나 遯世에 기울어
　時中의 道가 아니다.」[18]라고 하였던 것이다.

　결국 聖賢의 學은 修己와 治人에 있는 것이며 世上을 隱者로
숨는 것도 마땅하게 보지는 않았던 것이다.
　한편 栗谷은 眞儒에 대하여 다음과 같이 말하였다.

　　「이른바 眞儒라 하는 것은 朝廷에 나아가면 一時에 道를 行
　하며 이 백성으로 하여금 太平을 누리게 하고, 官職에서 물러
　나오면 敎를 萬世에 드리워 배우는 이로 하여금 큰 잠에서 깨
　어나게 하는 것이다. 만약에 나아가 道를 행함이 없고 물러나서
　敎를 垂함이 없다고 하면 비록 眞儒라 하더라도 나는 믿지 않
　는다.」[19]고 하였다.

　이와 같이 진정한 道學君子라면 進退가 義理에 合하고 나아가
거나 물러가거나 자기 本有의 所任을 하지 못하면 참다운 儒者
로 보지 않았던 것이다.
　修己와 治人은 儒學의 宗旨이요, 道學의 근본정신으로 볼 때 修
己와 治人은 연관된 것이며 두가지가 갖추어 졌을 때 全人이 되는

---

17) 栗谷全書, 卷十九, 聖學輯要一.
18) 栗谷全書, 卷十五, 東湖問答.
19) 栗谷全書, 卷十五, 東湖問答, 「夫所謂 眞儒者 進則行道於一時 便斯
　　民有熙白之樂 退則垂敎於萬世 使學者得大穿之醒 進而無道可行 退而
　　無敎可垂 則雖謂之眞儒 吾不信也.」

것이다.

栗谷은 「初學者는 먼저 모름지기 立志하되 반드시 聖人을 自期해야 한다.」20)라고 강조하여 인간교육의 궁극의 목적은 聖人이 되게 하는 것을 理想的 人間像으로 보았던 것이다. 聖人의 의미는 結局 仁義道德을 具現하는 者를 말하는 것인바 全體大用的 聖人을 期約하는 栗谷의 人間思想은 修己와 治人이 강조되었음은 당연한 論理인 것이다.

4. 栗谷의 人間形成論

(1) 立 志

栗谷의 修己의 學은 立志論으로부터 비롯된다. 이 점에 대하여는 「聖學輯要」, 「學校模範」, 「擊蒙要訣」 等을 통하여 매우 강조하였음을 쉽게 알 수 있다.

栗谷은 立志에 대하여 陳時弊疏中의 一條에서 「一心之所之謂之志」21)라 하고, 「志者心之所由之」라고 하였다.

栗谷은 立志야말로 인간교육의 理念과 目標를 포괄하는 개념으로 중시하고 있다. 우리가 올바른 인간이 되려면 立志를 전제하지 않고는 아니 된다고 본 것이다. 栗谷이 母喪을 마치고 金剛山에 入山修道하다가 聖學에 求道할 뜻으로 還儒하였을때 人間의 指標와 인간답게 살아가기 위하여 學問을 함에 있어서는 무엇보다도 먼저 뜻(志)을 세워야만 한다고 하였다. 이에 그의 나이 20才에 "自警文"을 지어 자기 자신을 喚覺시켜 마음의 각

---

20) 栗谷全書, 卷二十七, 擊蒙要訣.
21) 栗谷全書 卷三, 疏一) 玉堂陳時弊疏.

오를 확고히 하였던 것이다. 그 自警文 제1조에 보면,

「먼저 뜻을 크게 하여 聖人으로써 目標를 삼고 一毫라도 聖人에게 미치지 못하면 나의 일은 끝나지 아니 한 것이다.」22)라고 한 것을 보면 그의 뜻(志)을 充分히 짐작할 만하다.

栗谷은 學을 講할 때마다 初學者들에게 立志를 강조하였을 뿐 아니라 그의 立志는 聖人을 期約한다는 「聖人自期論」을 바탕으로 한 것이며 이는 인간으로써의 至善의 경지를 목표로 한 것이다.

「物理는 그 極을 다하고, 知는 그 至를 다하고, 意는 그 誠을 다하고, 心은 그 正을 다한 사람은 聖人이다.」23)고 하였다.

栗谷은 人間形成의 基本原理는 立志로부터 비롯된다고 하고는 계속해서 뜻(志)이 서지 않는 비유를 세 가지를 들고 있다.

첫째로, 不信이라는 것이요, 둘째로는 不智라는 것이요, 셋째는 不勇이라는 것이다.24)

不信이란 聖賢이 後學에게 밝게 알려 明白하고도 간결하게 가르쳐 주었으니 만약에 그 말에 따라 순서대로 나아가면 聖人도 되고 賢人도 되는 이치인 것이니 그런 일을 하고도 그런 공이 없는 것은 아직까지 없습니다. 저 不信하는 이는 聖賢의 말이 사람을 권유하기 위하여 만들어 놓은 것이라 생각하고 단지 그 글만 玩味할 뿐이요, 몸으로 실천하지는 않고 입으로 떠도는 것은 聖賢의 글이지만 행하는 것은 世俗의 행위입니다.

부지(不智)란 人生의 기품이 만 가지나 되어 같지 않은 것을 말하나 힘써 알고 힘을 써서 행하면 성공하는 것은 한가지입니

---

22) 栗谷全書 卷十四, 雜著(一), 自警文.
23) 栗谷全書 卷九, 答成浩原 「物極其本極, 知極其至, 意極其誠 心極 其正者聖人.」
24) 栗谷全書, 第二十卷, 聖學輯要(二) 「志之不立 其病有三 一曰不信. 二 曰不智 三曰不勇.」

다. 踊躍築埋를 한 것은 孟子의 유희이었지만 마침내 亞聖이 되었고, 저물게 돌아오고 사냥질하는 것을 즐기는 것(暮歸喜獵)은 程子의 버릇이었지만 마침내 큰 聖人이 되었으니 어찌 반드시 나면서부터 알아야만 비로소 德을 이룰 수 있겠습니까. 저 不智한 이는 자기의 소질이 不美하게 태어났다고 하여 退步하는 것을 만족하게 여기고 一步도 나아가지 아니 하는데 더욱 나아가면 聖人도 되고 賢人도 되여 退步하면 어리석은 자도 되고 어질지 못한 者도 되는 것은 모두 자기의 소위인줄을 알지 못합니다.

「不勇」은 사람들이 聖賢은 우리를 속이지 아니 한다는 것과 기질을 변화시킬 수 있다는 것을 다소 알면서도 다만 태만하게 항상 머물러 있으면서 奔發하고 振作하지 아니 하기 때문에 어제 한 일을 오늘 改革하기를 어렵게 여기고 오늘 좋아하는 일을 내일 改造하기를 꺼려합니다. 이와 같이 姑息的으로 우물쭈물하며 한 치를 나아가면 한자씩 후퇴하니 이것은 不勇의 所致입니다. 이러므로 읽는 것은 聖賢의 글이지만 만족하게 여기는 것은 퀘퀘묵은 관습입니다. 사람들에게 이 세 가지 병통이 있기 때문에 君子가 世上에 나오지 못하고 六籍은 빈말이 되고 마니 어찌 탄식할 수 있겠습니까.25)

인간교육에 있어서 最高의 指標를 聖人으로 한 것은 孔子도 또한 마찬가지였던 것이다. 退溪도 求仁成聖을 敎學의 指標로 삼았고, 栗谷 또한 그러하였다. 그리하여 栗谷은 特히 學人들에게 立志를 돈독히 하여 聖人이 될 것을 自期하라고 하기에 이른 것이다. 그렇기 때문에 그의 나이 40才에 지었던 「聖學輯要」에서도 立志章을 제일 앞에 놓고 力點을 두기에 이른 것이다.

---

25) 栗谷集, 卷二十, 聖學輯要(二)

栗谷은 立志의 重要性에 대하여 다음과 같이 강조하였다.

「배움(學)에는 立志보다 앞서는 것이 없다. 뜻(志)이 서지 않고는 능히 功을 이룰 수 없다. 그러므로 修己의 조목에서 立志를 앞세웠습니다.」26)

이와 같이 栗谷은 立志에 관한 本意, 節目, 功效 등을 말하고 立志의 중요성을 다시 한번, 강조한다.

「뜻(志)이란 氣의 장수이니, 뜻을 專一하면 氣가 움직이지 않는 것이 없는데 배우는 이가 종신토록 글을 읽어도 성공하지 못하는 것은 다만 뜻이 서지 않은 까닭입니다.」27)라고 하고는 계속하여 뜻(志)이 서지 않는 비유로써 上述한 바가 있거니와 不信과 不智와 不勇을 들었던 것이다.28)

栗谷은 그의 나이 42才되던 해(1577年 宣祖十年)에 「擊蒙要訣」을 完成하였는데 革舊習章 第三에 보면,

「비록 사람이 學問에 뜻이 있어도 勇猛스럽게 바로 나아가서 成就되지 못하는 것은 舊習에 妨害하는 까닭이다.」29)라고 하여 初學者는 배움을 向하여 勇往邁進하여야 한다고 하였던 것이다. 또한 「志는 氣之帥이기 때문에 먼저 立志로 氣를 檢束하여 舊習에 물들어 있는 氣를 革破해야 한다는 것이다.」30)

栗谷은 46才 11月에 完成한 「經筵日記」에서도 立志를 강조하

---

26) 栗谷集, 聖學輯要二, 修己第二上, 「學莫先於立志 未有志不立 而能成功者 故修己條目 以立志爲先.」
27) 同上, 「志者氣之師也, 志一則氣無不動, 學者終身讀書, 不能有成 只是志不立耳.」
28) 栗谷集, 聖學輯要, 二, 修己, 「志之不立, 其病有三 一曰不信, 二曰不智, 三曰不勇.」
29) 擊蒙要訣, 革舊習章第二, 「人雖有志於學, 而不能勇往直前 以有所成就者 舊習有以沮敗之也.」
30) 栗谷全書, 卷二十七 擊蒙要訣, 革舊習章.

여 大志로써 분발하여 堯·舜으로 준거할 것을 바라고 있었던 것이다.

「學問하는 要諦는 立志를 우선으로 한다. 立志가 지극히 높고 크지 못하면 趣向하는 바가 반드시 비천할 것이니 모름지기 大志를 憤發하여 堯·舜으로 준거함이 좋을 것이다.」31)라고 하였고, 47 才 되던 해(1582年·宣祖十五年) 著術한 「學校模範」에서도 16條에 達하는 敎育實踐倫理는 곧 학생들의 修養論(敎育憲章)이라고 할 수 있는데 역시 그 1條에 보면 역시 立志를 强調하고 있는 것이다.

「學者는 모름지기 먼저 뜻을 세워 道로써 自任하되 그 道는 高遠한데 있지 않고 자기 자신(마음)에 갖추어 있다는 것, 즉 자기 자신이 天地를 위하여 마음을 세우고 民生을 위하여 極(中·正)을 세우고 往聖을 위하여 絶學을 계승하고 萬世를 위하여 太平을 열어주는 것으로써 표준을 삼아 조금도 退轉하지 말 것과 모든 雜念을 일소하여 聖人이 되고자 분발하라.」32)는 것이다.

栗谷은 20才때 지은 「自警文」으로부터 그의 全 生涯를 통하여 理想的 人間像으로 聖人自期論을 폈고, 그 前提가 되었던 立志論은 平生敎育(任重道遠)의 理念이기도 하다. 따라서 그는 人間敎育이야말로 終身토록 해야 할 일이라고 강조하였던 것이다.

(2) 居 敬

聖人自期의 立志가 세워졌다면 學問을 하는 일 밖의 世俗의 일은 모두 잊어버리고 그 뜻(志)이 動搖되어서는 아니 될 것이다. 다시 말하면 마음을 收合하며 정돈하여야 할 것이니 操心,

---

31) 栗谷全書, 卷二十九, 經筵日記.
32) 栗谷全書, 卷十五, 雜着(二) 學校模範.

存心, 涵養의 必要性을 느낀다. 居敬은 內部의 修養方法으로 우리의 정신이 純然히 整齊되는 상태에 머물게 하는 工夫인 것이다. 栗谷은 居敬의 重要性을 강조하면서 主一無適[33] 卽敬으로써 要約하여 설명하기도 한다.

「敬이란 聖學의 始終이다. 그렇기 때문에 朱子는 말하기를, "持敬은 窮理의 根本이니 아직 모르는 이는 敬이 아니면 알 수 없다."고 하였으니 이것은 敬이 학문의 시작임을 말한 것이다.

朱子는 말하기를, "이미 깨달은 이는 敬이 아니면 지킬 수 없다."고 하였고, 程子는 말하기를, "敬과 義가 이루어지면 德이 의롭지 아니 한데 聖人까지도 또한 이러하다."라고 하였으니 이것은 敬이 배움의 끝임을 말한 것이다.」[34]

學問을 함에 있어서 「敬」을 통하여 始終一貫할 것을 강조하였음을 잘 알 수 있다.

「居敬」은 程·朱子이래로 「窮理」와 함께 人間形成의 兩大原理가 되었거니와 根本的으로 볼 때 存養과 省察을 위한 內省的 方法으로 「周易」의 「閑邪其存誠」 「中庸」의 「戒愼」·「恐懼」, 「論語」의 「忠信」, 「孟子」의 「存心」·「養牲」·「求放心」과도 相通된다. 그런데 그것은 動靜·內外를 一貫하는 原理이기 때문에 心身 兩面에 걸친 修鍊方法인 것이다.

學者는 모름지기 宇宙觀과 人生觀을 定立하기 위하여 格物을 하여야 하고 훌륭하고도 원만한 人格을 닦기 위하여 格物을 하여야 하는 것이다. 일찍이 朱子는 敬을 重視하였거니와 退溪의

---

33) 程氏遺書, 「所謂 敬者 主一之謂敬 所謂一者無適之謂一.」
34) 栗谷全書, 卷之二十, 聖學輯要(二), 「敬者 聖學之始終也 故朱子曰, 持敬是窮理之本 未知者非敬無以知程子曰 入道莫如敬 未有能致知而不在敬者 此言敬爲學之始也 朱子曰, 已知者非敬無以守 程子曰, 敬義立而德不孤 至于聖人, 亦止如是 此言敬 學爲終也.」

學 또한 始終을 敬으로 실천하였던 것이다. 따라서 退溪는 學問하는 所以를 心과 理로 생각하였는데35) 心은 「敬」工夫요, 理는 格·致工夫라고 이해할 수 있다. 心學을 곧 「敬」工夫로 생각하기 때문에 「心經」을 嚴父와 같이 중시하였으며, 「心經」을 얻은 후에야 心學의 淵源을 알았다는 것이다. 心은 一身의 主宰요, 敬은 心의 主宰36)라고 하였다. 栗谷도 또한 敬을 매우 重視하였으니 「敬也者 學者之所以成始終者也」37)라고 까지 하였던 것이다. 다시 말하면 敬을 學者의 聖學의 始終이라 하였으니 학문을 시작할 때나 끝날 때나 모두 「敬」으로 해야 한다는 것이다.

栗谷은 「居敬」을 강조하여 學者가 進德修業을 함에는 반드시 「敬」으로 하여야 所期의 成果를 거둘 수 있다고 본 것이다.

「배우는 자의 德에 나아감과 工夫는 오직 恭敬을 돈독하게 하는데 있다.

恭敬에 돈독하지 않으면 다만 空言일 뿐이다. 모름지기 義理가 한결같이 되어 조금도 그침이 없어야 한다. 말에는 가르침이 있고, 움직임에는 법도가 있으며 낮에는 하는 것이 있고, 밤에는 얻는 것이 있으며 눈 한번 깜짝하는 동안에도 보존하는 것이 있고, 숨 한번 쉬는 동안에도 양성하는 것이 있어서 공부하는 과정을 오랫동안 계속하되 그 효과는 구하지 말고 오직 날마다 쉬지 않고 힘을 쓰다가 죽은 뒤에야 그만 두는 것이 實學이다.」38)고 하였다. 그러면 居敬을 하는 태도는 어떠해야 하는가.

---

35) 退溪全書(上).
36) 退溪全書上,「盡心者 一身之宰, 而敬又一心之主宰.」
37) 栗谷全書, 拾遺, 卷六, 雜著.
38) 栗谷全書, 卷十五, 學校模範,「學者進德修業惟在篤敬 不篤於敬則只是空言, 須是表裏如一 無少間斷 言有敎動有法 晝有爲 宵有得 瞬有存 息有養 用功雖久 莫求見効, 惟日孜 孜死而後已 是乃實學.」

栗谷의 「擊蒙要訣」에 보면,

「조용히 앉아서 자기의 마음을 수습하여 거두어서 조용하게 두어 시끄러운 생각이 없도록 하고 똑똑하게 생각하여 어둡고 아무것도 모르는 실수가 없도록 해야 한다. 이른바 공평하여서 속에 있는 마음을 바르게 한다는 말이 바로 이것이다.」39)라고 하였고,

그의 저서 「萬言封事」에도 보면 居敬하는 態度가 明示되어 있으니,

「居敬은 動靜을 貫通하니 靜時에는 마음에 雜念을 일으키지 아니하고 湛然히 惺惺不昧하게 하며 動時에는 事物에 臨하되 專一하며 不二不三하고 조금도 過差가 없으며 몸을 가짐에는 반드시 整齊嚴肅하며 마음을 갖는 데는 반드시 戒愼恐懼하는 것이 居敬을 하기 위한 要諦라고 하였다.」40)

要컨대 栗谷은 動과 靜, 內와 外를 一貫하여 모두 通하는 것이 「敬」이라고 말하였던 것이다.

栗谷은 內面的인 修養과 外面的인 態度와 容儀의 修鍊을 同時에 강조하지 않을 수 없기 때문에 收斂의 內容으로 容止, 言語, 心의 三方面으로 나누어 설명하여 居敬이 窮理의 根本임을 내세워 그 중요성을 강조하고 있다.

栗谷은 居敬을 收斂이란 말로 表現하여, 容止, 言語, 마음(心)의 셋을 들어 설명하였는데 要는 學問을 하는 데는 傲慢하지 말고 마음을 收斂하여 恒時 謙遜하라는 것이다. 栗谷은 居敬이 窮

---

39) 栗谷全書, 卷二十七, 擊蒙要訣 持身章 「靜坐收斂 此心使寂寂無紛起之念 惺惺無昏之失可也, 所謂敬以有內者如此.」

40) 栗谷全書, 卷五, 「萬言封事」 「居敬通乎動靜 靜時不起雜念 湛然虛寂而惺惺不昧 動時臨事專一 不二不三而無少過差持身必靜齊嚴肅 秉心必戒愼恐懼, 此是居敬之要也.」

理의 根本임을 내세워 그 중요성을 강조하였는데 그 개요는 다음과 같다.

(ㄱ) 容止의 收斂

栗谷은 孔子의 말을 引用하여

「君子는 무겁지(重) 아니 하면 위엄이 없고 배워도 견고하지 못하게 된다.」[41]고 하였는데 朱子는 설명하기를, 매우 무겁지 아니 하면 위엄도 없고 배움을 가져도 역시 견고하지 못하다고 하였고, 張子는 義理의 學은 모름지기 깊이 생각해야 비로소 나아감이 있을 것이요, 얕고 경망하여서는 얻지 못한다고 하였다.

要컨대 학문을 하는 者는 外面的으로 品位가 있어야함은 勿論이요 무게가 있고 깊이가 있어야 한다는 것이다.

또한 心身을 收斂하는데는 「九容」[42]보다 所重한 것이 없다고 하여 「禮記」를 引用하여 强調하고 있다.

(ㄴ) 言語의 收斂

「詩經」에 이르기를,

「너에 말하는 것을 삼가하고 너의 엄숙한 용모를 공경하여 柔하고 嘉하게 하라. 흰옷(白圭)의 은 갈면 되지만 이 말의 점은 어찌할 수도 없는 것이다. 생각 없이 경솔하게 말하지도 말고 구차하게 이렇다고 이르지도 말라. 나의 혀를 잡아 줄 이가 없으니 함부로 입밖에 말을 내지 말라.」[43]고 하였다.

위의 말은 다시 말할 것도 없이 말은 항상 조심하여 실수를 하지 않도록 삼가라는 것이다. 더욱이 指導者의 立場에 있는 사

---

41) 論語, 學而, 「子曰, 君子不重則 不威 學則不固.」
42) 禮記, 「足容重 平容恭 目容端. 口容止, 聖容靜 頭容靜 頭容直 氣容肅 立容德 色容莊.」
43) 詩經. 大雅篇. 「愼爾威儀 無不柔嘉, 白圭之. 尙可磨也 斯言之 不可爲也 無易由言 無口苟矣. 莫 朕舌 言不可逝矣.」

람은 그 말 한마디가 미치는바 영향이 크니 더욱 그러하다.

栗谷은 「周易」 繫辭傳의 말을 引用하여

「君子는 房에 앉아서 적은 말을 하여도 착하면 千里 밖에도 應하거늘 하물며 가까운데 있어서랴. 房에 앉아서 말을 하여도 착하지 아니 하면 곧 千里밖에서도 어기거늘 하물며 가까운데 있어서랴. 말은 몸에서 나와 백성에게 미치고 행동은 가까운데서 나와 먼 곳에 나타나는 것인데 言行은 君子의 樞機이니 추기가 말하는 것은 榮辱의 주재이며, 言行은 君子가 千里를 움직이는 것인데 어찌 삼가 하지 않을 수 있겠는가.」44)

栗谷은 위의 말을 說明하기를,

「君子의 言行이 착하면 知氣가 應하고 不善하면 乘氣가 應한다. 知가 至極하면 天地가 편안하고 萬物이 生育하여 어긋난 것이 지극하면 天地가 막히고 어진이가 숨기 때문에 天地를 움직인다.」45)고 하였다.

卽 은밀한 말로 房안에서 한 言行이 국가사회뿐 아니라 宇宙 萬物의 存在世界까지도 영향이 미치게 된다는 것이다.

栗谷은 또 말하기를, 「마음이 定하여진 者는 말이 적으니 마음을 定하는데는 말을 적게 하여야 한다.」46)고 하였고, 「學校模範」에서도 「愼言條」를 두어 말을 삼가 할 것을 강조하였다.

「學者가 선비(士)의 행지를 닦으려면, 모름지기 언어(樞機)를

---

44) 周易 繫辭.「君子居其室 出其言 善則千里之外應之 況其邇者乎, 居其室出其言, 不善則千里之外違之 況其邇者乎 言出乎身 加乎民, 行發乎邇, 見乎遠 言行君子之樞機 樞機之發 榮辱之主也 言行君子之所以動天地也. 可不愼乎.」

45) 栗谷全書, 聖學輯要(二), 修己(上).

46) 上揭書. 卷十四, 雜著, 自警文「心定者言寡 定心自寡言始. 時然後言則言不得不簡.」

삼가야 한다. 사람의 過失은 言語로부터 오는 것이 많으니 말을 반드시 정성스럽고 믿음직스럽게 해서 때를 맞추어 말하고 긍정이나 허락을 무겁게 생각하여야 한다.」47)고 하였다.

말(言語)을 많이 하거나 생각을 많이 하여도 결국은 害로웁고, 반드시 忠信한 말로 삼가 하는 태도를 길러야 할 것이다.

마음(心)이란 栗谷의 말을 引用하면 言은 心의 聲이요, 行이란 心의 跡이요, 또한 「心」은 天地의 理·氣로 混成되었기 때문이다.

(ㄷ) 마음(心)의 收斂

마음(心)은 性情의 통솔자이다. 性은 心의 體요, 情은 心의 用이다. 따라서 心은 우리 몸의 主宰者이기 때문에 心을 잃은 것은 우리의 몸은 主人을 잃은 집(家)과도 같은 것이다.

그렇기 때문에 孟子는 말하기를,

「사람이 닭이나 개를 풀어 놓은 것은 求할 줄 아는데 放心하고는 求할 줄 모른다. 學問의 道란 다른 것이 아니고 그 방탕한 마음을 求하는 것이다」48)고 하였다.

한편으로 栗谷은 居敬이 곧 窮理의 根本이 됨을 聖賢의 말을 引用하여49) 充分한 설명을 하고 그 중요성을 강조하였다. 그리고는 栗谷은 結論的으로 다음과 같이 말하고 있다.

「放心을 거둬들이는 것은 學問의 기초이다. 대개 옛사람들은 스스로 밥을 먹고 말할 수 있을 때부터 바로 가르쳐서 행동마다 잘못이 없게 하고, 행동마다 지나친 것이 없게 하여 그 良心을

---

47) 上揭書, 卷十五, 雜著, 學校模範, 「學者欲飭儒行 須愼樞機 人之過失 多由言語 言必忠信. 發必以時 重然諾.」
48) 孟子, 「人有 犬放 則知求之 有放心而不知求 學問之道無他 求其放心 而己矣.」
49) 南塘陳柏이 지은 「夙興夜寐箴」은 學習者에게 꼭 必要하다고 판단 하고 이를 引用하여 설명하였다.

키우고 그 德性을 존중히 여기는 까닭은 어느 때 무슨 일을 하던지 그렇게 하지 않는 일이 없게 하기 위함이었다. 그렇기 때문에 格物致知의 工夫는 여기에 의거하여야 물이 모여 고이듯하게 된다. 지금 사람들은 젊었을 때부터 이런 공부가 없이 지름길만 窮理하고 修身에 종사하면 마음이 昏亂하고 행동이 僭越하여, 그 공부하는 것은 있는 듯하기도 하고 없는 듯하기도 하여 결코 성공할 수 없다.」50)라고 하였고, 또 이르기를,

「學問을 하는 者는 반드시 자기 마음을 정성껏 가지고 올바른 道를 행하여 나아가야 한다. 그리고 世俗의 자질구레한 雜된 일을 가지고 자기의 뜻(志)을 어지럽혀서는 안된다. 그런 뒤라야 그 學問이 비로소 튼튼한 기초가 이루어지는 것이다.」51)라고 하여 人間學에 專心하는 者는 오직 道를 향하여 나아가야 하며, 世俗雜事로 因하여 그 뜻이 동요되어서는 안 되므로 이를 是正하여야 비로소 학문의 기초가 선다고 볼 수 있다. 오로지 學者는 자기 자신을 망각하지 말고 자기의 마음을 바르게 하여 嚴肅하게 整齊해야할 것이다.

(3) 窮 理

窮理란 事事物物의 理致를 窮究하는 것으로써 上述한 收斂 卽 居敬이 內的인 修養이라고 한다면, 窮理는 外的인 修養으로 事物의 理致를 窮究하는 것이다. 結局은 內的인 修養이 되었다고 하더라도 窮理하여 致知하지 않으면 아니 된다. 栗谷은 이 점에 대하여 程子의 見解를 引用하여 窮理의 중요성을 강조하였다.

---

50) 栗谷全書, 卷十四, 聖學輯要二, 收斂章三.
51) 栗谷全書, 卷二十七, 擊蒙要訣, 持身章「學者必誠心向道 不以世俗雜事亂其志 然後爲學其址.」

「臣이 살피건대, 收斂한 뒤에는 窮理로써 致知를 하여야 하기 때문에 「窮理章」을 그 다음에 두었습니다. 程子는 말하기를 "대개 한 가지 물에는 한 가지 이치가 있는데 모름지기 그 이치를 硏究하여 이루어야 한다. 窮理하는데도 많은 실마리가 있는데 혹시 책을 읽어서 義理를 해명하기도 하고, 古今의 人物을 논하여 그 是非를 분별하기도 하고, 사물에 대응하고 접촉하여 그 당연한가 아니 한가를 처리하는 것이 모두 窮理입니다.」52)

卽 窮理는 義理와 是非와 當否를 硏究하는 것이다. 그렇기 때문에 그들이 말하는 窮理는 西洋의 近代哲學의 原理만도 아니고 科學의 原理만도 아니고 生活 倫理學의 原理라는 점이다. 要컨대 程子, 朱子, 退溪, 栗谷이 말하는 「理」에 대한 見解는 深奧하지만 궁극에 가서는 모두가 人物 속에 들어가서 生의 論理가 되는 것은 再論의 餘地가 없다.

그런데 여기에서의 學問은 深遠한 哲學이나 科學만을 중시한 것이 아니라 人生問題에 가장 力點을 두고 있거니와 다름 아닌 人間의 學임에 틀림없다.

그러면 學問의 方法은 어떠한 것인가. 栗谷은 經文에는 格物致知에 대하여 詳述되어 있지 않음을 지적하고 있다. 다시 말하면 「格物致知」의 方法을 통하여 窮理를 설명하였는데 事物의 理致를 窮究하는 것을 窮理라고 하는바 格物은 「大學」에서 말하고 있으니 「周易」에서 말한 窮理를 구체적으로 규정한 것으로 보아도 좋으리라 판단된다.

「周易」의 說卦傳에 보면,

---

52) 聖學輯要, 二, 修己, 第二上, 「臣按 收斂之後 須窮理以致知 故窮理次之 程子曰, 凡一物上有一理 須是窮致其理. 窮理亦多端. 或讀書講明義理. 或論古今人物而別其是非 或應接事物而處其當否 皆窮理也.

「道德에 知順하여 本義에 條理있게 하여 理致를 窮究하고 本性을 모두 밝혀서 天命에 이르러 합한다.」53)고 하여 「易」을 作하게 된 동기와 目的에 대하여 論及하고 있다. 要컨대 窮理는 「易」에서 가장 먼저 工夫해야 할 것을 明示하고 있다.

朱子도 學問의 始作은 窮理요, 窮理의 始作은 讀書임을 강조하고 있는 것이다.

「대개 學問을 하는 道理는 窮理보다 앞서는 것이 없고, 窮理의 要諦는 반드시 讀書에 있으며, 독서의 방법은 차례를 따라서 精密함을 이룬 것보다 重要함이 없고, 精密함을 이루는 根本은 곧 또한 「敬」에 머물러서 뜻을 간직함에 있으니 이는 바꿀 수 없는 이치이다.」54)

또 伊川先生의 窮理의 方法은 아주 具體的으로 明示하고 있다.

「대저 하나의 事物에는 하나의 理致가 있는 것이니 반드시 이에 그 이치를 窮究하여 이루어야 한다. 窮理의 方法은 또한 多端하니 或 讀書를 통하여 義理를 講論하여 밝히고, 혹 古今의 人物을 討論하여 그것의 是非를 辨別하며, 또는 事物을 應接하여 그 마땅함에 머무르는 것이 모두 窮理이다」55)

窮理의 方法을 크게 나눠 讀書講義, 討論是非, 應事接物 等으로 提示하고 있다. 栗谷은 말하기를,

「窮格(窮究)과 踐履(實踐)는 비록 두 가지 項目이라고는 하지

---

53) 周易, 說卦傳 第一章 「和順於道德而理於義 窮理盡性 以至於命.」
54) 朱子大全. 行宮便殿奏劄「蓋爲學之道 莫先於窮理 窮理之要 必在於讀書 讀書之法 莫貴於循序而致精 致精之本 則又在於居敬而持志 此 不易之理也.」
55) 近思錄, 卷三, 「凡一物上 有一理 須是窮致其理 窮理亦多端 或讀書講明義理 或論古今人物 別其是非 或應接事物 而處其當 皆窮理也.」

만 그 工夫는 모름지기 一時에 並進하여야 한다.」56)고 하여 이
미 朱子가 말한 居敬, 窮理에다가 力行을 더 追加한 것이다.

栗谷은 窮理의 方法으로 讀書를 重視하였거니와57) 그 主眼點
으로 記誦詞章의 學이 아니며, 富貴와 利慾을 위한 독서가 아니
며, 많이 찾아 조사하고 상고하여 겉만을 修飾하여도 참다운 讀
書가 아니며, 思索과 踐履를 겸한 독서가 義理를 밝히고 구현하
는 讀書임을 인식하고 性理學에 정밀하여 실천을 통하여 經典이
빈말이 되지 않게 할 것을 강조하였다. 다시 말하면 義理를 밝
히고 구현하는 참다운 讀書만이 實效를 거둘 수 있다는 것이다.

栗谷은 窮理의 方法으로 讀書를 重視하였거니와 讀書의 方法
에 대하여 다음과 같이 提示하였다.

「가만히 생각건대, 經典이 있게 된 以來로 선비로서 누가 글
을 읽지 않았겠습니까만 진실한 儒學者는 드물게 일어났었고, 임
금으로써 누가 글을 읽지 않았겠습니까만 다스리기를 잘한 이가
드물게 일어난 것은 그 무슨 까닭이겠습니까. 讀書란 단지 귀로
들어가고 입으로 나오는 자료가 되었을 뿐이요, 유용한 道具가
되지 못하였던 까닭입니다.

盧凌의 「羅大經」의 말에 의하면, 지금의 선비는 堯·舜·周公,
孔子의 말이 아니면 말하지 않고, 論語, 孟子, 中庸, 大學이 아니
면 보지 않으며, 말은 반드시 周, 程, 張, 朱를 일컫고, 학문은
반드시 致知와 格物을 말한다. 이러한 일은 三代以後로 아직까지
없었으니 盛大하다고 할 수 있다. 그러나 豪傑의 선비가 나오지
않고 禮의 風俗이 이루어지지 않아 선비의 기풍은 날이 갈수록
비루해지고, 人才는 해가 갈수록 쇠잔하여지니 통탄한 일이라고

---

56) 栗谷全書 卷十九, 聖學輯要.(一)
57) 栗谷全書, 卷十九, 聖學輯要, (一)修己.

하였습니다. 이것은 바로 오늘의 병통을 말한 것입니다.

아아! 선비들의 독서는 富貴와 私欲을 求하기 위한 것이 되었으므로 그 병통이 이런 것입니다. 임금과 같은 이는 이미 지극히 숭고하고 富貴하기 때문에 힘쓰는 것은 窮理하는 것과 正心하는 것이요, 구하는 것은 목숨이 길기를 하늘에 비는 것 外에는 아무 所望이 없어야겠는데 오히려 많이 찾아 조사하고 널리 상고하여 겉만을 修飾하는데 힘쓸 뿐이고, 자기 몸에 절실한 일을 하지 않는 것이 어찌 생각하지 않는 것이 심하기 때문이 아니겠습니까.

엎드려 바라옵건대, 전하께서는 깊이 이 폐단을 다스려 경계하시고, 性理學에 힘써서 정밀하게 하여 실제로 몸소 이행함으로써 「經典」을 빈말이 되지 않게 하신다면 국가에 매우 多幸일까 합니다.」58)

栗谷은 이와 같이 讀書는 記誦詞章의 學이 아니며, 富貴와 利欲을 위한 독서가 아니며, 많이 찾아 조사하고 상고하여 겉만을 修飾하여도 참다운 독서가 아니며 思索과 踐履를 겸한 독서가 義理를 밝히고 구현하는 독서임을 인식하고 性理學에 정밀하여 실천을 통하여 經典이 빈말이 되지 않게 할 것을 강조하였다.

다음으로 天地·人物의 理에 대한 말로 栗谷은 「周易」의 말을 引用하여

「周易에 太極이 있는데 이것은 兩儀를 낳고 兩儀는 四象을 낳으며 四象은 八卦를 낳는다.」59)고 하였는데 栗谷은 설명하기를, 物에는 반드시 理가 있으니 다 窮理하여 格物하여야 한다고 하였다. 그리고 이상을 통하여 孔子의 繫辭說을 引用하여 理學의

---

58) 栗谷全書 卷十九, 聖學輯要, 修己.
59) 周易, 繫辭, 「易有太極 是生兩儀 兩儀生四象 四象生八卦.」

根本을 삼고, 다음에는 經典에 나와 있는 여러 說을 引用하여 物에도 存在하고, 몸에도 存在하는 理致를 大略的으로 살폈다.

栗谷은 朱子와 程子의 見解를 통하여 格物致知를 다음과 같이 설명하고 있다.

어떤 사람이 묻기를,

「格物이란 반드시 物件마다 格하는 것이냐? 다만 한 가지 物件만은 格하여 모든 이치가 다 通하는가.」

程子는 對答하기를,

「一物이 格되어 모든 理致가 通하게 되는 것은 顔子라도 역시 이르지 못하였다. 오직 오늘 一物을 格하고, 내일에 또 一物을 格하여 學習을 쌓은 것을 이미 많아진 연후에야 超然히 貫通하는 境地가 있다.」고 하였다.

程子의 學問의 方法은 漸進的인 方法이다. 그런데 後日에 陸王學派에게 反駁을 당하기도 하였던 것이다.

朱子는 「格物」에 대하여 말하기를,

「格은 이른다는 뜻이요, 物은 事와 같으니 事物의 理致를 窮究하여 그 극진한 곳에 도달하지 않는 것이 없게 하는 것이다.」60)라고 이해하였으며, 「致知」에 대하여는 「致」는 미루어 극진하게 함이요, 「知」는 識과 같으니 나의 지식을 미루어 극진하게 하는 것은 그 아는 바를 다하지 않는 것이 없게 하게 하고자 하는 것이다」고 보았던 것이다.

한편으로 朱子는 格物과 窮理의 관계를 다음과 같이 規定하고 있다.

「文句사이에 일찍이 程子의 뜻을 그윽하게 취하여 補完하여

---

60) 栗谷集, 卷十九「朱子曰, 格至也物猶事, 窮至事物之理 欲其極處無不到也.」

說明하건대 이른바 致知가 格物에 있다는 것은 나의 知性을 완전하게 이루고자 할진대 事物에 卽하여 그 이치를 窮究함에 있는 것을 말하는 것이다. 대개 사람들의 마음의 靈明함은 알고 있지 않음이 없고 동시에 天下의 萬物이 理致가 있지 않음이 없건만 오직 理致에 있어서 완전하게 窮究하지 못함이 있기 때문에 그 知性을 모두 밝히지 못함이 있는 것이니 이리하여 大學을 처음에 가르칠 때에 반드시 學者로 하여금 온 天下의 事物에 직접으로 관계하여 이미 있는 理致를 인연하여 더욱 窮究하여야 그 극진한데에 이르도록 追求하지 않음이 없게 하나니 힘을 씀이 오래 되어서 하루아침에 환하게 꿰뚫는데 이를 것 같으면 모든 事物의 겉과 속, 精髓와 槪略이 이르지 아니 함이 없고, 내 마음의 모든 本體와 큰 作用이 밝지 아니 함이 없을 것이니 이것을 物이 格함이라 하여 이것을 知性이 이름이라 하느니라」[61]고 하였다.

栗谷은 또 말하기를,

「動하고 靜하는 기틀은 누가 시키는 것도 아니요, 理와 氣도 앞뒤를 말할 수 있는 것이 아닙니다. 그러나 氣가 動하고 靜하는 것은 모름지기 理가 根本이 되는 것입니다. 그러므로 大極이 動하여 陽을 낳고 靜하여 陰을 낳는 것입니다. 만일에 이 말을 고집하여 太極은 陰陽以前에 홀로 서서 陰陽이 無에서 나온 有라고 한다면 陰陽은 처음이 없다고 말할 수 없는 것이니 더욱 활달하게 간과하여 깊이 익혀야 합니다.」[62]라고 하였다.

---

61) 大學章句傳 第五章.
62) 栗谷集, 聖學輯要二, 修己第二上, 「動靜之機 非有以使之也. 理氣亦非有先後之可言也 第以氣之動靜也 須是理爲根柢. 故曰太極動而生陽靜而生陰若執此言 以爲太極 獨立於陰陽之前 陰陽自無而有 則非所謂陰陽無始也 最宣活看而深玩也.」

이와 같이 栗谷이 陰陽이 先後가 없다고 하는 理論은 단순하게 객관적으로 事物을 설명하는 것만이 아니라 그의 形而上學的 理氣論의 其礎가 되거니와 道學의 기초가 된다.

栗谷은 이 관계를 다음과 같이 말한다.

「臣이 살피건대 太極이 하늘에 있는 것을 道라하고, 사람에게 있는 것을 性이라하니 元, 亨, 利, 貞은 道가 유행하는 것이요, 仁, 義, 禮, 智는 性의 갖추어진 것입니다. 元은 때로 말하면 봄이 되고, 사람으로 말하면 仁이 되며, 亨은 때로 말하면, 여름이요, 사람으로 말하면 禮이며 利는 때로 말하면 가을이요, 사람으로 말하면 義이며, 貞은 때로 말하면, 겨울이요, 사람으로 말하면 지혜(智)입니다.」[63]

栗谷은 本然의 性에 대하여 元, 亨, 利 貞의 天道는 仁 義, 禮, 智의 人性에 內在한 것이므로 人性은 天道가 主體化된 것이다. 이와 같은 論理로 볼 때, 栗谷은 堯·舜의 仁과 湯·武의 義와 孔子·孟子의 道를 모두 固有한 性分으로 파악하고 이를 인간의 主體的 人道라고 보았던 것이다.

「臣이 살피건대 사람의 한마음에는 만 가지 이치가 전부 갖추어 있으니 堯·舜의 仁과 湯·武의 義와 孔·孟의 道는 다 固有한 性分입니다. 다만 이 기품이 앞으로 나아가지 못하고 物慾이 뒤로 함몰되어 公明한 사람이 혼미하여지고 正大한 사람이 간사하고 편곡하게 되므로 혼미하여 어리석은 衆人이 됩니다. 실상은 禽獸와 다름이 없으나 本來부터 갖추어져 있는 이는 그대로 公明하고 正大합니다. 다만 은폐되어 있지만 진실로 이는 息滅되지

---

63) 同上 「臣按, 太極在天曰道 在人曰性. 元亨利貞 道之流行者也 仁義 禮智 性之所具者也 元於時爲春 在人爲仁. 亨於時爲夏 在人爲禮 利 於時爲秋. 在人爲義 貞於時爲終 在人爲智.」

않기 때문에 진실로 혼미한 것을 내버리거나 그 간사하고 편곡된 것을 끊어 버린다면 밖에서 벌리지 않더라도 堯·舜, 湯·武·孔·孟과 같은 聖人은 될 수 있습니다.」[64]

위의 말은 마음에 理가 갖추어져 있다는 것만을 알 뿐이고 은폐된 것을 힘써서 버리지 않는다면 聖人이 될 수 있는 性分을 타고 났다고 하여도 無益할 것이므로 마땅히 窮究해야 한다고 하였다.

栗谷은 孔子의 말을 引用하여 「異端을 攻하면 害로울 뿐이다.」[65]고 함을 根本으로 하여 道·佛·陸象山의 學에 대하여는 末弊的인 점과 倫理를 害치는 面은 절대로 排斥하고, 取할 바는 取하였던 것이다. 특히 禪學에 대하여 批判을 加하였던 것이다.

「佛氏의 說은 精微한 것도 있고, 粗雜한 것도 있습니다. 조잡한 것은 단지 輪廻應報의 說로써 罪와 福을 확장시키고 우매한 백성을 유혹하고 협박하여 그들로 하여금 供養을 분주하게 시킬 뿐이지만 그 정미한 것에 있어서는 극히 心性을 論하였는데 理를 마음으로 인정하여 마음을 만 가지의 법칙의 근본이라 하고 마음을 性으로 인정하여 性을 보고 듣는 作用이라하여, 寂滅을 宗旨로 하여 天地萬物을 幻妄이라하고, 出世를 道로 하여 倫理·道德을 桎梏이라 하였습니다. 그 공부의 요점은 글로 세우지 않고 바로 人心을 가리키며, 性을 보면 成佛된다고 하여 頓悟한 뒤에 비로소 점점 修道하는데 만일에 뛰어난 사람이면 바로 깨닫고 바로 修道하는 사람도 있습니다. 達磨가 梁武帝때에 中國에

---

64) 同上, 「臣按, 人之一心 萬理全具 堯舜之仁 湯武之義 孔孟之道 皆性
    分之所固有也. 惟是氣稟拘於前 物欲泪於後 明者昏正者邪. 迷而爲衆
    人之 蚩蚩 實與禽獸無異 而本具之理則 其明自如 但爲所掩蔽而終無
    息滅之理. 誠能去其昏絶其邪則堯舜湯武孔孟之聖.」
65) 論語, 「子曰, 攻乎異端, 斯害也已.」

들어와 비로소 그 道를 전하였는데 禪學이라는 것이 그것입니다.
唐代에 이르러 그 敎가 크게 盛況을 이루어 그 무리가 天下에
퍼졌는데…… 대개 無爲로써 得道하는 것이라 하여 善惡을 論하
지 아니하고 만일 의사로써 얻었다하면 다 妄見이라고 한다. 情
에 맡겨 直行하여 의사를 작용하지 아니 한 후에 이에 眞見이라
한다. 여기에 미치지 못하는 者는 반드시 一, 二句의 무의미한
話題로써 無限한 妙理인양 하여 크게 의심하여 오로지 마음을
궁구하고 끊임없이 공을 쌓아서 고요하게 좌정한 끝에 대략 보
고는 방불하게 생각할 무렵이면 드디어 이것을 모방함으로써 활
연히 크게 깨달았다고 미친 듯이 방자해 하는데 이것을 了事라
고 합니다.」66)

 栗谷은 佛敎의 粗雜한 末弊와 禪學의 大衆性이 없음을 批判하
였지만 어디까지나 儒者의 立場에서 비판한 것이기 때문에 公正
性을 期하였다고는 볼 수는 없다. 佛敎의 精微한 점이 있음을
인정은 하면서도 程·朱의 學을 존중하는 儒者의 立場을 分明히
하였다. 高麗 末에 한국불교의 타락은 倫理를 크게 타락시켰음은
再論의 餘地가 없으나67) 栗谷은 佛敎의 本領을 이해하면서 人格
修養이 되지 않고는 末弊에 빠지게 됨을 分明히 평가하였던 것
이다. 그리고 특히 禪學을 批判하였던 것이다.

 「禪學은 사람을 의혹하게 하되 言語는 유학이 아니며 그 行實은
倫理를 적멸하게 하니 世上에서 秉彜가 있음을 조금이라도 아는
者는 진실로 이미의 심하였으며, 또한 程·朱가 禪學을 배척하여
禪의 자취를 말끔히 쓸어 버렸습니다. 陸象山의 學은 그렇지 않아

---

66) 栗谷全書, 卷二十一, 聖學輯要, 窮理章.
67) 金益洙, 儒家의 排佛思想, 韓國思想 제19집, 韓國思想硏究會. 1982,
   참조.

서 말은 반드시 孔·孟을 일컫고 있으면 行實은 반드시 孝·悌에 근거하였으나 그 마음을 쓰는 정미한 곳은 禪學과 같습니다. 이를 물리치기가 어찌 佛氏보다 10倍나 힘이 들지 않겠읍니까. 佛氏의 폐해가 外寇의 침략과 같다면 陸氏의 폐해는 간신이 나라를 그르치는 것과 같습니다.」68)

程·朱以來로 牧隱, 圃隱, 晦齋, 栗谷 等 儒學者들은 佛敎에서 取할 점은 取하면서 朱子學觀은 分明히 하였던 것이다. 人格이 修養되지 않으면 末弊에 빠지기 쉬우므로 警戒하고 批判을 하였던 것이다.

(4) 力 行

우리 인간이 인간답게 되는 데는 窮理에 의하여 인간의 善한 本然之性을 究明하고 그것을 실제로 保全해가며, 氣質之性을 本然之性으로 矯氣質하여 변화시키는데 있다. 따라서 여기에 實踐躬行과 務實力行이 必然的으로 論議되기 마련이다.

儒學의 人間形成原理는 「知」 다음에는 반드시 「行」이 뒤 따르고 있음을 엿볼 수 있거니와69) 新儒學(Neo Confucianism)도 仁을 實現하기 위한 聖人의 學임은 勿論이요, 經世學으로 실천이 要請되고 있는 것이다. 栗谷의 學은 朱子나 退溪가 「知」의 人間學에 역점을 두어 居敬과 窮理를 重視한데 대하여 여기에 力行을 追加한 것이 特徵이다.

栗谷의 「萬言封事」에 보면, 栗谷은 人間이 인간다워지려면 自己自身의 修身에 힘써야 한다고 강조하였다.

---

68) 栗谷全書, 卷二十, 聖學輯要二, 修己(上)
69) 論語, 學而, 「弟子入則孝, 出則弟 謹而信, 汎愛衆而親仁 行有餘力 則以學文.」

「臣이 살피건대, 大學에 이르기를, "天子에서 庶人에 이르기까지 한결같이 修身을 根本으로 삼을 것이니, 그 根本이 어지러워지면 末端이 다스려지지 않는다."고 하였다. 그러므로 帝王의 學問에는 修身보다 앞서는 것이 없습니다.」70)

이와 같이 人間敎育의 根本은 修身을 하는 데서부터 비롯되는 것이여 그 內容으로 知·行으로 區分하였던 것이다. 따라서 實踐·力行을 통하여서만이 자기를 克服하고 氣質을 변화하여 참다운 人間이 될 수 있는 것이라고 하였다. 그러므로 올바른 선비가 되려면 學問을 하되 그 方法은 다음과 같다고 하였다.

「居敬으로 根本을 확립하고, 窮理로써 善을 밝히고, 力行으로 그 實을 밟을 것이니 이 세 가지는 終身事業이다.」71)

栗谷은 이와 같이 居敬을 통하여 人間形成의 根本을 삼고, 窮理를 통하여 明善을 하고 力行으로 實踐하여 나아가는 것을 平生의 生涯敎育으로 하여야 함을 力說하였던 것이다. 따라서 栗谷은 實行, 躬行, 務實을 강조하였고 實效와 實事 等에 力點을 두었다. 그의 著書, 「萬言封事」에도 보면 力行을 강조하였으니,

「力行은 自己를 克하여 氣質의 病을 다스림에 있으니 柔者는 고쳐 剛하게 하고, 弱者는 고쳐 강하게 하고 懦한 者는 고쳐 自立하게 하고 嚴한 者는 和로써 調節하고 急한 者는 寬으로써 調和케하고 多慾이면 이를 맑게 하여 반드시 淸淨에 이르게 하고 多私이면 이를 바로 하여 반드시 公正한 것에 이르게 하여 스스로 힘을 다하여 밤낮으로 게을리 하지 않는 것이 力行의 要諦입

---

70) 栗谷集, 聖學輯要二, 修己第二上, 「臣按 大學曰, 自天子以至於庶人 一是皆以修身爲本 其本亂而末治者否矣. 是故帝王之學. 莫先於修己」
71) 栗谷全書, 卷二十七.

니다.」72)라고 하여 聖學의 大要는 程·朱以來의 兩大의 人間形成原理인 居敬·窮理外에 力行으로 보았던 것이다.

栗谷은 實行, 躬行, 務實을 修己의 중요한 관점으로 보았거니와 實效, 實事 等을 강조하였던 바 이는 매우 現實的인 점이기도 하다.

「讀書하는 이는 반드시 단정하게 손을 마주 잡고 반듯하게 앉아서 공손히 책을 펴 놓고 마음을 오로지하고 뜻을 모아 정밀하게 생각하고 오래 읽어 그 行할 일을 깊이 생각해야 한다. 이렇게 하여 그 일의 의미와 뜻을 깊이 터득하고 글 구절마다 반드시 자기가 실천할 方法을 구하여 본다. 만일에 이렇지 않고 입으로만 글을 읽을 뿐 자기의 마음으로는 이를 본받지 아니 하고 또 몸으로 행하지 않는다면 책은 책대로 있고 나는 나대로 따로 있을 뿐이므로 무슨 有益함이 있겠는가.」73)라고 하였으며, 또 말하기를, 「배우는 사람은 항상 이런 마음을 가지고 다른 사물이 빈틈을 타고 침입해 들어오지 못하게 해야 한다. 그리하여 반드시 이치를 궁리하고 착한 것을 밝힌 뒤에야 자기가 마땅히 행해야 할 道가 뚜렷하게 앞에 있는 것 같아서 進步해 나갈 수 있는 것이다.」74)

이와 같이 栗谷은 學問을 함에 있어서 文章中心이거나, 理論中心을 脫皮하고 實踐的 行動을 통한 人間形成을 試圖하였던 것이다. 따라서 日常의 生活을 통하여 우리 人間은 形成된다고 보았던 것이다.

栗谷이 宣祖十年(1577年)에 人間敎育을 위하여 지었다고 하는

---

72) 栗谷全書, 卷之五, 「萬言封事.」
73) 栗谷全書, 卷二十七, 擊蒙要訣.
74) 栗谷全書, 卷二十七, 擊蒙要訣, 讀書章.

「擊蒙要訣」75)의 序文에 보면,

「사람이 이 世上을 살아가는데 있어서 學問이 아니면 올바른 사람이 될 수 없다. 그런데 여기에서 말하는 학문은 또한 이상한 다른 물건이 아니다. 그러면 이 學問이란 무엇인가. 이것은 다만 남의 아비가 된 者는 그 아들을 사랑할 것이요, 자식된 者는 父母에게 孝道할 것이요, 남의 臣下가 된 자는 그 임금에게 忠誠을 다 할 것이요, 夫婦間에는 마땅히 分別이 있어야 할 것이요, 兄弟間에는 마땅히 友愛가 있어야 할 것이요, 나이 젊은 사람은 어른에게 공손히 해야 할 것, 친구(友)사이에는 믿음(信)이 있어야할 것 등이다. 이런 일들을 날마다 행하는 행동사이에서 모두 마땅한 것을 얻어서 行하여야 할 것이고, 공연히 마음을 玄妙한 곳으로 달려서 무슨 이상한 효과가 나타나기를 넘겨다보지 말 것이다.」라고 하였다.

要컨대 人間이 人間다웁게 되는 데는 學問이 있기 때문이다. 따라서 배우지 않은 사람을 禽獸에 비유하는 것은 倫理的인 面으로 區分한 것이다. 文章을 읽고 외우는 것이 중요한 것이 아니고 孝・忠・夫婦之別, 友愛, 恭敬, 믿음(信) 等 自己의 生活 속에서 實踐과 行動을 통하여 人間의 道理를 다하는 데에서 人間은 形成이 되는 것이다. 따라서 人間이 人間다웁게 形成되는 길은 日常의 行動 속에 있음은 勿論이요, 人間이 어떠한 길을 걸어야 하는 것을 窮理해야 할 것을 認識해야 할 것이다.

「學問은 兀然端座하여 終日토록 글만 읽는 것이 아니다. 學問은 날마다 하는 일의 하나 하나가 모두 理에 合當하게 하는 것

---

75) 栗谷이 宣祖十年(一五七七年 丁丑) 十二月에 完成한 「擊蒙要訣」은 「周易」의 山水蒙卦에서 根源한 것이며 蒙昧한 것을 속히 脫皮하는 (쳐서 없애는) 要堅한 秘訣을 담아 놓은 敎育書란 의미이다.

을 말한다. 오직 合理하고 아니한 如否를 스스로 알지 못하기 때문에 글을 읽어서 그 이치를 탐구하는 것이니 만일에 讀書로써 學問을 삼고 日常生活에서 行하는 일이 이치에 合當한 것을 求하지 않을 것 같으면 어찌 學問이라고 할 수 있겠는가.」76)

다시 말할 것도 없이 우리의 平常의 生活 속에서 實踐을 통하여서 名·實共히 實學이 이루어짐을 강조한 것이다. 그럼에도 오늘날의 學은 知識爲主의 學이요, 知識은 立身의 手段으로 전락되고 있음은 한심한 일이 아닐 수 없다.

栗谷은 진정한 學問은 生活을 통하여 實行하여야 함을 강조하고 있음을 엿볼 수 있다. 그가 氣發理乘說로 밝힌 心性論은 단순하게 理論에만 그치는 것이 아니고 人間의 本然之性을 회복함으로써 四端과 道心을 발휘할 것을 그 目的으로 한 것이다. 그리하여 잡박한 氣質을 교정하여 本然之性을 회복하고 誠의 境地에 이르게 할 것을 주장한다. 대체로 性理學者들은 「居敬」과 「窮理」를 강조하고 있지만 栗谷은 여기에 「力行」을 첨가하여 窮格과 踐履의 竝進을 주장하였던 것이다. 따라서 空理論을 배격하고 實理, 實功, 實事를 역점으로 두고 있으니 이것이 그의 誠實思想으로 特長이기도 한 것이다.

「옛날에는 學問이란 명칭이 없었으니 日常生活에서 彝倫의 道를 모든 사람이 마땅히 행하는 것이었으므로 특별히 指向하는 목표에 대한 명칭이 없었고, 君子는 다만 그 당연히 行할 것을 行할 뿐이었으나 後世에는 道學이 不明하고 人倫의 行實은 퇴폐하여 實踐함이 없으니 이에 實行으로써 당연히 해야 할 것을 이름지어 學問이라고 하게 되었으니…… 학문이 어찌 다른 이상한

---

76) 栗谷全書, 卷二十九. 經筵日記(二).

것이겠는가. 다만 日常生活에 있어서 實行함을 求함에 있을 따름이다.」77)고 하여 理論을 위한 理論이나 空論을 일삼는 學問은 空虛할 뿐 아니라 진정한 學問으로 보지 아니 하였던 것이다. 따라서 實行과 實踐을 통하여 學·行 一致가 될 수 있는 것이어야 한다는 것이다.

上述한 바 있거니와 선비敎育의 價値는 行動에 있음은 勿論이요, 自發的으로 實行하는 實踐에 있음을 말하고 있다.

栗谷의 선배敎育의 價値觀은 性理學에서의 人間形成原理인 居敬과 窮理에다가 力行을 追加한 것은 매우 現實的이라고 볼 수 있다. 따라서 力行에 의하지 않고는 矯氣質을 하여 誠의 本質을 回復할 수 없기 때문이다. 眞實無妄한 誠之하는 努力은 氣質을 矯正하여 一毫의 邪·妄이 없도록 實踐을 해야 함은 再言의 餘地가 없다.

「力行은 克己하여 氣質의 病을 다스림에 있으니 柔者는 고쳐서 剛하게 하고 弱者는 고쳐서 强하게 하고, 懦者는 고쳐서 自立하게 하고, 嚴한 者는 知로써 조절하고, 急한 者는 寬으로써 調和롭게 하고, 多慾하면 이를 맑게 하여 반드시 淸淨에 이르게 하고, 私가 많으면 이를 바로 잡아 반드시 大公에 이르게 하여 스스로 힘을 써서 날과 달로 게으르게 하지 않는 것이 力行의 要이다.」78)라고 하여 力行의 大要를 설명하고 있다.

如何튼 栗谷은 人間이 올바르게 形成되기까지에는 日朝日夕에 이루어지는 것이 아니고 漸進的으로 꾸준히 努力할 것을 促求하였던 것이다.

「工夫는 늦추지도 말고 急하게 서두르지도 말아서 죽은 뒤에

---

77) 栗谷全書, 卷二十九 經筵日記, 二.
78) 栗谷全書, 卷五, 疏劄三, 萬言封事.

그만 둘 것이다. 만일에 그 效果를 빨리 거두기를 요구한다면 그것도 利心이다.」79)

栗谷은 窮格과 日常生活 속에서의 實踐을 통하여 人間이 形成되느니만큼 平生敎育(life long Education)의 정신으로 나아가야 할 것이다.

(5) 誠　實

窮理로서 天理와 人性을 밝혔다고 하더라도 誠實한 마음이 없으면 實踐이 뒤따르지 못한다. 그렇기 때문에 栗谷은 「窮理가 分明하여야 만이 窮行할 수 있고, 반드시 마음이 진실해야만 비로소 진실한 공효에 착수할 수 있는 것이기 때문에 誠實은 窮行의 根本이 됩니다.」80)고 하였다.

栗谷은 그의 학문의 要諦가 誠實에 있음을 잘 알 수 있다. 따라서 栗谷은 實心을 天人合一의 요체로 삼았음은 물론이요, 修身의 中心的 核으로 보았던 것이다.

「臣이 살피건대 하늘에는 實理가 있기 때문에 氣化가 쉬지를 아니 하고 流行하며, 사람에게도 實心이 있기 때문에 공부가 틈이 없이 밝아지고 넓어지는 것인데 사람에게 實心이 없다면 하늘의 이치에 어긋나게 되는 것이다.」81)고 하였다.

栗谷은 實心을 정성스럽게 해야만 공효를 거둘 수 있다고 보아서 誠實한 躬行이 요청되고 있음을 강조하고 있다.

「어버이가 있는 사람은 마땅히 효도할 줄을 모르지 않지만 효

---

79) 栗谷全書, 卷十四, 自警文.
80) 栗谷全書 卷二十一, 聖學輯要(Ⅲ) 「窮理旣明, 事以躬行 而心有實心 然後 乃下實功 故誠實爲躬行之本.
81) 栗谷全書, 聖學輯要. 三.

도하는 사람은 적고, 兄이 있는 사람은 마땅히 공경할 줄을 모르지 않지만 孝道하는 사람이 적고 입으로는 夫婦가 서로 恭敬할 것을 말하지만 齊家의 效用은 적습니다. 長幼와 朋友의 경우도 또한 그렇습니다.」82)

위의 말을 통하여 볼 때 栗谷은 實心이 없으면 인간이 마땅히 해야 할 道理는 잘 알고 있으면서 躬行하는 功效는 이루지 못한다고 보았던 것이다. 그러므로 栗谷은 다음과 같이 말하고 있다.

「賢者를 보게 될 때에 그 마땅히 좋아할 줄을 알면서도 마음이 好邑하는데로 옮아가고 姦邪한 者을 보면 마땅히 미워할 줄을 알면서도 私私롭게 그에게 阿附함을 좋아하고 官職에 있는 者는 청렴과 義理를 말하면서도 일을 할 때에는 청렴과 義理를 모르고 百姓에 臨하는 者도 扶養할 것과 敎化할 것을 말하면서도 일을 할 때는 扶養할 것과 敎化할 것을 모르고, 또 仁과 義를 억지로 努力하여 外面으로는 볼만한 듯하지만 中心으로 즐거워함은 仁義에 있지 않고 詐僞를 矯正함은 오래 가기 어려워 처음에는 銳敏하게 하고, 나중에는 怠慢하게 하니 이와 같은 類는 다 實心이 없는 까닭이다. 한 마음이 誠實하게 되면 모든 일이 다 참(眞)이니 무엇을 한들 이루지 못하겠습니까. 그러므로 周子는 말하기를, 「誠이란 것은 聖人의 근본이다.」83)라고 주장하였던 것이다.

栗谷은 위에서 實心의 必要性을 강조하였거니와 不實한 생활

---

82) 上揭書, 「有親者莫不知當孝 而孝者鮮, 有兄者莫不知當弟, 而弟者寡, 口談夫婦相敬 而齊家之効蔑 聞長幼朋友 亦莫不然.」
83) 上揭書, 「至於見賢知其當好而心移於好邑 見邪知 其當惡而私愛其納媚 居官者說廉說義而做事不廉不義 莊民者曰, 養曰 敎而爲政不養不敎 又 或强仁勉義外似可觀而中心所樂不在仁義 矯僞難久始銳終怠 如是之類 皆無實心故也. 一心不實萬事皆假 何往而可行 一心苟實萬事 皆眞 何 爲而不成 故 周子曰, 誠者. 聖人之本.」

태도를 경고하였던 것이다. 그렇기 때문에 一心이 성실해야만 萬事가 이루어진다고 보았던 것이다. 따라서 이상적인 人間像인 聖人의 根本은 「誠」에 있음을 認識시키고 있는 것이다.

栗谷은 선비의 근본정신을 誠에 두었을 뿐 아니라 誠意야말로 유교의 宗旨인 修己治人의 根本이라고 강조하였고, 誠을 통하여서만이 올바른 인간이 形成된다고 보았던 것이다.

「臣이 또한 살펴 보건대 誠意는 修己와 治人의 根本이다. 지금 비록 따로 一章을 만들어 그 대개를 陳述하였읍니다만 「誠」하는 뜻은 上下 諸章에 一貫하여 있습니다. 만일에 뜻(志)에 誠實함이 없으면 세우지 못하고, 理가 「誠」이 없으면 「務」 할 수도 없고 氣質이 「誠」이 없으면 변화할 수도 없으니 다른 것도 미루어 볼 수 있습니다.」84)고 하였던 것이다.

이와 같이 栗谷의 道學에 있어서 一貫된 中心課題가 있다면 다시 말할 것도 없이 誠인 것이다. 또한 그의 實學的 人間學的 中核이 되고 있는 것도 역시 「誠」인 것이다.

그러면 誠을 하는 方法은 무엇인가.

「臣이 살피건대 誠이란 것은 하늘의 實理이고, 心의 本體인데 사람이 그 本心을 회복하지 못하는 것은 敬을 主로 삼아 私邪를 다 없애면 本體는 곧 完全하게 됩니다. 敬은 用功에 긴요한 것이고 誠은 收功하는 地平이므로 敬으로 말미암아서 誠에 이르게 됩니다.」85)고 하였다.

---

84) 上揭書, 「臣又按, 誠意爲修己之本, 今雖別爲一章 陳其大槪而誠之之意 實貫 上下言者章 如志無誠則不立 而無誠則不格 氣質無誠 則不能變 化 他可推見也.」

85) 上揭書 「臣按, 誠者 天地實理, 心之本成 人不能復其本心者. 由有私 邪爲之蔽也 以敬爲主 蓋去邪 則本體乃全 敬是用功之要 由敬而至於 誠矣.」

다시 말하면 誠이야 말로 心의 세워져야 用이 바르게 된다고 본 것이다.

5. 結　語

栗谷의 理想的인 선비像은 聖人이며 선비敎育의 窮極의 至標를 聖人에 두고 있는 것이다. 따라서 그 교육의 對象은 衆人을 相對로 그 氣質을 變化시켜 人間의 本然의 性을 回復하여 天理 그대로의 至善의 人間을 形成하는 것을 追求하였다.

그는 人間形成의 原理로써 儒學의 本質을 벗어나지 않아서 修己를 學問의 基礎로 삼았던 것이다. 그의 修己論은 從來의 程·朱·退의 居敬·窮理에다가 力行을 加하였던 점은 매우 長處이기도 하다. 따라서 그의 修己論은 居敬·窮理·力行等의 學問的 攻效에 의하여 矯氣質하는 것이다. 이것을 다른 말로 表現한다면 「致中和」인 것이다.

栗谷思想을 一貫하는 原理가 있다면 「誠」이거니와 그의 根本理念은 仁의 具現을 떠나 成立할 수 없으므로 修己의 實踐的 目標는 道德的 人間形成에 있음은 再言의 餘地가 없다. 그런데 그의 誠의 原理는 眞實無妄한 實理를 追求하는 것으로 實生活을 통하여 實踐窮行함을 要하고 있는 것이다.

그런데 栗谷은 修己를 먼저 내세워 爲己之學으로써 個人完成을 먼저 强調하였던 것이다. 그러나 그가 追求하는 理想的인 선비像은 全人으로서의 聖人에 있었던 만큼 治人을 또한 重視하였음을 看過하여서는 아니 된다.

上述한 바 있거니와 朝鮮朝에 있어서 선비의 學問은 人間을

人間다웁게 기르는 것을 그 本旨로 하였던 것이다. 제 아무리 훌륭한 두뇌와 전문적인 지식을 갖추고 있더라도 邪惡이나 不道德은 孤爭과 쟁탈만을 초래하여 결국은 人倫을 망각하고 파탄을 초래하게 되고 마는 것이다.

栗谷의 傳統的인 理想的 선비의 人間敎育觀은 全人敎育을 의미하였다. 현대교육에 있어서의 특수한 지식이나 專門的인 학문을 의미하는 것은 아니었다. 따라서 여기에서의 全人은 智·仁·勇의 三德을 모두 갖춘 원만한 人格과 지성을 갖추고 能力있는 인간상을 追求하였던 것이다.

栗谷의 인간교육에 있어서 道德的 실천방법으로 窮理(智)·居敬(仁)·力行(勇)이 있는바 이 세 가지가 全人敎育을 形成한다고 볼 수 있는 것이다.

「修己의 功은 居敬·窮理·力行 三者에 지나지 않는다.」라고 하여 修己工夫에는 知的인 面과 行的인 面이 있고 修己의 功에는 朱子가 말하였던 居敬·窮理에다가 力行을 더 追加하였던 것이다. 力行이 아니면 居敬·窮理가 空虛하여지기 때문이다.

再言컨대 栗谷은 初學者는 반드시 먼저 立志로써 聖人을 自期해야 한다고 하였었다. 그리고 實을 강조하였고, 「誠」을 그의 哲學的 基礎로 삼았으며, 그 實現을 「誠」·「正」에 두었음을 잘 알 수 있다. 오늘날 人間의 本然之性을 망각하고 人格形成을 이루지 못함은 勿論이요, 人間의 基本敎育이 되어 있지 않아 많은 문제점이 일어나고 있음은[86] 昨今의 일이 아니거니와 인간형성의 原初는 小學에서부터 비롯됨을 인식하여야 하거니와 흔히 사람들이 잘못 이해하고 있는데 人間

---

86) 金益洙, 栗谷의 人格敎育思想, 서울, 瑞逸工專大論文集, 제4집(1983) 참조本橋는 拙橋 栗谷의 人間觀(學生生活硏究 제3집, 京 大學 學生生活 硏究所刊 1984)을 참고하였음을 밝힌다.

敎育의 理論이 西洋에서 導入된 것이 아니라 한국의 전통교육 속에 이미 提示되어 있음을 아울러 認識시키고자 하는 뜻이 여기에 있다.

栗谷의 修己論은 現代의 價値體系와 倫理觀定立에 많은 敎育的 시사와 기여되는 바가 있으리라 생각된다.

韓國古代의 天文地理

安 明 護

(성균관 유림월보 주간)

1. 緖 言

半萬年歷史를 綿綿히 이어왔고 찬란한 文化를 發達시켜 保存하여온 倍達民族文化는 古朝鮮 이후로 三國時代에 이르기까지 크고 작은 部族이며, 東西南北에 흩어져 있던 많은 小國들을 統合해 왔다.

여기서는 새로이 한 時代의 政治, 文化, 社會制度가 創造되었던 古朝鮮이 建國되기 전에 이미 이곳 白頭山을 中心으로 하여 많은 土着人類가 居住하고 있었다는 것을 確認한다. 그러나 古代 天文學과 地理學을 硏究함에 있어서 가장 重要한 것은 人類의 歷史가 創造되기 전부터 하늘과 大地와 海洋과 山川이 形成되어 있었다는 점이다.

이 硏究는 大韓民族의 天文, 地理學的 發達史를 쓰기 위한 論文이 아니라 앞으로 利用, 厚生을 위해서 正德을 함에 위로 天文을 觀察하고 아래로 地理를 硏究하는 重要性의 探究的인 一方을 論하는데 資料的인 檢討와 分析을 하여 보았다.

2. 古代天文學

　古代天文學의 研究는 檀君紀元 3001年 以前을 한데 묶어서 時代를 區分하였다. 古朝鮮 이전에 白頭山(長白山)을 中心으로 하여 東西南北에 많은 土着人類(原住民)가 살고 있었다. 그리고 南쪽으로 半島中部와 東南部 要所要所에도 土着原住民이 居住하고 있었음을 看過해서는 안될 것이다.

가. 古朝鮮

　古朝鮮時代의 天文學에 대한 資料는 아주 稀貴하다. 더군다나 神檀樹가 있던 白頭山을 북쪽에 두고 自由로이 踏查도 할 수 없는 實情이라 三國史記와 三國遺事, 檀君古記, 東國地理誌, 漢書 三韓傳, 文獻備考地理考 滿洲源流考, 二十五史, 疆域考 古事辨 등을 참고해서 檀君王儉[1] 이 太白山 神檀樹下에 내려오셔서 朝鮮을 建國하심으로 天文과 地理의 重要性은 당시에 이미 重大한 經綸事의 하나가 되었을 것이다. 人類의 政治, 文化의 발달은 古代結繩之政[2]의 단계를 거쳤다는 것을 미루어서 文字는 그 뒤에 발달했음도 알게 된다. 아쉬운 것은 옛날에 檀君의 「王儉之志」가 傳해오지 않아 得見 할 수 없는 일이다.

　일찍이 檀君王儉의 『天符經』과 『天符印 3개, 風伯, 雨師, 主穀,

---

1)　檀君: 朝鮮開國之祖(朝鮮史略) 謂帝堯時有神人降於太白山(卽今長白山) 檀木之下, 土人奉之爲主, 國號朝鮮, 都平壤, 後入阿斯達山爲神, 是爲檀君, 名王儉.(辭海檀君條)
2)　結繩之政: 孔安國의 古文尙書序에서 古者伏羲之王天下也, 造書契以 代結繩之政……云云.(글대신 노끈을 맺어 일을 표하던 옛날 中國의 行政.)

主命, 主病 主善惡3)했다』는 史記를 바탕으로 古代天文學관계를
알아보면 이러하다.

즉, 檀君王儉께서 朝鮮을 建國하고, 天符三印을 가지고 雄(桓
雄)은 3천의 무리(徒)를 거느려 太白山 神壇樹下에 내려오니 이
곳을 神市라고 했다.

당시에 天文은 神壇에서 하늘에 祭祀하는 祭天思想과 意識 속
에서부터 風伯雨師雲師 등 氣象觀測分野에 이르기까지 이미 天
文과 緊密한 관계를 폭넓게 內包하고 있다. 主穀은 農耕을 主로
하는 일이요, 그 일을 담당한 직함이라고 한다면 農耕을 위한
氣象觀測은 매우 重要한 業務였음을 보여주고 있다.

이러한 氣象學分野 뿐만 아니라『檀君王儉』의『三一神誥』나
『天符經』을 살펴보면 이미 天地人三才가 不可分의 관계임을 증
명하였고 天符經4)에서는 次元 높은 數理哲學이 담긴 布敎를 하
였던 것이다. 특히 여기에 쓰인 數字는 一 二 三 四 五 六 七
八 九 十의 十進法을 나타내고 있으므로 이때에 벌써 算數를 하
는 숫자 文字가 발명되었음을 미루어서 天文學도 相當한 水準으
로 발달했음을 足히 짐작하게 된다.

<ol start="3">
<li>古朝鮮: 魏書云, 乃往二千載有檀君王儉, 立都阿斯達, 開國號朝鮮, 與
堯同時. 古記云, 昔有桓因庶子桓雄, 數意天下, 貪求人世, 父知子意,
下視三危太伯, 可以弘益人間, 乃授天符印三箇 遣往理之, 雄率徒三
千, 降於太伯山頂神壇樹下, 謂之神市, 是謂桓雄天王也. 將風伯雨師
雲師, 而主穀主命主病主善惡.(三國遺史)</li>
<li>天符經: 一始無始, 一析三極, 無盡本, 天一地一人一三, 一積十距, 無匱
化, 三天二 三地二 三人二 三大三合六生, 七八九運三四, 成環五七, 一
妙衍, 萬逴萬來, 用變不動本, 本心本, 大陽昂明, 人中天地一 一終無終
一.(天符經)</li>
</ol>

나. 新 羅

新羅는 太白山(白頭山)에서 줄기차게 뻗어 내린 太白山脈이 南으로 三千里 錦繡江山을 이루고 半島南部에서 西北쪽으로 千餘里 小白峻嶺을 干城삼아서 土着部族이 檀紀2276年(BC 57년) 甲子에 建國하였으니 이 나라가 곧 新羅이다. 그리고 三國을 統一한 나라도 新羅이다. 대게 한나라가 建國해서 千年의 歷史를 保存하여 온 것은 必然코 萬機之要의 國基가 있었으니 이는 저 瞻星臺가 그 가운데 하나임이 分明할 것이다. 지금도 오히려 千年古都에는 값진 文化遺産들이 그 時代를 說明해 주고 있다.

瞻星臺는 世人이 다 아는바와 같이 東洋에서 가장 오래된 天文臺로서 善德文王16年(西紀647)에 建築된 것이다.5) 그러나 이보다 1백 11년 앞서서 新羅는 年號를 使用하기 시작하였다. 즉, 新羅法興王23년(西紀 536)을 建元 元年이라고 하였다. 이를 미루어 보면 年號를 獨自的으로 定할 必要를 느끼고 實現했던 當時 新羅朝廷에는 曆法과 天文學을 精通한 學者도 있고 年號를 定해서 使用할 만큼 基底가 이룩되었던 것으로 짐작할 수가 있다. 물론 그 당시에 天文을 仰觀하고 地理를 俯察하는 學者와 官吏가 있었을 터인즉 瞻星臺에서 觀測하고 調査했던 記錄도 있었을 것이다. 現在는 그러한 記錄들은 하나도 없다.

---

5) 瞻星臺: 높이 9.1m인 병모양의 신라시대 石築天文臺로서 밑지름이 4.9m, 윗지름이 2.2m, 그리고 臺石으로부터 4.1m 되는 곳에 한변의 길이가 1m쯤 되는 문이 있다. 첨성대는 新羅 善德女王 16年(西紀 647년)에 建立된 現存하는 東洋最高의 天文臺로서 現存 慶州半月城 북쪽에 保存되어 있다.

다. 高句麗

高句麗는 新羅보다 먼저 建國하였으니 廣開土王初年(西紀 391)을 永樂元年이라고 年號를 制定頒用하였다. 이는 新羅보다 1백 45년이나 앞섰다는 것도 알 수가 있다.

그리고 廣開土王의 廟號는 「國岡上廣開土境平安好太王」이다. 新羅慶州古墳에서 「乙卯年國岡上廣開土地好太王壺杅十」라는 銘文의 壺杅가 發見됐다. 그 文字의 形體가 滿洲奉天省輯安賢東岡碑石街에 있는 廣開土王碑의 字體와 같다고 한다.

또한 名將 「乙支文德」은 일찍이 隋나라 于仲文에게 보낸 시에서 「神策究天文이요 妙算窮地理라 戰勝功旣高하니 知足願云止라」고 하였다. 이 詩에서 天文과 地理에 대한 句節이 보이듯이 高句麗上流社會에서 이처럼 通達하였은 즉 天文과 地理를 專擔하는 機構나 官職에 屬하는 人物이 果然 없었을까, 더구나 小獸林王2년(西紀 372)에 太學을 세우고 人材를 敎育했음이랴. 미루어 보건대 天文書籍이며 地理에 관한 記錄 및 施設遺物도 高句麗의 滅亡과 함께 파괴 되거나 兵火를 당하였을 것으로 추측된다.

라. 百 濟

百濟의 역사는 溫祚王이 檀紀2315년(BC 18)에 위례성(廣州)에다가 都邑을 정하고 國號를 「十濟」라고 하고 沸流를 따르던 彌鄒忽流民과 合流한 다음부터 百濟라고 하였다.

여기서 다른 國號와는 달리 「十」字나 「百」字가 다 數理的인 文字라는 데서 百濟는 建國初부터 天文과 地理에 관한 文明이 발달하였다고 보아진다.

近來에 漢江 남쪽 城東區 岩寺洞 一帶에서 先史時代 움집 遺

蹟地1)가 發見되었다는 것은 百濟의 建國新都를 이곳으로 定하였다는데 이는 우연 일치라고만 보아지지 않는다. 그 까닭은 이곳의 氣候와 地理的與件이 人類住居에 알맞은 곳으로 選擇된 땅이라고 보았을 때에 先史時代土着人의 판단이나 百濟 建國을 하였던 溫祚王과 그 臣僚들이 이곳을 都邑으로 정황은 우연의 一致라고 볼 것이 아니라 水準 높은 天文 地理에 대한 識見이 있었던 것이다. 뿐만 아니라 기둥을 세웠던 움집터에서 맷돌과 돌도끼, 화살촉, 빗살무늬土器 등이 發見되었다. 여기서 맷돌은 穀物類의 껍질을 벗기는 데 利用했던 것으로서 農耕住居地였음을 짐작할 수 있기 때문이다. 그리고 움집터라는 데서 기둥을 세워서 비바람 막이(지붕)를 하고 적당한 깊이 속에 安住한 住民은 地上으로 불어오는 바람도 막기에 容易하였을 것이다. 이와 같이 大自然環境에 適應하였던 그 自體 속에 상당한 天文學 地理學的 識見이 있었던 것이다. 이러한 것은 漢江남쪽 車嶺 小白山脈 智異山 以西에 이르는 百濟境內에 土着原住民韓族들의 生活方式이요, 그 水準이 先史遺蹟에서 보이는 것 보다 훨씬 發達했던 事實은 國寶 제11호2)에서도 살필 수 있다.

또 15세기 前 百濟(25대) 武寧王의 凌을 통하여 보면 당시 百濟文化를 多角的으로 알 수 있다. 그 誌石銘文과 副葬遺物이 그 증거가 되고 있다.

---

1) 完全한 모습 드러낸 新石器時代 움집.
　漢江邊 岩寺洞(城東區) 先史 遺蹟址서.
　炭化된 기둥이 原形 그대로 맷돌, 돌도끼, 어망촉, 화살촉, 빗살문土器 등(중앙일보 제2654호(1974년 4월 18일) 참조).
2) 국보 제11호는 당국에서 「彌勒寺址右塔」이라고 題號를 정해 놓고 있으나 筆者는 이 施設을 百濟武王이 쌓은 「武王石臺」라고 稱함.

마. 高 麗

高麗는 新羅를 降伏 받아 統一國家를 이룩하고 開城을 4百年 都邑으로 하였으며 독특한 高麗磁器는 世界的으로 有名한 當時의 文化遺産이라 할 것이다. 高麗初에는 書雲觀에 太卜監과 司天台, 太史局이 설치돼 있음을 歷史는 밝히고 있다. 그러나 그에 대한 記錄이나 遺物은 찾을 수 없다.

그러나 高麗는 平壤과 漢陽을 西京·南京으로 삼고 開城을 中京으로 해서 統一新羅때에 彊域을 保存하면서 國家와 民族을 發展시켜왔음을 역사는 가르쳐 주고 있다.

한편 多幸스러운 것은 江華島 摩尼山에 塹城壇이 지금도 保存되었다는 事實이다.

이 塹城壇은 高麗 高宗 19년(서기 1232)에 몽고군을 피하여 이곳으로 播遷해서 元宗 1년(서기 1260)에 開城으로 還都하기까지 江華에서 28년 동안 高麗를 여기서 統治하였다. 이 기간에 摩尼山 塹城壇은 高麗國王이 올라가 祭天하였을 것이라고 推測하기에 넉넉하다. 더구나 이곳은 檀君王儉께서 하늘에 祭를 올렸다는 傳說이 이러한 事實을 뒷받침하는 것이리라.

3. 古代地理

地理에는 古今이 없다. 다만 流盈而益謙하는 理致에 따라서 아주 작은 變化와 變遷이 있을 따름이다.

무릇 地理란 것은 大地위에 山이며 江이며, 바다와 陸地, 平野와 골짜기 邱凌 등과 沼澤 湖水의 상태를 全部 綜合해서 일컫는 말이다. 그러기에 地理學은 『地球의 表面과 그 부근의 特有한 空間的 형상을 硏究하고 특히 그 위의 生物, 天然産物과 土地와의 관계를 고찰 硏究하는 廣範한 學問』이라고 槪念을 定하는 것이다.

그러나 地理의 가장 重要한 것은 自古로 天時에 應하는 事實이다. 마치 人間이 陽性과 陰性의 調和를 이루어서 後嗣를 生産해 내듯이 天地自然도 天時와 地理, 形勢가 잘 調和되는 곳에서는 草木이 甲坼을 하고 싹이 트며 꽃을 피우는 한편 蜂蝶은 어느 곳에서 생겨났는지 꽃을 찾아 天空을 날아다니는 것이 大自然의 現狀이다. 人爲的으로 어찌할 수 없는 것이기에 古代 創世期에는 人間도 大自然속에 天然的으로 變化生成한 萬物의 靈長인 것이다. 그러나 地球上에 모든 民族은 이미 各各 始祖君長을 위시한 創世期의 歷史를 定해 놓고 각각 그 民族들에게 統一的으로 敎育하고 傳統的으로 받들도록 生活化되었다. 이러한 現實속에서 古代地理에 대한 것을 새삼 硏究하고 整理하는데는 時代的인 久遠함과 資料的인 면에서 稀貴함은 물론 古蹟, 즉 古代遺蹟이 남아 있음직한 몇몇 地域을 往來探究할 수도 없는 東北亞의 특수한 處地임을 더욱 아쉽게 생각한다.

그러나 몇몇 重要한 資料를 바탕으로 해서 다음과 같은 硏究를 할 수 있었음은 그나마 多幸한 일이다.

가. 古朝鮮

古朝鮮은 檀君王儉께서 이미 國家를 세우신 當初부터 1천 48년의 王朝를 가리키는 말이다. 그러나 地理的 與件은 檀君王儉께서 建國하시기 以前에 白頭山을 中心으로 한 東北亞細亞 地域內에 많은 部族들이 生活하고 있었다는 事實이다. 즉 앞에서 밝혀 놓은 [帝堯時 有神人降 太白山 今長白山 檀木之下土人奉之爲主]

바 여기서 『土人』들 이라는 것은 바로 土着民들인 것이다. 이들 土着民들은 原始에 어떻게 생겼으며 언제부터 이곳에서 居處하고 있었는지 이는 자세하지 않으나 或者는 東北亞地域의 自生民族이라는 說이요, 一說은 中央亞細亞에서 流入土着한 알타이族이라는 說이 現代學界에서 統一된 說로 되어있다.

그러나 古代社會가 形成되기 이전에 벌써 東北亞細亞의 地理的 型勢는 完全히 이룩되어 있었다. 아주 아름답게 그리고 萬物이 生成하기 좋은 條件을 갖추어진 곳으로 이룩된 것이다. 이러한 地理的 與件속에서 自生한 東北亞에 韓民族은 居住地域內에서 名山大川에 祭祀를 드리기도 하고 部族의 安危를 祈願하는 儀式이 있었기에 白頭山에 神檀樹를 정하고 設祭壇을 하였으리라는 것은 推測하기에 어렵지 않다. 즉 現在도 地球上 여러 곳에는 아직도 原始生活을 계속하는 原住民들이 많이 있다. 이들의 生活 속에서 우리들의 原始祖上들의 生活도 慣習도 推測할 수 있다는 것은 첫째, 食生活로 連命한다는 것. 둘째, 住居의 安全을 圖謀한다는 것. 셋째, 家族을 形成한다는 것. 이 세 가지는 古今이 차등 없으며 東西南北 어느 民族이거나 온 人類가 共通된 生活方式이다. 그러기에 太白山에 神檀樹는 檀君王儉이 下降하시기 전에 이곳 白頭山을 靈山으로 받들던 部族들의 祭壇이 있던 神靈스러운 山이었다고 보아진다.

그러면 어떻게 해서 이러한 研究를 할 수 있는가.

東北亞의 겨울(冬) 추위는 北西北方으로 萬里距里에 위치한 바이칼湖가 時時로 南下하는 高氣壓帶의 中心을 이루고 있음은 오늘날 우리 氣象台에서 看過하지 않는 바이며 濟州島南쪽 萬里距里의 太平洋 海上은 때때로 颱風이 發生하는 곳이다. 이것은 今世紀에 들어서 나타난 현상이 아니라 人類가 生活하기 훨씬 전부터 계속

되어 온 것인지도 모른다고 말할 수 있는 것은 北滿州西쪽에 있는
「고비사막」은 東西의 길이가 一萬里가 넘는다. 이곳 大平原이 沙
漠으로 變한 것은 1년이나 10년 사이에 이룩된 것이 아니라는 것
이요, 또 한 가지는 이곳이 왜 沙漠化하여야 하느냐 하는 것이다.
人間의 作爲에 依한 것이 아니라, 天地自然的인 與件으로 어쩔 수
없는 결과라고 볼 때에 東北亞의 地理的인 與件은 天惠의 聖地임
을 더욱 절강하게 한다.

　東南쪽으로 탁 트인 太平洋에서 불어오는 四季節風은 적당한
비가 때때로 내려서 大地의 生物을 번식하게 한다. 그러나 이
四季節風雨는 西北으로 뻗은 興安嶺山脈을 넘어가면서 極度로
弱化하여 비구름이라도 그곳은 草木이 生長하기에 넉넉지 못한
것이요, 또한 中央亞細亞나 蒙古에서 불어오는 沙漠風이나 高氣
壓帶의 南下 역시 興安嶺山脈이 防風하는 屛風처럼 東北亞의 北
滿州와 韓半島 全域을 保護해 왔다고 보아진다. 이는 앞으로도
계속 될 것이다.

　우리는 괴어있는 웅덩이 물에서 장구벌레가 먼저 생기는 大自
然의 攝理를 보듯이 天惠의 聖地요, 地理的으로 寒波와 沙漠風을
막아주는 東北亞地域內에서 人類가 自生할 수 있다는 推測은 어
렵지 않다. 그 까닭은 中央亞細亞에서 自生한 알타이族이 그곳에
서 自生할 때에 東北亞에서도 人類가 自生할 天然的으로 人類가
自生할 條件을 갖추고 있기 때문이다. 이곳에서 白頭山(長白山)이
靈山으로 알려지고 있는 것은 天池(龍王潭)에서 北으로 송화강이
흐르고 西로 압록강, 東으로 두만강을 비롯하여 南으로 太白山脈
이 힘차게 뻗어 있고 北으로 長白山脈이, 東으로 함경산맥, 西쪽
으로 센산산맥 번깐산맥이 뻗어 있고 그 사이 사이로 흘러내리는
江물이 모두 長白山下에서 發源하고 있기에 가장 신령스러운 山

이 바로 長白山이니 檀君王儉이 이곳 神檀樹아래에서 古朝鮮을
建國하셨다는 것은 매우 意味있는 歷史라고 느껴진다.

나. 高句麗

　高句麗는 長白山에서 建國한 古朝鮮이 1천 48년 역사를 傳承
하여 오는 사이에 都邑을 平壤으로 옮겼다는 역사를 背景으로
하고 東明聖王이 檀君紀元 2296년에 卒本(좀안현)에서 高句麗를
建國하였다. 이 卒本의 위치가 長白山아래 西쪽으로 數百里 밖
센산산맥 아래라는 점과 西北으로 이 센산산맥과 라오허강을 이
중 겹으로 天惠의 防禦線이 西北으로 뻗어 있다는 점이다. 高句
麗의 國境이 北滿州一帶를 管轄하고 있었음은 앞에서 言及한바
있거니와 廣開土大王의 紀念碑는 바로 그 歷史를 立證해주고 있
는 것이다. 또 한 가지 地理的으로 重要한 遺蹟은 高句麗의 長
城遺蹟이다. 즉 高句麗가 隨나라 大軍을 맞아서 싸웠다는 安市城
의 歷史는 너무나 有名하다. 이 安市城을 中心으로 해서 西쪽과
北쪽으로 長城을 쌓았다. 이 城을 쌓은 年代나 築城하던 主役들
의 歷史가 泯滅되었으나 압록강 북쪽 卒本(좀안현)을 保護하기
위해서 西쪽으로 라오허강 건너에서 侵來하는 敵을 防禦하기 위
하여 센산산맥 아래 산기슭에다가 城을 쌓았으리라는 것은 짐작
하기에 足하다. 그러나 이 高句麗 長城에 대한 이야기를 우리나
라 歷史에서 소홀히 하고 있음은 매우 重하게 再考할 일이다.
이 城의 位置를 地理的으로 살펴볼 때에 西北쪽에서 侵來하는
敵이 있었다고 생각할 때에 그 때는 지금부터 2천년 전이다. 그
때에는 石器時代文化와 鐵器時代文化가 交替 또는 共存했을런지
알 수 없으나 侵來하는 敵이나 防備하는 高句麗軍의 防禦武器
또한 現代와 비교하여 보면 보잘 것 없었을 것이다. 그러기에

敵이 또한 江을 渡河하는 장비도 별로 없었을 것이라고 생각할 적에 陸路侵來는 騎馬步軍의 主攻路가 되었을 것이라는 것은 常識에 속한다. 그러한 점에서 高句麗長城은 築城位置로 볼 때 아주 選擇된 要衝이라 할 것이다. 즉, 長白山에서 江을 건너지 않고 陸路로 興安嶺山脈에 이르는 길은 바로 센산산맥에서 興安嶺山脈에 이르는 邱凌을 통하여 오늘날 長春市를 지나는 一帶 東南에서 西北으로 뻗은 邱凌地帶이다. 라호허江 상류에 신카이江은 西에서 南으로 흘러서 黃海로 들어가고 松花江은 長白山에서 發源하여 北으로 흘러서 北滿州中部를 뚫고 東北으로 소련의 흔테아린산맥 북쪽 평야를 지나 바다로 들어간다. 이처럼 長江이 高句麗의 卒本을 비롯한 古疆要地를 保護하는 天惠의 守備가 되었다. 위에서 言及한 라오허江과 松花江 사이에 邱凌大地를 無水陸路로 利用하는 敵을 防禦하는데 長城을 쌓은 高句麗君臣들의 智慧16)를 우리는 높이 평가해야 할 것이다.

한편 興安嶺山脈 너머에서나 中國萬里長城의 北西쪽에 살던 알타이族이 隨時로 侵來하였던 까닭은 人類文化가 발달하기 좋은 條件과 人類가 生活하기 좋은 地域이기 때문이었다고 할 것이다.

다. 百 濟

百濟는 韓半島에서 漢江 以南으로 小白山脈과 智異山 以西에 위치하였던 나라이다. 이 地域內에는 漢江, 錦江, 동진江, 영산江, 섬진江이 黃海, 南海로 흘러 들어가고 있다. 또한 이 流域에는 넓은 平野도 펼쳐있다. 이곳은 土地가 기름지고 北溫帶기후, 적당한 강우량으로 인하여 山이나 平野에 農産物이 豊富하며, 바다에는 海産資原이 또한 豊富할 뿐 아니라 西로 中原(唐)과 南으로 日本(倭)과의 海運交易이 일찍부터 발달 할 수 있었다.

百濟는 일찍이 溫祚王이 馬韓을 滅한 이후에 더욱 興하였다. 그런데 馬韓은 三韓域內 무릇 78개 部族國家 가운데서 最大國으 로서 그중 54部族國을 統治3) 하였다. 그리고 馬韓은 辰國뒤에 起興하였다. 이처럼 百濟가 建國하기 전에 이 地域內에는 많은 部族國家가 形成돼 있었음을 우리는 看過해서는 아니 된다. 오늘 날 全北益山郡金馬面箕陽里에 있는 彌勒寺址石塔은 1천 3백여 년 전에 築造된 것으로서 國寶 第11號이다.

이 石塔은 薯童과 善花公主의 說話가 三國遺史로 傳하고 있는 곳이다.

이 塔에 대하여 자세한 記錄은 없으나 筆者가 踏査한 所感을 느낌대로 表現한다면 첫째, 이처럼 巨大한 石塔은 다른 곳에서는 못 보았다. 둘째, 規模가 이처럼 큰 것은 다만 高僧 大師의 사 리, 遺物保存만을 위해서 築造된 것이 아니라 新羅의 瞻星臺와 樣式은 다르나 天文觀測臺의 役割을 할 수 있도록 特殊設計 된 塔臺로 보였다. 셋째, 이 石塔은 6層 臺塔에 넓은 墩臺가 附設돼 있고 맨 아래층은 石柱사이로 사람들이 通來를 해도 머리가 위 로 닿지 않을 만큼 높게 되어있다. 그리고 한쪽(지금은 日人들이 시멘트로 볼품없이 발라 놓은 곳)으로는 塔을 오르내릴 수 있도 록 設計築造 되었던 것으로 보였다. 넷째, 이 塔은 築造하려고 設計를 할 당시에 紀念物이나 觀光施設로 設計한것이 아니라 國 家에서 가장 重要한 天文臺를 당시 國民이나 外國人들이 容易하 게 侵入하거나 損壞할 수 없도록 設計한 것으로 느꼈다. 다섯째,

---

3) ① 東史綱目……魏誌 三韓傳……三韓凡 七十六國 馬韓最大T略. 馬 韓 統五十四國. 弁辰韓各統十二國. ② 漢書云 溫祚滅馬韓而百濟興 焉. ③ 漢書 以三韓皆古之辰國視之則馬韓起於辰國之後……略)

가장 의심스러운 것은 百濟가 31王 6백 78년의 歷史를 지켜온 國家로서 그 國家, 그 政治, 그 文化를 발달시켜온 당시 王家에서나 國民들에게는 國家的인 紀綱과 國民的인 倫理가 잘 敎育되고 있었음을 成忠과 介白에서 알아볼 수 있는데 하물며 百濟國王이 仰觀天文하고 府察地理하며 觀乎天文하고 察乎人文하던 자취가 없단 말인가 하는데서 扶餘에 있는 扶蘇山迎月台보다 次元 높은 理想과 技術과 設計와 努力이 들었으며 당시 國家的인 大役事라야 가능 하였으리라는 點으로 살펴 볼 때에 이것은 石塔이 아니라 百濟王都石台라고 보아진다. 특히 新羅 善德女王末에 瞻星臺를 慶州에 築造하였다는데서 百濟王도 이러한 類의 施設을 築造하였을 것으로 짐작하기에 어렵지 않다. 뿐만 아니라 이 施設에는 薯童과 善花公主의 說話가 담겨 있는 점으로 미루어 보건데 薯童은 바로 百濟 30代王인 武王의 兒名이라는 事實은 매우 重要한 築造年代를 찾는 端緒가 되고 있다. 武王은 檀紀 2933년부터 41년(서기 600~641년)간 在位하였던 史實로 미루어 볼 때 武王初年에 設計築造된 것으로 보아진다. 이와 같은 調査分析을 하는 筆者는 그 施設의 名稱을 「武王石臺」라고 한다. 누가 뭐라고 해도 이 武王石臺는 百濟文化를 再照明하는 次元에서 調査하고 7백년 百濟國歷史를 줄기차게 이어오면서 西로 唐나라와 北으로 高句麗, 東으로 新羅, 南으로 日本 등과 文化를 交流하고 王仁博士를 통해서 千字文과 論語를 輸出하고 日本太子를 敎育하여 日本文化에 始祖가 되었다는 百濟의 强盛했던 모습이 바로 天文과 地理와 人和에 있었고 이 3가지는 登臺한 百濟王心 中에서 始發하였던 것이라고 할 때에 이 武王石臺는 百濟文化遺跡으로서 가장 값진 寶物 中에 寶物이라고 할 것이다.

그리고 이곳 가까운 곳 八峯面石莊里에 있는 益山雙凌은 馬韓

의 武康王과 그 後妃의 凌이라는 說과 百濟武王과 善花公主의 凌이 라고도 傳한다.

특히 馬韓의 始祖 箕準이 이곳에서 馬韓을 세웠다(BC 194~180년)는 것은 龍華山 箕準城이 立證해 주고 있듯 이곳 金馬, 王宮一帶는 百濟文化의 中心地이다.

라. 新羅와 高麗

新羅는 長白山에서 2천 여리 南쪽 慶州(서라벌)에서 建國하여 1천년의 歷史와 文化를 꽃피웠던 것 또한 天惠의 地理的 與件과 氣候가 잘 調和되는 地帶였기 때문이라고 할 것이다.

그리고 天文을 살피고 地理를 관찰해서 國民的 人和團結을 힘써왔던 新羅文化는 그 자취가 瞻星臺와 石窟岩과 大王岩水中凌寢 등 遺蹟에서 足히 짐작할 수 있을 것이다.

高麗가 統一後에 開城에다가 都邑을 定하고 北에는 平壤, 東에는 慶州를 또한 東京이라 西京이라 하여 留守를 두고 있었던 政治4) 制度 또한 地域的인 特性과 理想政治를 기도했던 것으로 보아진다.

위에서 개략적으로 살펴본바와 같이 우리나라의 天文學이나 地理學은 이미 古朝鮮時代白頭山神市文化에서 비롯하여 高句麗·新羅·百濟文化를 거쳐서 高麗·朝鮮世宗大王朝에 이르러서는 거의 集大成되었다. 新羅瞻星臺나 百濟武王臺塔은 西洋보다 앞서 築造된 것이요 世宗大王때에 測兩器 또한 앞섰던 것이다.

---

4) 高麗時代에 太史局職制에는 靈臺郞(正八品)이 設置되어 있다. 靈臺
  는 마음. 精神(莊子)이라고 했으되, 옛날 周나라 文王은 四方을 바
  라볼 수 있는 臺를 百姓들이 그 德을 사모하여 일컷던 臺命이요,
  天文, 氣像을 살피던 樓臺이기도 한 것이다.

이것이 前者는 天文觀測을 위한 것이요. 後者는 氣象測雨에 관한 것이 라는 데서 天文氣象分野가 함께 발달했음을 立證하고 있다.

이 分野에 관한 것을 文獻的으로 一瞥한다면 新羅에 日蝕觀測 記錄이 가장 오래 된듯하나 이보다 앞서 檀君古記에 담긴 內容도 있다. 그러나 보다 集約的이면서 體係化한 記錄은 高麗史에서 보이는 바와 같이 忠惠王四年, 서기 1343, 姜保의 『授時曆捷法立成』이 있고 朝鮮世宗때 李純之의 『諸家曆象集』이 있다. 世宗 14년에 시작한 天文儀象 硏究製作事業은 마침내 『七政算內・外篇』 『天文類抄』 『交蝕通軌』 등이 完成되었을 뿐만 아니라 渾天儀仰釜日晷儀・自擊漏 등도 이때에 完成되었던 것이다. 물론 高麗史 天文志가 重要하지만 肅家34년(서기 1708)에 崔天壁이 지은 『天文象緯考』와 正祖 19년(서기 1795) 成周悳이 편찬한 『國朝象緯考』도 매우 重要한 것이다. 이보다 조금 앞서 英祖 46년(서기 1770)에 편수한 『東國文獻備考象緯考』는 우리나라 歷代史料에서 天文氣象 관계 資料를 거의 총 망라하여 要約 體係化한 것이라 할수 있을 뿐만 아니라 그 目次에서 보이듯이 曆象沿革・天地 恒星・恒星赤經緯表・黃赤宿度 黃赤宮界 北極高度・東西偏度・中星儀象・日蝕・日月掩犯五緯・五緯掩犯・五緯合聚・五緯掩犯恒星・星晝見・客星彗星・天變・日月變・暈適・星變・雲氣條 등을 통하여 天文氣象學이 具體化한 것을 알 수가 있다. 이외에도 純組 18년(서기 1818)에 편찬한 『書雲觀志』 『儀器輯說』 『推步續解』 南秉吉의 『星鏡』 『量度儀圖說』 등이 다 天文氣象學에 所重한 書冊이다.

이제 우리나라의 天文 氣象 等을 한마디로 말하면 檀君神市文化에서 그것은 風伯・雲師・雨師로 職分이 나뉘어 있어서 農耕文化의 기틀이 섰다는 점 新羅瞻星臺・百濟武王臺塔을 통하여 三國時代에 天文學의 發達 遺跡을 볼 수 있고, 世宗大王 24년(서기 1442)에 완성되어서 2년 뒤에 甲寅字로 刊行한 天文表가 서울에서 觀測한 資料에 基礎한 것이었다는 점은 매우 重大한 意味가 있다. 끝으로 仰釜日答儀에 나타난 『北極高度 37度 39分 15抄』라고 그 당시 觀測을 위한 設置場所가 分明하다는 점과 그 후 5백여 년이 지난 오늘날 『經緯度元點』의 位置를 당국에서는 아직도 分明히 밝히지 못하고 있다는 사실은 참으로 딱한 일이다. 그러기에 筆者는 民國51년(서기 1969년)에 『地軸은 바르다. 韓球의 軌道는 天赤道線을 23度半 上昇下降한 傾科된 楕圖軌道이다』라고 硏究內容을 發表 한바 있으나 理解를 促求하여 오는 바이다.

앞으로 우리나라의 天文 氣象學分野의 발달을 위해서 所望스러운 意見을 여기에 밝힌다면 例를 들어서 S大 博物館에 所藏한 仰釜日晷儀는 北緯37度 39分 15抄 位置에다가 예전대로 設置해 놓고 日晷觀測을 해서 오늘날 時計와 時間을 比較하고 先賢들의 실습도 익혀보면서 새로운 발전을 기대함이 바람직한 方法이 될 것이라고 생각한다.

이와 같은 天文 氣象學에는 眞理가 內包하고 있기 때문에 重要한 것이요. 특히 오늘날처럼 西洋 天文學에만 依存하고 있는 實情 下에서 火急한 일 가운데 하나가 이 分野라고 생각하기 때문이다.

또 한 가지 밝혀 둘 것은 北極高度 37度 39分 15抄라고 明示한 그곳이 어디인가 그곳을 찾는데 많은 時間과 技術을 虛費할 겨를도 없다. 바로 景福宮 西便 景會樓 위에 欽數閣 舊址가 그곳인 것을 누가 밝혀 複舊하느냐하는 것이다.

4. 結 論

우리나라의 古代天文學과 地理學에 대하여 위에서 言及한 바와 같이 天時, 地理, 人事를 개괄적으로 一瞥하였다. 別紙圖面을 참조하여 綜合한바 다음과 같은 두 가지를 알 수가 있다.

첫째, 東北亞細亞 北溫帶地方에 위치한 韓半島의 文化는 舊石器時代 文化遺蹟과 新石器時代 文化遺蹟이 白頭山, 卒本일대 漢江流域, 臨津江(全谷)流域에서 發見되고 있는 점으로 보아서 黃河文明이나 메소포타미아문명, 나일강가 에집트문명, 인도의 문명이 同時多發的으로 發祥地를 이루었다. 이들 地域이 모두 北緯 25°線에서 40°線帶 사이에 걸쳐 있다는 地理的位置와 溫帶地方이요 寒流와 暖流가 合流하는 不凍海를 南面한 東北亞細亞의 地域的인 특수성이 이러한 推測을 하기에 어렵지 않다.

둘째, 北쪽에서 古朝鮮이나 高句麗가 數萬里 國境을 守備하는 어려움과 內憂外患으로 인하여 異民族에게 被侵되고 滅亡하여 雄壯한 저 文化遺産이 國運과 함께 없어졌다는 안타까움이다. 古朝鮮에 天文學이 體系化하여 確立한 文化遺産이 없고 半萬年동안 明滅한 諸王朝歷史 속에 남았어야 할 人爲的인 文化遺蹟은 滅絶되어 가고 있으나 多幸한 것은 오늘날에 天時와 地理형상은 물론 民族性이 조금도 變하지 않았다고 보는 것이다. 다만 하늘은 無聲無臭하지만 四時節이 分明하고 時風時雨로 草木이 自生하고 그 속에서 크고 작은 짐승이며 水中魚族 또한 번창하고 있다는 사실이다.

人類의 歷史가 古代文明을 계승하여 近代文明이 發達함과 同時에 人間的인 作爲文化가 점차 高度化함으로 인하여 世界는 더욱 發展되어 가고 있다.

이 시점에서 孟子님의 天時, 地利, 人和의 가르침과 治曆明時의 重要性을 말씀한 옛날 聖人의 가르침을 새삼 所重하게 거듭 反省하고 吟味한다. 未來를 위하여 모두가 새로운 角度에서 仰觀天文하고 俯察地理를 해야 할 것이다.

그 까닭은 天時 地理 人事가 잘 조화를 이루어야 그 民族이 繁昌하고 文化가 發達할 것이기 때문이다.

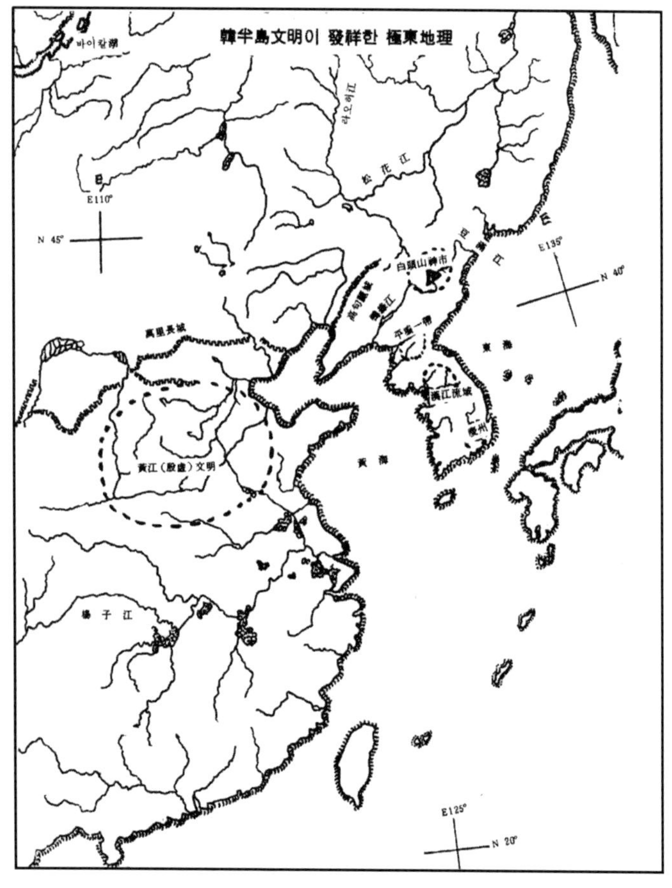

VIII. 현대 사회 문화

韓國 現代社會와 主體思想

閔 泰 植

(전 충남대학교 총장)

1. 東洋文化의 優秀性

대저 人類의 文化는 그 民族과 環境에 따라서 發展하는 樣相을 달리하고 있다. 그러므로 優秀한 민족은 훌륭한 環境을 造成하며 새로운 역사를 창조하는 것이니 이에는 반드시 과거의 傳統을 발판으로 하고 未來의 進路를 開拓하여 나아가는데 永遠한 希望을 지니며 特異한 成果를 期待할 수 있는 것이다.

이에서 世界文化의 系譜를 列擧하기는 어려우나 다만 그 文化의 本質을 간단히 類別하여 보면 兩大 潮流가 있는 것을 發見할 수 있다.

그 하나는 人間의 純美한 德性을 基盤으로 한 것이며 다른 하나는 明哲한 知性에 置重한 것이다. 前者는 道義的 精神을 暢達함으로써 悠久한 平和를 追求하는데 정성을 기울였고 後者는 功利的 實利를 獲得하여 生活의 合理化를 圖謀하기에 熱意를 다한 것이다.

前後 兩者의 系列에 屬하는 雄偉한 先哲들이 宏大한 業績을

남김으로써 東西文化의 獨特한 性格을 誇示하여 왔던 것이다. 그러나 아직까지 이 兩者는 圓滿한 調和를 보지 못한 채 昏迷한 중에서 苦悶하고 있는 것이니 이 點이 現代人이 解決하여야 할 重大한 임무가 아닐 수 없다. 그렇기에 二十世紀에 들어오면서부터 機械文明의 發達로 因하여 人類의 往來는 더욱 頻繁하여진 것이며 文化의 交流도 不絶히 進行되고 있는 것은 當然한 趨勢라 할 것이다.

그러면 과연 兩大 潮流는 어떠한 狀態로 合流되고 있는가. 물론 이에 대하여는 有志한 人士로서 항상 많은 硏究를 하여 왔고 現在 어느 程度의 實效를 거두고 있는 것도 事實이지마는 그 前途는 아직 遙遠하다할 것이다.

이탈리아의 선교사 마테오리치(1552~1610)는 明朝 萬曆 年間에 中國에 와서 儒敎의 經典인 論語 大學 中庸을 그의 國語도 번역하여 이를 西歐에 소개하는 동시에 科學文明의 씨를 東洋에 옮겨 준 것이며, 十八世紀의 西歐學者인 볼테르는 中國思想의 核心을 把握함으로써 西歐思想의 새로운 要素를 삼으려고 한 것이니 이에서 中國의 制度와 文物을 參考로 하여 中世紀 封建制度의 宿弊를 是正하여 마침내 美國의 獨立과 佛蘭西의 革命을 鼓吹하는 起因이 되게 하였다는 것이며 最近에 이르러서 더욱이 世人의 注目을 끌게 된 것은 東洋의 文化가 創造力이 豊富함으로써 世界에서 獨立的 地位를 保持하고 따라서 그 傳統哲學은 東洋思想의 中樞가 되었으며 世界史에 있어서도 驚天動地할만한 큰 業跡을 남기는데 이르렀다는 것이다.

美國의 前任 副統領이었던 윌러스氏(1888~?)는 1943年 雙十節에 放送을 通하여 말하기를 「中國의 哲學과 그 國民들이 생각하고 있는 것은 主로 民本的인 경향이 많았고 이로써 歐美의 政

治哲學에 대하여서도 至大한 경향을 끼쳐 주었으며 美國이 建國할 時期에 있어서도 그 當時의 優秀한 政治家들이 革命을 劃策하고 憲政을 마련하는데 그 主要한 理念과 實踐方法에 있어서 直接으로는 西歐에 모방한 것이며 間接으로는 中國에서 取하여 온 것이 매우 많았었다.

中國의 文化는 西歐의 民主的 政治理念을 啓發하는 源泉이 된 것은 물론이요 西歐의 民主的 政治를 創造하는 一大 原動力이 된 것이다」라고 高調하였다.

以上에 列記된 歐美 人士들의 主張한바 諸問題에 關하여는 이미 內外 學者들에 依하여 많이 論究된 바이라 이에서 그 眞價를 究明하기 前에 먼저 兩大 文化가 오랫동안 相互 接觸하여 온 것만은 否認할 수 없는 明白한 事實이며 또 이와 같은 異質的인 文化가 接近하고 있는 동안에 各其 戀情媾合된 것도 상상하기에 어렵지 아니하다.

그렇기에 最近 英國의 토인비 博士가 東西 文化交涉의 經路에 對하여 다음과 같이 公言하기를

「十九世紀 初期에는 英國의 政府에서도 貪官과 汚吏가 많았었다. 그리하여 人事에 公正을 잃었으매 十九世紀 中葉으로부터 文官考試制度를 實行하여 처음으로 積弊를 씻었으며 이로써 奉公守法할 줄 아는 精神을 漸次로 養成하게 된 것이니 英·美의 文官制度는 實際로 中國考試制度의 영향을 받은 것이며 참으로 中國의 文化는 歐美의 民主政治를 引導하는데 重大한 貢獻을 한 것이다.」라고 하였다. (東西文化 9.4 參照)

그러면 우리가 從來로 들어보기 어려웠던 上記한 實談을 吟味하여 볼 때 누구나 옷깃을 여미고 그 말에 귀를 기울이지 아니할 수 없다.

　　과연 그네들은 論語와 中庸과 大學에서 무엇을 배웠으며 어떠한 곳에서 民主의 理念을 探求하는데 이르렀고 奉公守法의 眞價를 깨달은 것인가 또는 考試制度가 人材 登庸에 唯一한 方法임을 알게 되었는가 이에 대하여 深究하여 볼 일이 아닐 수 없다.

　　우리에게는 數千年동안 努力하지 아니하고 값싸게 물려받은 傳統이며 遺産이다. 그러므로 본래부터 받은 文化를 冷眼視하거나 그렇지 아니하면 西歐의 새로운 科學文明의 形體만을 欽慕하는 나머지에 그 餘塵까지도 모조리 받아들이고 있는 反面에 歐美의 有志들은 功利와 享樂에 지킨지라 도리어 東洋의 古典思想을 着實히 연구하며 元來 知性啓發에 充實한 사람인만큼 東洋의 文化도 實利的으로 받아들이는 것이 新文化 樹立에 새로운 方向이 아닌가 한다.

　　中國과 同一한 類型의 文化傳統을 지녀온 우리는 人生行路를 닦아 나가는데 知性的인 面보다도 德性的인 面을 探求하는데 誠熱을 기울인 것이다. 功利的인 것 보다는 道義를 實利的인 것 보다는 理想을 鬪爭的이 아니라 平和를 渴求한 것이니 그렇기에 歷史의 趨移에 따라서 多少의 起伏과 盛衰의 差異는 있었지만은 恒常 道義를 人間의 中樞理念으로 確定한 것이다.

　　그렇기에 天意를 敬畏하고 性情을 純化하였으며 政治를 論하면 民爲邦本(書傳)이라 하여 民本의 基礎를 튼튼히 하였고 敎育을 提唱하는데는 「有敎無類」(論語)라 하여 敎育의 均等을 徹底히 한 것이며 經濟를 說함에는 「生之者衆 食之者寡 爲之疾 用之者舒 則財恆足矣」(大學)라 한 것과 「不患寡而 患不均」(論語)이라 高調함으로써 勤勞의 要訣과 分配의 平均化까지도 親切히 提示하여 준 것이며 「老吾老 以及人之老 幼吾幼 以及人之幼」(禮記)와 같이 社會制度의 公正性을 丁寧히 보여준 바도 있었다.

　　과연 그러하다. 이와 같은 名案이 어디에서부터 出發된 것이라 할까, 그 豊麗하고 純美한 思想의 터전은 人爲的으로 設定된 道德律도 아니며 實利主義의 核心인 經驗主義나 功利主義에 比할 것도 아니다. 다만 森羅한 萬象중에 人間만이 홀로 所有하고 있는 尊貴한 天賦의 本性이다.

이 本性은 곧 사람이 서로 사랑할줄 아는 德性이니 各其 發露되는 狀況에 따라서 五常(仁義禮智信)으로 分類하였으며 實社會에서 活用되고 있는 狀況은 항상 가운데로부터 先後의 秩序를 차리게 되는 故로 父子의 關係가 序列上으로 볼 때 가장 먼저 되는 것이며 다음으로 國家組織은 人類生活을 健全히 營爲하게 하는 必須的 條件인 지라 民衆을 代表하는 君과 臣에의 統治를 받는 民의 關係를 무엇보다도 重視하지 아니할 수 없었다. 이에 道義의 綱領으로 規定할때 子가 父에 對한 道理는 「孝」라 하고 民이 君에 對한 道理는 「忠」이라 이른 것이니 이에서 倫理的인 理論을 展開하는것 보다는 實質的으로 現代人들의 이에 대한 關心이 어떠한가 以上에서도 言及한 바와 같이 歐美의 사람들은 그 表現하는 方法이 다르다고는 하지만은 東洋의 固有한 思想을 內容的으로 善用하고 있는데 對해 우리의 社會에서는 도리어 疎外 當하고 있는 現實情이다. 물론 世界風潮에 따르는 變貌와 革新도 그 必要함을 認定하지 아니할 수 없다. 그러나 本來부터 지켜오던 主體的 精神까지도 否定하여 버린다면 우리의 向하는 곳은 과연 어디인가 참으로 憂慮되는 바 크다고 아니할 수 없다. 우리는 將來의 새로운 世界를 創造하려는만큼 「孝」와 「忠」을 舊態依然하게 固守하려는 것은 물론 아니다.

古典에 의하면 「效」와 「弟」는 仁을 實踐하는 것이 根本이 된다는 것이며(孝弟也者其爲仁之本與(論語) 「忠」은 자기의 정성을 극진히 한다는 것이다. (盡己之謂忠 → 朱子集註)이 槪念에서 볼 때

忠孝는 現實的으로 容納이 될 수 없는 不可能한 倫理도 아니다. 더욱이 忠의 古意에 있어서 「윗사람으로서 民衆을 이롭게 하는 것이 忠이니라」고(上思利民爲忠 → 春秋左傳)하였다. 이와 같은 理念에서 볼 때 忠은 참으로 民主主義를 最高의 理念으로 여기는 現代人에게는 더할 수 없는 適切한 道德的 本源이 아닐 수 없는 것이니 이를 基本理念으로 삼고 諸般 經營에 主導的인 役割을 하게 한다면 現代化 하는데 훌륭한 指針이 될 뿐 아니라 우리의 文化向上에도 크게 寄與되는 바 있을 것을 確信하는 바이다.

2. 한민족문화의 主體性

過去의 歷史的 事實과 文化의 傳統에 對하여는 항상 嚴正한 反省과 客觀的인 批判이 隨伴되어야 한다. 그렇지 아니하면 盲目的인 追從과 主觀的인 判斷이 恣行되기 때문이다.

西歐에 있어서 그리스와 로마의 文明이 찬란하였다 하여도 르네상스의 新文化 運動이 絕對로 必要하였던 것이며 東洋에 있어서도 中國의 歷史가 오래 持續되는 중에서도 그 時代에 適應되는 變遷과 革新이 없었으면 歷史는 衰退一路를 免하지 못하였을 것이다.

우리의 文化나 歷史도 西歐와 中國의 例와 같이 自體的인 要請이나 外來的인 風潮에 따라서 또한 어느 정도의 變革은 항상 있었던 것이다.

이와 같이 모든 文化는 變移하는 중에 進步하고 發展하는 것을 알 수 있다. 이 原理에 따라서 創造가 있고 새로운 局面이 不絕히 展開되는 것이다. 그러나 이러한 중에서도 變更할 수 있는 分野와 絕對로 變更할 수 없는 原理가 있는 것을 區別하지 아니하면 아니

된다. 이처럼 變更하는 중에서도 變更하지 못할 原理를 깨달아서 이를 固守하는 것이 現在 부르짖고 있는 主體意識의 基本精神이다. 그렇기에 主體性이 缺如된 民族에서는 健全한 發展을 期待하기 어려운 것이다.

그렇다면 主體性을 찾을 수 있는 基本的인 核心은 무엇인가. 神에 呼訴하는 敦篤한 信仰에서 얻을 수도 있을 것이며 人間의 靈明한 知性을 發揮함으로써 主體意識을 더욱 鞏固히 할 수도 있을 것이다. 물론 完美한 人格과 全人的인 道德心을 昂揚함에 있어서 信仰이나 知性發揮의 役活이 重要함은 再論할 餘地도 없겠으나 이보다도 더 高次的인 問題는 人間의 本質, 즉 本性에 대한 探求를 正確히 하는 것이 主體性을 說明하는 基本的인 方法이 아닌가 한다. 超越的인 神의 存在를 알고자하기 前에 먼저 人間이 얼마나 尊貴한 存在인가를 알게 될 때 비로소 人間의 眞正한 價値를 論하게될 것이며 참다운 主體性을 云謂하는 데 이를 것이다.

그렇다면 主體性의 核心을 이루는 人性의 本質은 果然 어떠한 것인가.

從來로 이 點에 對하여서는 東洋의 聖哲들이 매우 많이 論及한 바이지만 西歐의 學者들도 그처럼 鈍感하지는 아니하였다. 물론 例外的인 見解도 없지는 아니하였으나 人間의 本性을 沒覺한 것은 아니었다.

西歐文化의 中心이라 할 수 있는 로마 傳統思想의 片貌를 살펴볼 때 有數한 政治家의 한 사람인 시세로(Marcus Jullius Cicero. 106~43, B.C)는 다음과 같이 主張한 바 있다.

'敎育은 自然으로부터 주어진 性의 完成에 不過한 것이나 사람은 自然界에 있어서 最高의 地位를 保存하는 것이다. 그러므로 사람은 自然으로부터 知와 情을 兼한 性을 받고 태어났다. 그러

므로 이 性을 바르게 發展시킨다는 일은 사람에 있어서 가장 重
大한 問題라고 아니할 수 없는 것이니 여기에 참으로 敎育의 必
要한 理由가 存在한 것이다. 人間에 갖추어진 善의 싹(萌芽)을
育成하여 罪惡의 根源이라고도 할 수 있는 享樂心을 抑制하고
高尙한 思想의 發達을 促進시키는 것은 敎育을 놓고서는 不可能
한 일이다'라고 한 것이다(三浦藤作 著 西洋敎育史 p.68 參考)

이에 사람은 自然界에 있어서 最高의 地位를 保存한다 하였고
그 理由로는 分明히 말하기를 '人間에 갖추어진 善의 萌芽를 育
成한다'라고 말한 事實이다. 아무리 西歐의 文化가 物質로부터
物質을 위한 努力의 結果라 할지라도 人間社會의 倫理道德에 關
한 問題를 提起하게 되면 반드시 人性의 根源을 探求하는 데서
비롯한 것은 東洋의 哲人들과 同一한 것이다.

이에 人性 解釋에 關한 實證을 主로 東洋의 古典에서 찾아보
면, '天生烝民……民之秉彝好是懿德(詩大雅烝民): 하늘이 여러 백
성들을 날제……백성의 常性은 아름다운 일을 하기 좋아 하느니
라'고 이른 말이다.

사람은 利害와 得失과 榮辱에 따라서 自己의 進路를 取한다.
물론 意欲的인 活動을 하기 위하여서는 善意의 領域을 넘어서
非義의 過誤를 犯하는 일도 없지는 아니하다. 그러나 이것은 非
正常的이며 元來 善性에서 發源한 行動은 아닌 것이다. 個人이나
社會나 國家는 古今이나 東西를 물을 것 없이 物質的인 面에 더
욱 置重하고 이 方向으로 항상 疾走하고 있다. 그리하여 個人은
不安과 焦燥에 寧日이 없고 社會와 國家 乃至는 世界의 混亂과
爭鬪에 허덕인다. 이에서 人間은 本來의 人性인 善의 意志를 喪
失하여 相互 敗亡하는데 까지 이른다. 孔子는 위에 引用된 詩句
를 論評하여, '爲此詩者 其知道乎(孟子 告子上): 이 詩를 지은 사

람은 참으로 바른 道理를 아는구나'라고 稱歎하였다는 것이다.
사람은 事物을 接함에 있어서 항상 참됨과 착함과 아름다운 마
음으로 대하려한다. 그렇기에 相對方의 持心함이 참스럽고 착하
고 그 行儀가 아름다울 때에는 누구나 이에 그대로 融合하여 渾
然一體의 狀態를 形成하게 되는 것이니 孔子의 이른바 「知道」라
함은 上記한 眞 善 美의 極致를 明示한 뜻이며 萬事萬理의 一貫
處를 分明히 摘出하였다고 할 것이다.

이러므로 孔子는 이 仁性을 主體로 하여 人道를 說하였으며
行爲의 本源으로 삼는다. 따라서,

‘人之生也直(論語 雍也)’

이라 하여 사람은 나면서부터 直하니라 하였고,

‘仁遠乎哉 我欲仁 斯仁至矣(論語 述而)’

仁은 과연 먼 데 있는 것인가 내 仁을 하고자 하면 이에 仁이
이르느니라하여 仁性이 곧 人性임을 强調한 바이며,

‘性相近也 習相遠也(論語 陽貨)’

라 하여 性은 서로 가깝지만 習慣으로 因하여 서로 멀게 되느니
라 하였다.

이 얼마나 明哲한 觀察인가. 사람의 本性은 서로 가까우나 習性
으로부터 이루어지는 所謂 第二의 天性으로 因하여 惡과 假와 醜
한 結果가 쉴 새 없이 일게 되며 終局에는 昏迷한 社會를 이룬다

는 것이다.

孔子는 이와 같은 險亂한 世情을 具體的으로 斷言하지는 아니
하였지마는 그 當時(註) 齊의 陳恒(成子)이 簡公(壬)을 弑害하였
을 때에 孔子는 이 광경을 보고 義憤에 견디지 못하여 三日間
沐浴하고 朝廷에 建議하여 惡한 陳恒을 除去할 것을 力說하였다.

陳成子弑簡公 孔子沐浴而朝 告於哀公曰 陳恒弑其君 請討之(論
語憲問)

孔子는 人性의 本源을 仁에 두었으며 仁은 精深博大한 사랑
(愛)으로 解釋되고 있다. 그러나 이 「사랑」이라 함은 一般的으로
理解하기 쉬운 所謂博愛라 하여 善惡과 是非의 判別이 없는 無
制限한 사랑도 아니며 親疏와 遠近을 等外視하는 所謂 等殺觀念
을 無視하는 內容의 泛博한 愛情도 아니다.

이에 孔子와 或者와의 對話한 一面을 그대로 引證하여 孔子의
이른바 仁의 本質이 順平하면서도 얼마나 嚴格한 것인가를 살펴보
고자 한다.

或者가 말하기를,

‘德으로써 怨를 갚는 것이 어떠한가요?’

(以德報怨何如－論語 憲問)

孔子 答하기를

‘원수를 德으로 갚으면 정작 德있는 사람은 무엇으로 갚을 것
이냐’

(子曰 何以報德－同上)

반드시

‘直한 것으로써 원수를 갚아야 되고 德으로써 德은 갚아야 되
느니라’

(以直報怨 以德報德-同上)1)

이 對話에서 다시 注意하여야 할 것은 怨讎라고 하여 반드시 報復하라는 意味는 아니니 聖者의 心事를 論함이 매우 緻密함을 또한 銘心하지 아니할 수 없다.2)

한 사람이라도 마음가짐이 至公無私하면 그 個人이 바르게 되고 個人 各自가 公正함으로써 平和한 社會를 이룩할 수 있으며 이것이 中心이 되어서 國家가 健全하고 따라서 世界도 相互間에 愛情을 나눌 수 있을 것이니 이것이 곧 「天下歸仁」(論語 顔淵): 天下 사람이 다 같이 仁의 世界로 歸一되느니라를 目標로 한 理想 世界이며 大同의 歡樂境을 實現하는 데 이른다는 것이다.

以上에 보인바와 같이 日常生活에서 用心處事함이 德은 德으로써 갚고 怨은 怨으로써 對하되 愛憎과 取捨에 있어서 私意를 排除하고 鑑空衡平을 期할 수 있는 心的 姿勢로 돌아가는 것은 單純히 愛情만을 主體로 하는 仁의 發現일 뿐 아니라 이때는 이미 靈明한 智의 活動이 同時에 作用한 狀態이라, 庶物의 私正과 是非를 判別하여 自我를 擁護하기 위한 斥邪衛正의 意志 또한 鞏固하고 따라서 遠近親疏에 中正한 秩序와 規律을 세움으로써 圓滿한 人間社會를 建設하는 것이다.

孟子는 戰國時代의 人物로써 孔子보다 約 百年이 늦었으나 社會的 變遷은 隔世之感이 없다고 아니할 수 없다.

小國家間의 對立鬪爭은 참으로 激烈하였을 뿐 아니라 그 術法에 있어서도 仁의 精神을 根幹으로 한 王道에 對하여는 外面할 뿐 아니라 人心도 極度로 惡化가 되고 可謂 弱肉强食의 窮地에 빠졌던 것이다.

---

1) 老子 道德經 恩始章曰 大小多少 報怨以德(朱註轉引).
2) 新安陳氏曰讎仇也 怨有不必報者 不以仇待之(同上 小註).

孟子는 이 現實을 直接 經驗한지라 모든 思考方式이 매우 積極的이며 또한 效率的이었다. 그의 人性論에 있어서는 心的 作用의 方向에 따라서 五個의 屬性으로 類別하였다. 卽 사람의 마음이 先天的인 靈覺과 外來的인 與件에 따라서 同情하는 마음(惻隱: 仁愛), 부끄러이 여길 줄 아는 마음(義理: 正道), 謙讓할 줄 아는 마음(節制: 儀禮), 不當한 일을 당하였을 때에는 自己의 權利를 主張하여 暴力에 굽히지 아니하고 是非를 바르게 하는 智性 곧 判斷意志의 모든 精神을 內容으로 하는 意識 構造야말로 現在 우리가 直面하고 있는 主體性 發揚에 있어서 無上의 哲理가 아닐 수 없다. 그렇기에 孟子는 斷言하기를, '萬物皆備於我矣(孟子 盡心上)라 하여 萬物이 다 나에게 갖추어져 있느니라'라고 이른 것은 人間性의 最貴함을 論하였고 萬物의 靈長임을 誇示하였고 할 것이다.

栗谷이 人間 敎育의 素質을 밝힘에 있어서 '萬善備我 不待他求(學校模範)'라 하여 萬善이 나에게 갖추어져 있으니 다른데서 求할것이 없느니라 한 것은 孟子의 主張한 바를 演論한 것이라고도 할 것이여 또한 '志之立 知之明 行之篤皆在我耳(擊蒙要訣 序文)'라 하여 志立과 知明과 行篤이 다 나에게 있느니라고 强調한 것은 어디까지나 人性의 優秀함과 人間이 自立할 수 있는 主體的인 根據를 提示하여 주었다 할 것이다. 이 얼마나 高貴한 眞理이며 언제 어디서나 變할 수 없는 原理임을 明示하여 주었던 것인가.

우리의 歷史에 있어서 弘益人間의 啓示가 일찍부터 있었고 民族과 國家를 形成하는 唯一한 主體的인 性格을 갖추고 있었는데도 不拘하고 때로는 中國 文化에 陶醉한 나머지에 이를 疎忽히 하거나 그렇지 아니하면 外來風潮에 휩쓸려서 終乃는 自己의 固

有한 傳統文化를 等閑히 한 感이 없지도 아니하다.

두 말할 것도 없이 弘益人間의 精神은 그 用語 自體에 仁愛의 思想이 內包되었고 이에서 人間이라는 概念은 한 局限된 民族이나 國家만을 意味하는 것이 아니라 自己의 民族과 國家로부터 다른 民族과 國家, 卽 世界의 人類와 同時에 宇宙 萬象에 이르기까지 그 愛情이 充滿함을 基本 理念으로 한 것일진대 우리 歷史上에 보인 主流로서 또는 民族의 指導 理念으로서 世界萬邦에 자랑스러운 傳統的 遺産이며 世界文化 發展을 위한 永久不滅의 貢獻이 아닐 수 없다. 中國의 古典에 보인 聖哲의 敎訓이나 西歐의 先人들이 織承하여온 博愛主義에 比할 때 弘益大道의 純厚 豊滿한 大意야말로 世界人類의 精神的인 指導理念이 되고도 남음이 있지 아니할까 한다.

그뿐 아니라 新羅時代에 創造된 五戒의 嚴切한 垂訓은 그대로 主體性을 鼓吹할 수 있는 樂石이었으며 이 精神을 支柱로 한 郎徒들은 그 義와 行에 있어서 언제나 社會 國家의 믿음직한 先驅가 아닐 수 없었다.

崔致遠의 手記로 傳하여지는 이른바

나라에 玄妙한 道가 있으니 風流라 이른다. 設敎의 根源은 仙史에 갖추어 있는데 實로 三敎의 뜻이 고루 보여져 있으며 그 敎理는 實로 羣生들을 感化할만 하였느니라. 또한 孝家忠國하는 것은 孔子의 뜻이었고, 無爲중에서도 不言의 敎를 行하는 것은 老子의 가르침이요, 모든 惡한 일은 하지말 것이며 善한 일만은 빼놓지 말고 行할 것이니 이것은 竺乾太子(佛家)의 敎化 方法이니라: '(國有玄妙之道 曰風流 設敎之源 備詳仙史 實乃包含三敎 接化羣生 且如入則孝於家 出則忠於國 魯司寇 之旨也 處無爲之事 行不言之敎 周柱史之宗也 諸惡不作 諸善奉行 竺乾太子之化也)'

(鸞郞碑序)

史傳을 通하여 엿볼 수 있는 事例는 매우 많다. 不幸히 外勢의 侵來를 받게 되었을 때에도 穩健한 威德으로 이에 臨하였거나 그렇지 아니하면 强盛한 鬪志로 이를 막아낸 實績은 매우 많았었다.

高句麗의 乙支文德은 陽王 23年(612)에 隨의 水陸大軍을 平壤城 30里 밖까지 誘引하여 敵將 宇文述과 于仲文을 詩 한 篇으로 容易하게 달래고 그들의 戰意까지 喪失케 하였다. 我軍을 相對할 수 없음을 깨달은 敵은 급기야 回軍할 것을 決定하였으나 乙支將軍은 이들을 몰아서 薩水(淸川江)에서 猛攻擊을 加하였다. 당초 30萬 5千名이나 되던 軍隊가 살아서 남은 것은 不過 2千 7百餘名 밖에 안 되었다하니 그때 隋軍의 慘狀도 可히 짐작하려니와 將軍의 智略과 勇猛이 얼마나 장하였던가를 感歎하지 아니할 수없다.

姜邯贊[948(정종3)~1031(현종22)]은 高麗가 나은 文科 出身으로 1010년(현종1) 契丹의 聖宗이 侵入하였을 때 다른 朝臣들은 항복할 것을 주장하였으나 敢然히 이에 반대 河拱辰으로 하여금 이를 설득시켜 적을 물러가게 하였고 1018년(현종9)에 거란의 蕭排押이 다시 十萬大軍을 거느리고 侵攻하여오자 이듬해 二十萬八千을 이끌고 興化鎭에서 敵을 무찔렀으며 1019년 回軍하려는 敵을 다시 龜州에서 大破하였다.

다음으로 國朝에 들어와서는 忠武公의 偉業이 宏大하여 後人의 景仰하는바 클 뿐 아니라 지금도 우리의 산 敎訓이 되고 있으며, 士林으로는 靜庵・退溪・栗谷・尤庵을 비롯하여 見危受命하는 儒風이 代를 이어 連綿하였고 乙巳의 條約 締結을 前後하여 愛國之士들은 義擧에 奔忙하였었다. 이중에서도 華西 李恒老

先生의 門下인 柳毅庵·崔勉庵 諸公의 行蹟이 後人에게 영향된 바 가장 크다고 할 것이다. 勉庵 先生의 遺疏 중 一節에 보인 '益固自主之謀 而永斷依賴之心……而克盡自修之方 招納英俊 撫養軍民'에 依하면

1. 自主精神을 堅固히 한다.

2. 他力에 依存하는 것을 禁한다.

3. 實力을 培養한다.

4. 人材를 登用한다.

5. 軍事力을 튼튼히 하며 國防에 後慮가 없게 한다는 것이다.

疏章 全文에 보인바 憂國忠情은 참으로 새로운 世代를 警發하고도 남음이 있으며 主體意識을 高調하는 이때 새로운 龜鑑이 될 것을 確言한다.

이와 같은 歷史的인 事實을 비롯하여 우리의 賢士 名將 중에는 報國安民에 盡力함으로써 民族의 얼을 保存하고 主體性을 發揮한 功을 우리의 胸中에 깊이 간직함으로써 先輩들의 남긴 偉業을 길이 빛낼 것이다.

現在 世界의 潮流는 機械文明의 餘毒과 物質萬能의 弊害로 人間의 價値는 喪失되고 道義精神은 忘却하는데 이른 것이니 어느 民族이나 이 現實을 그대로 默過할 수는 없을 것이다.

우리나라에서도 이에 걱정한바 있어 主體意識을 强調하고 道義의 氣風을 振作시키려는 運動이 일고 있는 것은 바람직한 일이다. 그러나 이것이 一時的 口號에 그치지 말고 學校 敎育에 具體的으로 反映되는 同時에 社會風化에 뚜렷한 指導理念이 됨으로써 弘益大道의 빛이 널리 또한 길이 밝아지기를 마음으로써 비는 바이다.

韓國 現代教育의 根本問題

—教育의 價值規範과 歷史的 狀況性 認識—

韓 基 彦

(서울대학교 교수)

1. 序 論

本稿에 있어서는 歐美現代教育哲學의 衝擊과 東洋教育思想의 再發見에 관하여 살펴 보려고 한다. 이것은 말을 달리 하면, 教育의 價値規範과 歷史的 狀況性認識의 문제요, 韓國人의 教育的 體質 特性 認識 위에 獨創的인 教育哲學 定立이 시급함을 밝히는 일이기도 한 것이다.

現代를 가리켜 흔히 人類 有史이래의 가장 심한 격동기라고 한다. 전환기라는 말도 쓴다. 그러면 이러한 격동적 전환기인 現代의 歷史的 特性은 무엇이겠는가? 그것은 東西思想의 葛藤現象에 있는 것이 아닌가 한다. 이것은 教育思想의 問題에 있어서도 예외가 아닌 것이다. 아니 도리어 가장 基本이 되는 인간형성의 원리에 있어서 動搖와 葛藤이 생긴 것이다. 東洋전체 사회가 그렇거니와 좁게는 오늘날의 우리나라 社會만 하여도 많은 문제를 派生시키고 있는 것이다. 그러므로 「教育思想의 根本問題」는 단적으로 말하여 東西教育思想의 葛藤과 超克의 문제에 있다는 전제하에 이하 살펴 나가기로 하겠다.

2. 韓國人의 教育的 體質 診斷

우리는 이러한 우리가 당면하고 있는바 「教育思想의 根本問題」를 해결하기 위해서, 또한 새로운 教育觀의 確立, 새로운 教育哲學의 創出·定立을 위해서도 가장 原初的인 관심사가 되는 것은, 다름 아니라 "韓國人의 教育的 體質 診斷의 問題"라고 하겠다.

사실 우리는 乙酉光復이후 수많은 教育改革運動의 主題를 내걸고 노력해 온 바 있다. 그러나 이 경우에 가장 등한시한 것이 있다고 하면, 그것은 韓國教育의 歷史였던 것이다. 이 말은, 教育改革運動의 主題로 내건 것이 學習指導法이건, 教育課程改編이건, 가이단스이건, 道義教育이건, 地域社會學校建設이건, 教育測定·評價이건, 國際理解教育이건, 市民教育이건……그 모두가 우리나라 교육을 보다 낳은 방향으로 改革하는 교육운동이라고는 하면서도 실제에 있어서는 外國教育學說의 單純移植이지 우리나라 사람들이 教育的 體質 診斷 위에서 이루어진 教育的 處方은 아니었던 것이다.

그러므로 심한 違和感, 教育的 空轉 내지 副作用을 일으켰던 것이다. 이를테면 교육평가에 있어서도 철저한 客觀式 問題에 따르는 교육평가 방식을 採擇 보급시킨 오늘날에 와서는 構成的 思考力 내지 表現力이라든가 批判力, 또는 글씨 쓰는 힘, 극 ○표 아니면 ×표, 또는 체크하는 정도로 끝나는 試驗方式 인기에 모두가 나날이 글씨 쓰는 힘조차 저하, 後退하는 현실을 빚게 된 것이다.

　　그러면 얘기는 다시 돌아와, 한국인 敎育的 體質의 特性은 무엇인가? 이것은 매우 중요한 물음이다. 우리가 韓國思想史를 통해서 알 수 있듯이 多樣한 要素로써 구성되어 있음을 지적할 수밖에 없다. 그러면서도 韓國學校敎育의 正統思想이라고 하면, 역시 "儒敎"를 꼽지 않을 수 없을 것이다. 실로 儒敎思想은 韓國人에 있어 體質化된 것이요, 그런 의미에서 韓國人의 敎育的 體質을 말함에 있어서는 "儒敎"를 첫째로 꼽아야 할 것이다.

　　그런데 儒敎의 特性은 무엇인가? 그것은 "仁"을 敎育理念으로 내세우는 바, 體系的 敎育的 價値規範의 卓越性에 있다고 하겠다. 그것은 널리 三綱五倫이라 하여 비단 學校敎育 뿐만 아니라 社會敎育을 통하여 적어도 1876年 丙子修好條約 締結로 우리나라 開港, 開國, 開化期로 접어들기 이전까지에는 아무도 의심할 바 없는 固定的 絶對主義라고도 할 敎育的 價値規範이었던 것이다.

3. 歐美現代哲學의　衝擊

　　乙酉光復 당시, 적어도 敎育思想면에서는 거의 무방비상태인 채로 이른바 듀이 敎育哲學을 전폭적으로 환영, 이를 우리나라 새 교육의 哲學이요, 指導原理로 받아들여졌던 것이다. 이것은 우리나라 敎育思想史에 있어서도 보기 드문 現象인 것으로서, 그만큼 당시 우리나라 敎育界는 敎育思想面에 있어서 空白狀態에 있었다고 하여도 過言은 아닐 것이다.

　　이렇게 된 데에는 그 옛날 한국교육의 주도적 사상이요 철학이었던 儒敎 역시 開港이후 日帝治下를 거치는 동안 正規 學校敎育에서는 完全히 後退하였던 것이며, 사회 전반에 있어서도 그 사정은 大同小異하였기 때문인 것이다.

이에 반하여, 光復 이후 우리나라 교육은 民主敎育을 지향하였던 것이며, 거기에는 듀이의 名著「民主主義와 敎育」이 다시없는 敎育哲學書로서 훌륭한 길잡이의 역할을 하게 되었던 것이다.

그런데, 듀이敎育哲學은 단적으로 말하여 可變的 相對主義인 價値觀을 내세우는 프래그머티즘에 입각하여 발전시킨 것이니만큼 "變化·成長의 槪念과 狀況性 强調"는 마침내 固定的 絶對主義라고도 할 敎育的 價値規範이 체질화되었던 우리에게 있어 일대 사상적 충격이 아닐 수 없었다.

이리하여 우리는 光復 이후 30여년이 되건만 아직껏 우리들의 敎育的 體質 診斷도 제대로 되지 않은 채 可變的 相對主義를 내세우는 듀이敎育哲學의 영향아래 갈피를 잡지 못한 채 심한 苦惱 속에서 敎育的 主體性回復에 힘쓰고 있는 실정인 것이다.

4. 敎育的 價値觀의 葛藤超克의 길

여기에 敎育의 價値規範과 歷史的 狀況性認識이라는 새로운 해결의 길을 찾게 되는 것이다. 즉, 儒敎를 위시한 종래의 東洋思想, 좁게는 韓國敎育思想은 規範的 體系性이라는 점에 있어서 국민교육에 명확한 指標를 제시하는 장점이 있었다. 이러한 명확한 敎育目標 제시를 要望하는 생각은 지금도 다름이 없는 것이니 가히 이 점 體質化되었다고 하여도 좋을는지 모르겠다. 만약에 그렇다고 하면 우리는 이 점을 무시해서는 안 될 것이다. 敎育的 體質에 대한 바른 이해 및 중시는 지금에 있어서도 다름없이 새로운 韓國敎育의 建設 및 發展을 위하여 매우 소중한 일이기 때문이다.

　그런데 한편, 듀이敎育哲學이 우리에게 示唆한바 價値의 相對主義라든가, 成長이니, 變化니, 狀況性의 강조라는 것은 19세기 후반인 미국 산업혁명진행 과정 속에서 體系化된 미국인의 生活哲學이라고 하지만, 우리에게 많은 敎訓을 주는 代表的인 歐美現代敎育哲學이라고 해서 좋으리라고 보는 것이다.

　儒敎로 代表되는 종래의 韓國敎育哲學의 特性이 傳統, 道德的 修養人, 覺醒에 있었다고 하면, 듀이哲學(또는 프래그머티즘)으로 대표되는 歐美現代敎育哲學의 特性은 改革, 産業的 技術人, 探究에 있었다고 하리라.

　그러면 이러한 葛藤에 대한 超克의 길은 무엇이겠는가? 그것은 "傳統과 改革의 調和"이요, 歷史的 意識人, 硏究, 覺醒, 實現에 있다고 하겠다.

5. 結　論

　요컨데 우리는 儒敎의 特性인 "敎育에 있어서의 規範性"에 대한 自信回復과 듀이敎育哲學으로부터 크게 刺戟된 바, "狀況性 認識의 强調"를 새삼 銘心해야 되리라고 본다. 본래 儒敎에 있어서는 體系的인 敎育價値規範의 提示와 아울러 春秋大義精神으로 말하여지듯이 "歷史"의 윤리적, 교육적 의미를 강조하였던 것인데, 그것은 傳統과 改革이 동시에 강조된 것이라 할 수 있는 것이다.

　우리는 지금 새로운 韓國敎育哲學을 定立시켜야 될 時點에 놓여 있다. 그리고 그 경우에 우리는 무엇보다도 韓國敎育의 歷史에 대한 硏究가 先行條件이 되어야 하는 것이고 韓國人의 敎育的 體質 診斷위에 교육 개혁이 진행되어야 하리라고 보는 것이다.

末尾에 添付한 [別表] 「思想史的 立場에서 본 韓國教育」은 主體論的인 「教育思想의 根本問題」 이해를 위한 하나의 조감도가 될 것으로 생각하여 제시해 본 것이다.

원본 348페이지 눕혀진 도표를
348도표파일안에 저장했음.

韓國 現代倫理의 根本問題

柳　正　東

(성균관대학교 유학대학 교수)

1. 序　論

現代社會의 特徵을 理解할 때 世界史的인 意味에서 共通된 點과 韓國史的인 意味에서 特殊한 點을 생각할 수 있을 것이다.

東西가 서로 相逢하고 있다는 事實은 二次大戰以後 人類가 世界史를 創造해 가고 있다는데서 同一하다고 할 수 있고 政治史上 이데올로기-의 對立이 우리처럼 地域的으로 深刻한데가 없다는데서 우리社會의 特異性이 지적된다.

여기서 惹起되는 倫理的인 問題로서 東洋의 價値관과 西洋의 價値意識의 相衝은 東西相逢에서 빚어진 混亂이라는 遠心的인 面이 그 하나는 同族이면서도 分斷 속에 一世를 보면서 發生된 하나의 民族歷史가 두개의 歷史로 갈라져가고 있다는 求心的인 面이 그 둘째로 부각된다.

世界史的인 意味에서는 人類的인 價値創造가, 韓國史的인 側面에서는 民族的인 價値創造가 기대되는 現實社會라고 할 때 우리는 倫理의 根本問題를 생각하게 되는 所以가 여기에 있는 것으로 이해된다.

便宜上　먼저　孔子에　있어서　春秋의　起筆과　絶筆의　뜻을　알아
보고　現代社會의　倫理問題를　생각해　본　다음　兩者를　關聯하여
結論에　言及하고자　한다.

2. 春秋의　起筆과　絶筆의　意味　하는　것

120個國의　興亡史를　記錄한　春秋에　依하면　弑君이　36, 滅國이
52, 諸候가　出奔하여　社稷을　保存하지　못한　數에　이르러서는　모
두　列擧하기가　어려울　程度이다.

梁襄王이　孟子에게　물었던　心情을　推測할　만　하다.

「天下는　어떻게　해야　安定되겠읍니까?」弱肉强食의　非情속에서
도　世態의　不安을　염려하지　않을　수　없었던　것으로　보인다.

「하나로　통일이　되면　安定을　얻을　것입니다.」

孟子의　이　對答에　梁襄王이　통일을　달성할　수　있는　사람을　거
듭　물으니　그는,「사람　죽이기를　좋아하지　않는　자가　통일할　것
입니다.」라고　대답하였던　것이다.

人類를　滅亡시킬　수　있는　殺傷力을　가지는　原爆을　保有하고　있
는　마당에「럿셀」이　이미　世界政府樹立의　必要性을　喝破하였다고
하지만　이에　앞서　우리처럼　통일을　원하고　요청되는　곳이　어데　또
있을까?　그것은　韓國史를　위하여　世界史를　위하는　일로　통하겠기
때문이다.

孔子의　所願은　顔子와　季路를　앞에　놓고　對話하신　곳에서　보인다.

「老人은　便安히　해　드리고　싶고　친구들에게는　信義로　대하고
싶고　어린　사람은　품어주고　싶다.」(論語　公冶長)

　이 말은 對人關係에서 老, 平, 少의 3계층으로 나누어 본 견해로 보인다. 五倫은 家庭과 社會로 갈라서 對人관계를 義, 親, 別, 信 序로 일러준데 비해서 孔子는 비교된다. 이 所願 달성이 政治參與를 통해서 成就되지 못했을 때 結局 敎育으로 뜻을 돌리게 되었고, 弟子敎育을 爲해서 敎材가 必要했고 六經 中에서도 「春秋」는 孔子自身이 評價받는 가장 重要한 것으로 自處한 것으로서 71세에 完成한 것으로 傳해진다. 나를 알아주는 것도, 허물하는 것도 오직 「春秋」때문(孟子, 騰文公篇)일 것이라고 한 그의 心衷으로 미루어 짐작이 갈만하다. 여기서 注意하고자 함은 隱公으로부터 쓰기 시작하여 哀公에서 끝나는 理由이다.

　公羊高에 依하면 高祖以來의 일을 알 수 있기 때문에 隱公元年서부터 쓰기 시작했고 哀公 14年 春에 獲麟한 史實에서 붓을 놓은 것은 孔子께서 自身의 道가 盡했다고 생각했기 때문이라고 하였다.

　孔子에게서 「夏禮吾能言之, 杞不足徵也, 殷禮吾能言之, 宋不足徵也, 文獻不足故也, 足則吾能徵之矣(論語, 八佾)」라고 하는 學的 態度로 보아서 春秋起筆에 대한 公羊氏의 見解가 一理없는 것이 아니나 그러한 知識的인 史的인 意味에 못지않게 重視되어야 할 것은 隱公處事의 倫理的인 意味에 있다고 보고 싶다.

　隱公은 魯惠公의 뒤를 이을 桓公을 위하여 攝政을 보았고 桓公에게 讓位하고자 하는 生前의 惠公의 뜻을 尊重하여 周圍의 登極 權誘를 받아들이지 않았다.

　公은 11年 10月에 羽父로부터 桓公을 殺害할 것을 建議받았을 때, 「아우인 桓公은 아직 年少하므로 내가 다스리고 있는 것뿐이지 장차는 임금의 地位를 전해 주려고 한다. 토구의 땅에 집을 짓게 하고 그 곳에서 餘生을 보내고자 한다.」

이 대답을 들은 羽父는 자신의 罪가 두려워서 도리어 隱公을 桓公에게 참소하여 刺客을 보내서 弑害하고 만다. 아버지를 尊敬하고 동생을 사랑하는 善心은 도리어 禍를 불러 온 結果가 된 셈이다.

金履祥은 通鑑紀事本末에서 이 史實을 지적하여, 「此는 世道之大變이니 春秋所以托始地라」라고 말하고 있다. 隱公의 善을 履祥은 높이 사고 있음을 본다.

孔子가 生前에 尊敬하고 思慕한 분이 周公으로 알려져 있다.

「子曰甚矣, 吾衰也, 久矣, 吾不復夢見周公. (論語, 述而)」라고 했으니 젊어서는 꿈에 周公을 자주 볼 程度였음을 미루어 짐작할 수 있을 듯 하다. 考慮에 넣어야 할 것은 자주 夢見했다는 事實보다는 周公의 어떤 點이 孔子로 하여금 夢見치 못함을 한탄까지 하게 했을까 하는 點에 있다고 한다.

文王, 武王, 成王의 三代를 輔佐한 周公은 어린 成王을 모셨을 때 受難을 겪는다. 紂의 後인 武庚과 作이 된 그의 아우 管叔, 蔡叔, 곽叔이 流言으로 兄인 周公을 모함했을 때 東避했고 2年後에는 詩를 지어서 成王께 올린 것이 바로 鴟鴞章이었다.

「鴟鴞鴟鴞아 旣取我子이니 無毁我室이어다. 恩斯勤斯하야 鬻子之閔斯라」 東避라고도 하고 東征이라고도 하여 分明하지 않으나 成王의 疑心이 아직도 十中 五六은 남아 있었던 때의 作이라고 蔡沈은 證釋하고 있지만 成王이 疾病에 걸렸을 때 代身이라도 가겠다고 祈願하는(書經, 金勝) 모습은 周公이 成王에 대한 眞情을 보이는데 充分하다고 생각된다. 주나라의 文物制度를 確立한 功도 등한히 할 수 없지만 참으로 天子를 아끼고 섬기는 情의 美德을 읽었던 것이 아닌가 생각된다. 周公의 이러한 事君하되 能竭其身하는 모습에 사무친 생각은 자주 顯夢을 가져왔음을 짐작케 하며 이것을 미루어 隱公의 善心도 높이 샀을 것이며, 따라서 當時에 이러한 善心의 政治的 實現이 어려웠다손 치더라도 孔子는 이 마음을 後世에 傳해야 하겠다고 決心할 수 있었지 않았나 생각해 본다. 시작은 그렇다 하고 또 獲麟에서 絶筆했음은 무슨 까닭인가?

經文에는 다만 「十有四年春西狩獲麟」이라고 했으나 左丘明은 傳에 「十四年春西狩於大野, 叔孫氏之車子鉏商獲麟, 以爲不祥以賜虞人, 仲尼觀之曰 麟也然後取之」라고 한데 비해서 公羊高는 麟은 仁獸라 하였고 잡혀온 것을 보면서 눈물로 소매를 적시었고 顔淵을 잃고 「噫天喪予아」라 하셨고 子路를 잃고 「噫天祝予아」라 하신 孔子는 麟을 잃고 「吾道窮矣라」하였다고 기록하고 있다. 麟이란 獸中靈物로서 聖王의 太平世에 나온다는 것인데 이제 亂世 非時에 顯出하였다가 捕獲되어 前左足이 부러져 피를 흘리는 모양에 孔子의 느낌이 平安치 않았을 것이다. 何休의 疏에 따르면 麟이 나타난 뜻을 세 가지로 본다. 周室衰亡의 徵兆가 하나요, 漢의 興瑞가 둘이요, 孔子의 沒徵이 셋이라고 하였으나 衰兆나 興瑞나 孔子의 將亡이 春秋絶筆의 意味를 가질 수 있을까 하는 疑心을 품어 본다. 붓을 놓으면서 周의 장차 亡할 것이라든가 漢의 興한다는 것, 또한 孔子가 갈 때가 가까웠다는 등을 豫言하는 類는 孔子의 春秋絶筆의 心情을 살피는 데는 不足한 것으로 생각된다. 애끓듯 渴望되는 것이 있어서 붓을 들었다면 붓을 놓는데도 豫言이나 失望으로 解釋하기 보다는 견딜 수 없어 놓게된 點을 받아드려야 할 것으로 믿는다. 詩經周南篇을 關雎章으로 始作하여 麟趾章으로 끝맺는 孔子의 마음을 엿볼 때 聖王의 仁政을 찬양하는 天徵으로 麟을 등장시키고 있음을 짐작하기에 充分하다. 五瑞의 하나라는 麟이 희생당한 것을 눈앞에 보았을

때 그 마음 便安치 않았을 程度가 아니라 아팠을 것으로 미루어
진다. 나라가 亡하거나 興하는 前兆라던가 이제는 갈 때가 왔다
고 하기보다는 仁慈한 靈物을 哀悼하는 絶頂에서「神聖性」을 높
이며 마음 아파하는 點을 사고 싶은 것이다.

隱公의 純粹한 善心의 始發點과 麟의 희생을 슬퍼하며 神聖性
을 높이는 終點은 春秋經典을 一貫하는 孔子의 筆致로 생각하고
싶으며 여기서 倫理的인 意味를 發見하고자 하는 것이다.

3. 오늘의 倫理問題

흔히 말하고 있는 것처럼 東洋이 縱的倫理인데 比해서 西洋은
橫的倫理라는데 特徵이 있다고 할 때, 東西相逢으로 인해서 나타
난 現象은 相衝으로 빚어진 動搖로 말미암아 傳統이 자연 흔들
리게 되는 줄 안다. 東洋의 知慧를 빌리려고 하는 西洋이나 傳
統的인 受容을 강조하게 되는 東洋과 西洋이다 함께 安定을 바
라고 있다는 證據로 받아 들여 진다. 우리의 立場에서 볼 때 南
北統一이 最大의 念願이고 보면 民族相殘을 豫防해야 하겠다는
것은 政治的이기 以前에 同胞라는 血緣的인 倫理意識이 先行定
立되어야 할 문제라고 생각된다.

人類의 平和와 우리의 統一이 오늘의 倫理問題를 考察하게 되
는 基盤이라고 할 때 東西兩洋이 함께 所望하고 韓族이 南北에
서 切願함을 達成할 수 있는 倫理的인 열쇠를 찾게 되는 것으로
생각된다.

地球의 公害로부터의 解放 石油에너지의 무장해제, 世界의 人
口增加와 食糧增産, 레이다一網으로 24時間 急襲을 경계하고 있

는 緊張 등은 國際社會의 現實이라고 한다. 여기서의 問題는 人類의 共存이라는 命題로 集約된다.

南北間의 成功的인 對話, 新舊斷層의 連結, 秩序의 根本確立 등은 우리社會의 現實임은 周知의 事實이다. 여기서는 傳統의 繼承과 主體性確立이라는 命題로 集約된다.

國際社會에서 人類共存이라는 命題로 現實을 응시한다면—地球의 公害問題에 대하여는 장황한 說明을 必要로 하지 않을 것이다. 交通과 通信의 高速化로 世界는 一家가 되어가고 있어서 좁아진 地球에 空氣와 水質汚染의 公害는 國家나 民族如何를 가리지 않을 것이기 때문이다.

食糧과 人口問題는 또한 直接 生活에 관한 國家의 存亡을 가늠하는 基本的인 것일 뿐만 아니라 個個의 國家의 安定없이 人類平和는 難望이므로 함께 念慮해야 할 줄 믿는다.

石油에너—지의 武裝解除도 또한 人類生活의 基本問題인 限利害爲主의 獨走는 平和를 유린하는 所行이 아닐 수 없다는데서 異議가 없을 것으로 생각된다.

24時間의 警戒態勢에 대하여는 强者는 侵略을 爲해서, 弱者는 防禦를 爲해서 相互緊張이 連續되고 있다면 여기서 消耗되는 有形 無形의 資源浪費를 생각해 보지 않을 수 없게 된다. 칼과 창을 호미로 바꾸어야 한다는 主張은 中國古來로부터 해 오는 말이지만 各國의 軍備豫算이 國民福祉를 爲하여 投入되었을 때는 생각만 해도 豊足을 느끼게 한다.

우리 社會에서 傳統의 繼承과 主體性 確立이라는 命題로 現實을 直視한다면, 南北間의 成功的인 對話는 統一을 韓族으로서 願하지 않는 사람이 全無한 以上 이것을 否定할 수 있는 사람 또한 있을 수 없다고 이해된다. 好生惡死의 常情에 비추어서도 戰爭은 피해야 할 것이며 더욱이 같은 핏줄의 同胞의 相殘을 反複할 수는 없는 일이다.

新舊의 斷層은 西歐思潮의 비판 없는 受容에서 빚어진 이상 우리의 것과 들여온 것의 兩者의 보편성 追求가 重要할 것이다. 이것이 相逢座標가 될 수 있기 때문이다.

秩序의 根本에 대하여는 社會 各分野에서의 部分的인 秩序確立이 根本을 지키는 分擔役을 遂行해야 하겠다는 것에 强點을 두고 싶다.

以上과 같이 國內 國外의 社會現實을 바라보면서 倫理的인 課題를 다음과 같이 要約해 본다.

國際社會에서는 우선 國家間에 共存이라는 點에 대한 國家의 基本生存權에 首肯하는 協力과 勇敢한 實踐을 지적하고 싶다.

그것은 「人道精神」에 立脚하는 것이고 이것만이 原子武器로 인한 地球의 破壞와 人類史의 危機로부터 救濟해 줄 수 있다고 믿기 때문이다.

우리 社會에서는 傳統의 繼承과 主體性의 確立이라는 點에서 韓國史의 再認識과 自己忠實이라는 對面의 深化를 지적하고 싶다. 그것은 統一을 達成하고 새로운 倫理에 方向感覺을 일깨워 주는 것이 될 것이고 이것이 두 갈래로 갈라지는 韓國史를 하나로 모아주고 民族繁榮의 門을 열어주는 실마리가 되겠기 때문이다.

위와 같이 國際社會의 「人道精神」 確立과 우리 社會의 「傳統繼承, 主體確立」으로 共約해 볼 때 이 兩者가 一貫하는 根本源泉을 어데서 찾아야 할까? 하는 問題가 등장된다고 하겠다.

4. 結　論

　國際社會의　人道精神이　各國의　傳統을　尊重하고　主體性을　確保케　하는　基盤이　되며, 各國의　傳統과　主體性　問題는　人道實現의　個別機能을　分擔한다는　데서　매우　바람직한　일이다.

　우리의　統一問題가　韓民族에　局限된　문제가　아니라　바로　人類의　問題며　人類의　平和問題가　곧　産油國들의　共同問題로　把握되려면　이는　人間으로서의　基本生存權이나　生命의　尊嚴性이라는데　基礎를　두어야　할　것이며, 結局　이것은　人間理解에　속한　問題로　歸着된다고　할　것이다.

　主義가　人間을　左右하는　것이　아니라　人間이　主義를　左右하며　物質과　機械가　新舊老少를　分裂시키는　것이고　人間이　分裂시킨　것이　아니며　秩序의　本末先後　또한　人間을　위함이고　決코　그를　위한　人間일　수는　없는　일이다. 사람對사람, 사람對萬物의　바람직한　關係를　親親, 仁民, 愛物로(盡心上)　孟子는　가리키고　있으나　여기의　親, 仁, 愛가　어데서　湧出할　수　있을까가　問題이다. 性善을　말했지만　그　善의　實踐端初가　問題이다.

　親, 仁, 愛는　性善의　善에서　由來된다고　하겠고　이　善의　實踐端初는　現實　生活　속에서「고마움에　대한　報恩」으로부터　始作된다고　생각된다. (論語 학이)　孔子의　安, 信, 懷의　求心點도「孝弟也者　其爲仁之本與」라고　한　바로　미루어　바로　여기에　있지　않을까　생각한다. 隱公의　善心을　筆頭로　한　孔子의　春秋執筆의　意圖는　이러한　善을　千秋萬代에　傳하고자　하는데　있었다고　보고　싶은　것이다.

　오늘날　우리　社會에서　老人問題와　夫婦問題가　深刻한　줄　안다. 老人에　대한　福祉施設이　제　아무리　完備되었다고　한들　不足한

生活이나마 孝子 밑에 있는 것만 같으랴. 家庭生活이 제 아무리
豊足한 속의 不和가, 淸貧한 家門에의 和睦한 琴瑟만 할 것인가.
老人이 家庭을 떠나고 夫婦가 離婚을 行함이 現代文明의 中毒으
로 인한 善心의 마비에서 오는 것이라면 老人이 孫子孫女를 데
리고 生活을 즐기며 和睦한 夫婦가 父母를 고마움 속에 모시는
일은 마침내 그 善으로 돌아가는데서 回復될 수 있을 것이다.
이 回復이야말로 사람 사람이 각각 스스로를 深化해가는 努力과
아울러 그렇게 하게끔 해주는 主權行使가 要求되며 이 意識의
底邊擴大야말로 우리 社會의 安定을 堅固하게 해주고 나아가서
總力安保에의 寄與와 統一의 黎明을 불러오는 倫理的인 機能이
아닐까 생각된다.

한국문화 연구의 과제의 방향

吳　煥　一

(유한공업전문대학 교수)

湖岩　文一平은　古文化國의　試鍊이라는　글에서「한국에　대한 관찰이　時代와　사람에　따라　다르니, 이를테면　古代에　있어　中國 人의　눈에는　君子國으로　비치었고, 近代에　와서　유럽인의　눈에는 神仙國으로　비친　것과　같은　것이　곧　그　예이다. 그러나　고금을 통하여　歷史眼에　비친　한국은　君子國이라기　보다도, 神仙國이라 기보다도, 東方　古文化國이라　하는　것이　차라리　적당한　이름일까 한다.」라고　갈파한　바　있다.

日帝下　韓國文化의　올바른　인식을　통해　民族의　主體性을　견지 하려는　湖岩의　決意와　所信은　오늘　우리에게도　높이　평가되어야 한다.

그런데　韓國文化論에　접근하는　연구　방법론에는　논의해야만 할　여러　가지　문제점이　발견된다. 먼저　연구하는　자세부터　검토 해　보자.

우리가　연구하고자　하는　한국문화는　학문의　영역으로「국학」이 라고도　하고,「한국학」이라고도　하고, 또는「한국문화연구」라고 할　수도　있다. 여기에서「국학」,「한국학」,「한국문화연구」등　그 이름에는　연구하는　자세가　각기　다름을　발견할　수　있다. 먼저「국학」은 「양학」과 구별되는 것이다. 서양에서 들어온 학문, 서양의 것을 연구대상으로 삼는 학문을 양학이라고 한다면, 우리가 예부터 하던 학문, 우리의 것을 연구대상으로 하는 학문은 「국학」이다. 예부터 하던 학문은 여건이 불리하더라도 이어받아야 하고, 오늘날의 시대와는 어울리지 않는다는 반론이 있더라도 계속 발전시켜야 마땅하다. 우리 자신에 대한 인식을 심화하는 것이 연구의 선결 과제라는 이유에서도, 「국학」을 힘써 해야 한다. 그러나 개항이후 지금까지 우리는 開化時代, 植民地時代, 民族分斷, 6·25 等을 경험하면서 국학은 버리고 양학에 쏠리는 풍조가 있었으니, 이제는 우리들의 학문하는 자세도 달라져야 한다고 생각된다. 그러나 「국학」과 「양학]을 갈라놓고 보면 「국학」을 하는 데도 지장이 있다. 우리가 해야 할 일이 보편성의 추구가 아니라 우리 것의 추구, 특수성의 확인인 것처럼 생각하게 될 염려가 있다. 어느 의미에서 「국학」은 낡고 범위가 좁고, 능력이 부족한 학문인 것처럼 되고 만다. 「국학」은 개방적이고 진취적인 자세에서 높은 수준의 학문으로 발전되어야 한다. 그러기 위해서는 「국학」이라는 개념을 극복하고 학문의 객관성이 있어야 한다.

다음 「한국학」은 「중국학」, 「일본학」에 대치되는 말이다. 「한국학」이란 외국에서 한국의 것을 연구하는 사람들이 연구 대상을 지역으로 나누어 쓰는 용어로서 한국의 것을 중국의 것이나 일본의 것과 비교해서 개방적으로 다룬다는 장점이 있다. 그러므로 학문의 객관성을 위해서는 「국학」을 넘어서서 「한국학」으로 나아가야 할 것 같은 생각이 든다.

그러나 「한국학」의 경우 그 장점이 되는 학문의 객관성이란 주인이 아닌 손님의 입상에서 우리의 것을 연구한다는 것이면, 스스로의 문제를 발견하고 해결해 나가는 주체성을 견지하기가 어렵다. 그러므로 우리는 「국학」을 하는 주체의식과 「한국학」을 하는 개방적인 자세를 함께 지녀야 한다. 국학을 표방할 때는 학문적 의미가 좁아지고, 혹은 특수성에만 주목하는 폐단이 있고, 「한국학」을 표방할 때 역시 객관성에 치중한 나머지 주체성을 상실할 수 있는 폐단이 있기 때문에, 우리들은 「국학」이라든지 「한국학」이라는 것을 지양하고 「한국문화」를 연구 대상으로 잡아야 한다. 「한국문화 연구」는 주체적 자각 밑에서 문화상의 특수성과 보편성에 초점을 맞추어 나갈 수 있으므로 「국학」의 한계와 「한국학」의 한계를 한꺼번에 극복할 수 있는 개념이라고 생각된다.

1. 한국문화의 역사학적 접근

문화라는 것은 인간이 생활을 향상시키려고 쌓아온 모든 전통적인 생활양식 그 생활양식에 관계있는 생활의 능력 전체를 말한다. 사람이 자연에 작용해서 생긴 생산기술, 科學 등을 文化라고 하며, 또한 物質文明, 社會生活을 이끌어 나가는 政治, 制度 등 운영원리와 또는 그러한 활동의 정신적인 밑받침이 되는 종교적인 활동, 철학적인 힘 같은 정신현상, 종교, 철학, 예술, 제도화된 사고방식, 행동양식 등등의 총 복합체를 文化라고 할 수 있다. 이상의 각 분야의 文化가 진전함에서 민족전체 文化가 발달한다. 그런데 한국문화는 전통문화에 대한 철저한 비판, 객관화가 없었으며 그 결과 복고주의, 배타주의, 국수주의, 정치적 이용 등 현상이 나타나기도 하였다. 한국문화는 지금까지 너무도 관념적이었다. 더우기 현대문화는 문화의 폭이 넓어지고, 그 양상이 복잡하게 되어 문화와 非文化의 구분이 어렵게 되었다. 문화의 기능을 구체적으로 규정하여 보자. 문화는 한 집단으로부터 그 구성원들이 얻게 되는 사회적 유산이다. 그러므로 사회 구성원에 의하여 공동적으로 소유되고 전달되어야 한다. 어떤 文化도 민족문화가 되려면 민족전체와 사회생활을 같이 설계하고 같이 운영할 수 있는 최소한의 기반을 제공하는 共通分母的 기능—다른 사람들과 함께 공유하는 부분—을 가져야 하며, 그 생활가치의 眞僞를 판단, 분별, 측정할 수 있는 公約數的 기준을 제시하는 기능이 있어야 한다. 한국문화가 이 두 기능을 갖추기 위해서는 한국인의 사회생활의 토대 위에서 설정되어야 하고, 사회적으로 그 가치가 인정받아야 하는 것이며 사회적으로 공헌할 수 있는 것이어야 한다. 한 시기의 민족 文化가 발달할 때 그것은 그 다음 시기의 더 나은 민족문화를 창조할 수 있는 能力을 스스로 가지고 있어야 훌륭한 文化라 할 수 있다. 이와 같은 과정에서 형성된 한국의 전통문화는 오랜 동안 자기文化를 개선해 나가는 과정에서 형성되어왔고 외래문화를 취사선택하는 역사과정에서 성립되었다. 어떤 훌륭한 文化도 시간이 경과하면 모순이 생기기 마련이어서 文化가 文化로서 성립하기 위해서는 항상 개혁을 되풀이 하지 않을 수 없다. 그러므로 한국의 전통문화는 외래문화를 취사선택하는 가치관의 체계인 동시에 그 취사선택을 가능하게 하는 문화능력 그 자체인 것이다. 문화의 能力이란 오늘 생활을 이끌어가고 발전시키는 원리이며, 나아가 시간적으로 계승되고, 공간적으로 외부에 전달, 전파할 수 있는 힘을 뜻한다. 한국의 전통문화가 오늘날까지 자자손손 계승되어 오고 이웃과 세계에 전파되어온 것은 그 문화능력 때문이다.

  문화는 크게 상층문화인 귀족문화와 하층문화인 서민문화로 분류된다. 그런데 그 문화의 성격은 각각 서로 다르다. 귀족문화는 지배권을 안정시키고, 체제를 유지하고자 하는 목적 때문에 보수적인 경향으로 흐른다. 역사의 발전 과정에서 새롭게 생성된 귀족문화가 앞 시기의 귀족문화를 타도하면서 등장할 때는 사회 모순이 적어지지만 체제유지적 文化가 오래가게 되면 사회적 모순이 생성되고, 그 사회모순을 해결할만한 능력이 모자라면 하층문화에서 나온 힘이 그 모순을 해결해 나가는 상호관계가 생기게 되고 그 결과 위기가 조성되기도 한다. 상층문화는 침전해서 과거의 전통문화체제와 연결되어 하나의 기층문화를 이루는데 그렇기 때문에 기층문화는 전통적인 동시에 진취적인 성격을 가지게 된다. 民族文化는 어느 한 계층만의 文化가 아니다. 그것은 전민족의 모든 계층을 다 포함한다. 高麗청자, 新羅의 불상 등은 상류계층의 귀족문화이지만 그것을 창조한 문화적 장인들은 하류층인 것이다. 민족문화의 내부에는 상이한 계층문화가 존재하여, 구성적으로 복잡다단하지만 민족전체로 볼 때는 하나의 통일성을 지닌다.

한국문화의 특징을 논할 때 일반적으로 한시대의 우수한 文化 내용을 中心으로 논의하는 경우가 많다. 가령 新羅의 우미한 예술적 문화, 高麗의 장엄한 불교적 문학, 朝鮮시대의 전아한 유교적 문화 등 각 시대의 특색이 된 文化증거를 제시한다. 그러나 한국문화의 우수성은 각 시대가 각기 문화특징을 가지면서 繼起的인 발전을 하여온 데 있다. 즉 時代的인 연속성을 가지고 民族文化의 起源을 이루는 原始文化, 古代文化에서 中世文化, 現代文化로 넘어가면서 각 시대가 달라질 때 마다 스스로 文化를 개편해나가는 경험을 쌓고 그 경험을 통해 文化能力을 증진시켜왔다. 韓國文化는 文化活動의 연속된 과정을 밟아왔고, 거기에서 충분한 문화역량을 축적해온 점에 그 장점과 특징이 있다.

중국의 淮河流域, 山東半島, 발해만 일대 남만주지역, 한반도
포함 전 지역을 중심으로 발전한 東夷族 文化圈은 中國의 漢族
文化圈이나, 中央 **Asia, Siberia** 文化圈과도 구별이 되며, 舊石器,
中石器, 新石器文化단계를 전부 거치면서 糧食生産의 時代로 발
전하였다. 民族의 형성을 이룬 靑銅器文化의 貊族과 韓族은 東北
Asia的 文化體質을 이룩하면서 中國文化와 대결하는 가운데 文
化의 후진성을 극복하였고, 農耕文化를 기반으로 古代國家를 형
성하였다. 한국文化는 北方系文化로서 각 단계의 文化를 충분히
소화하여 生活能力을 발전시켰고 이렇게 축적된 民族文化는 그
次元이 높아짐에 따라 만주에 있는 유목민족과 대결할 수 있는
상황으로 발전하였다. 한국문화는 氏族共同體, 親族共同體, 古代
國家로 발전해 오면서 공동체 관계가 강인하게 존속되면서 同族
的, 同文化圈的 인식이 철저하였다. 이러한 文化意識은 中國 植
民地郡懸에 대하여 共同作戰을 수행할 수 있는 主體性을 확립시
켰고, 군사력, 경제력이 劣勢였음에도 불구하고 古代國家의 정치
력을 성립시켰다. 高句麗文化는 西域계통의 文化와 北中國文化를
수용하여 이러한 外來文化를 自己文化의 전통에서 소화하였고,
한국 古代文化의 기준을 설정하기까지에 이르렀고 남으로 百齊
新羅지역에 수출, 한국文化 형성에 그 역사적 과제를 완수하였
다. 百齊는 高句麗文化 체질을 기반으로 南中國文化를 수입하여
귀족문화를 개척하였고, 新羅는 高句麗文化 영향 하에 성장하여
百齊文化를 수입하였고, 마침내 강건한 자기 개성을 창조하게 되
었다. 古代文化로서 三國文化는 超部族精神을 가르쳐 보다 확대
된 사회생활의 적응 能力을 향상시켰고, 佛敎文化를 中心하여 그
정신세계를 철학으로 표현할 수 있었다. 삼국의 불교文化는 정신
文化의 가치를 성장시켰고, 그 결과 민족문화의 축적을 이룩할

수 있었다.

統一新羅 文化는 古代文化가 中世文化로 이행하는 전환기의 文化로서 三國文化를 종합하여 생성된 固有文化에다 당시 세계 문화요, 國際文化의 대표인 唐文化를 受容하는 文化交流에 의하여 이룩된 것이었다. 우리들의 전통문화가 당시 국제문화에 참여함으로서 이룩된 文化였다. 統一新羅의 전환기의 文化는 그 안에 다음 단계의 中世文化를 담당할 계층을 양성할 수 있을 만큼 폭넓은 文化能力을 성립시켰다. 古代文化가 도시중심의 귀족文化였다면 中世文化는 민족의 文化영역을 증대하여 古代에서 中世로의 文化전환을 가능하게 하였고 지방호족을 기반으로 발전 되었다. 古代文化의 전통은 붕괴되지 않고, 古代的 성격을 지니고 있으면서 새로운 시대를 포용할 수 있는 종교文化를 결합시켜 中世文化에 계승되었다. 新羅文化는 그 사회자체내에 중세文化의 전환능력을 키웠다. 가령 高麗불교는 新羅불교의 사상적 전통에 高麗초기 중세지성이 발전하면서 선교 대립의 극복이라는 노력으로 천태종 사상의 이해를 가능케 하였고, 그 후에 대각국사 의천과 조계종의 지눌의 철학으로 高麗 불교사상의 전개를 꾀하였다. 또한 유불의 사상적 병진을 통해 高麗文化의 질과 양은 양면에서 발전하였고 文化의식의 범위가 확대되었고 이러한 결과로 文字 記錄에 의한 文化活動이 전개되어 마침내 文字의 나라로 活字 발명도 가능하게 되었다. 中世文化는 古代사회의 모순속에서 스스로 새로운 사회운영원리를 발견하려는 노력을 계속함에서 이루어졌고, 사상적 자신과 자체문화의 能力을 유지하는 민족의식이 성장·강화될 수 있었다.

高麗文化는 그 자체가 훌륭했지만 古代文化의 요소가 청산된 상태는 아니었다. 朝鮮시대에 들어오면서 古代文化의 요소가 완전히 청산되면서 우리의 고유한 전통문화의 체질을 갖게 되고 세계사에 유래가 없는 文化의 질과 폭에 있어서 훌륭한 中世文化를 형성하였다. 우리가 흔히 保守的이라 일러오는 朝鮮王朝文化는 高麗時代 文化基盤의 정리와 사회혼란의 극복을 위해서 그 나름대로의 부단한 노력을 기울여 계속적인 개혁을 통해 文化의 일도 높은 세련도를 갖게 되었다. 한국文化는 늘 새로운 국제문화를 수용하는 조화의 힘과 조정에 의해 역사적 고난을 극복하는 정신적 여유를 지니게 되었고, 元曉, 李滉, 李珥의 철학체계에서 보이는 바 종합적이면서도 독창적인 경지를 개척하였다. 民族的 文化수준이 높아지면서 얻어진 정신적 여유로 인해 전통문화는 정신적 포용성이 대단히 풍부하였다. 文化교류의 雙方通行으로 인하여 전통문화는 異民族의 外來文化를 포섭, 再創造하여 자기 民族文化로 표현할 수 있는 능력을 배양하였다. 이것은 총체적으로 文化能力이 높은 데서 나온 결과이다. 오늘날 한국문화론이 잘못 인식된 것은 中世文化가 해체된 후, 식민지 문화의 기형적 과정을 거치면서 생겨난 民族文化의 卑下現象의 결과로 생각된다.

우리는 순수한 우리 것을 찾는 학문적 차원에서 전통문화의 좋은 점을 발견하는데 주저할 것이 없다. 단지 정치적 목적이 있는 현실적 차원이나, 어떤 쇼비니즘과 연결시키는 역사적 과오가 인류사에 있었음을 경계한다. 참다운 민족주의는 국제주의와 조금도 배치되지 않는다는 입장에서 한국文化에 접근하고자 한다.

2. 한국문화 연구의 의식기반

韓國文化에 대한 연구는 근대민족으로 자기를 확립하는 과정에서 혹은 민족의 주체를 인식하고자 하는 강한 욕구에서 개화기 이후 끊임없이 시도 되었다. 가장 가까운 시기에 한국문화 연구는 단순한 학문적 연구 아닌 독립운동의 방법으로, 중국과 만주대륙에서, 또한 日帝의 매서운 감시 속에서 그 귀중한 업적들이 축적되어 왔다. 이제 그 연구의 의식기반을 검토하여 韓國文化의 성격을 규명해 보고자 한다.

韓國文化는 19세기말, 20세기 초에 계몽적 학문의 시기를 통하여 한말 맹아적 한국학으로 연구되었다. 황성신문, 독립신문 사설에 나타나는 자기인식론을 목표로 한 한국문화 연구를 「本國學」이라고 불렀다. 우리나라에 관한 모든 것을 연구 대상으로 삼았다. 한말 민족적 위기의 현실을 타개할 목적의식으로 출발한 본 국학은 학문연구 방법이 발달하지 못한 한계점이 있으나 그 의식만은 국민의 애국심을 고취하고자 하는 애국주의적 계몽적 한국학이었다. 이 시기의 한국문화 연구의 민족의식은 세계사적 보편성과 관련 하에 한국문화와 세계 각국 文化의 보편적 동질성을 강조하면서 한국文化의 개화, 근대화를 통하여 우승열패의 생존경쟁과 적자생존을 극복하여 文明의 진보를 이룩할 수 있다고 믿었다. 서유럽과 日本의 근대문명을 향해 韓國文化 창조의 접근 거리를 정립하였고 그 지표를 향해 매진하였다. 그러나 애국계몽기의 본국학은 한국의 민족적 위기의 구조파악에 실패하였고 그 극복에 적극성을 갖지 못했다. 그들은 민족의식, 문명개화 의식에 철저하였으나 봉건제 요소의 부정, 자본주의 침략세력에 대한 부정을 철저히 하지 못했고 민족의 위기적 상황을 낙관적으로 소극적으로 막연한 발전론적으로 인식하였다. 당시 시대 상황에 적극적으로 대처한 동학의 의식이나, 의병들의 역사지향을 비문명적 행동으로 인식하여 규탄한 것이 그것이다. 애국주의적 계몽적 한국문화 연구는 민족적 위기상황을 객관적으로 파악하지 못했고 민족의 주체 민중세력을 단지 계몽시켜야 할 객체로 인식, 민족문화의 고유성을 부인한 점에서 한국문화 연구의 의식기반의 약점이 노출된다. 이 시대 계몽주의적 한국문화 연구에 전념한 선교사들의 입장을 잊을 수 없다. 英·美선교사들은 신교의 목적을 위하여 피선교국인 한국을 과학적으로 연구하였다. 그들의 연구 결과 한국은 전통과 문화의 나라로 인식하게 되었고, 이러한 한국문화 인식은 야만, 미개, 종속대상으로 본 일본인들의 한국문화 인식과는 구별된다. 헐버트, 게일, 아펜젤러, 언너우드 등은 초기 한국문화 학자로서 한국사, 한국어, 고고학, 민속학, 어학, 시문학 등 한국文化 전반에 걸쳐 연구하였다. 선교사들의 한국문화 연구의 의식기반은 전통문화의 창달, 자주의식 개발, 근대화에의 촉진, 도덕적 청교도 개념의 정착, 토착적 신앙 모색, 한국적 주체의 종교 수립 등이었다. 그들은 한국인에게 한국문화 유산의 발굴과 긍지와 연구의욕을 증진시키는데 도움을 주었다. 선교사들은 선교동기에서 또한 선교지 겨레에 대한 순수한 사랑에서 조선에 대한 과학적 연구에 전념하였으며 게일과 헐버트는 「한민족 자신의 언어와 민족적 주체성을 보존하라」 또는 「한국교회는 민족의 역사적 유산에 대한 긍지와 주체의식을 통한 민족구원의 복음의 기능을 제시하라」고 주장하였다.

한편 일본은 조선침략의 합리화를 도모하기 위하여 靑丘學이라는 朝鮮學을 주장하였다. 청구학은 일제 한국침략의 문화 제국주의의 지역학으로 일본의 식민정책상 필요성의 요구에 의해 일제관학자들이 주로 그 연구를 주도하였다. 문화제국주의의 한국학 인식기반은 식민지文化를 절대악으로 규정하는 한편 일본의 본국文

化를 절대선으로 인식하는 善惡 二元論的인 韓國文化像을 모색하였다. 植民地 韓國의 原住民文化는 絶對停滯의 늪에 빠져, 그 본질적 속성인 他律性때문에 자립의 능력이 전적으로 결여되었다고 주장하였다. 맹아적 한국학 本國學의 입장과 식민지 한국학 靑丘學의 의식기반은 모두 다 보편주의적 근대주의였지만, 本國學의 입장에서는 한국문 문화와 서구 근대문화, 일본 근대문화와의 관계를 상대적인 선진문화, 후진문화의 量的인 차이로 인식하였고, 식민지 靑丘學의 경우는 문화 제국주의 정체사관에 의해 질적인 차이로 구분하여 지배문화와 종속문화로 인식하였다. 量的인 선후진의 관계는 發展史觀的 입장에서 노력에 의해 극복될 것으로 보았지만, 質的인 지배, 종속의 관계는 特殊事情論의 近代主義이므로 他律性, 즉 他力에 의하지 않고는 그 후진은 영원히 선진이 될 수 없는 성격의 것이었다. 이와 같이 한국문화 인식의 기반 차이가 생긴 것은 하나는 韓末, 愛國啓蒙期에 있어서 연구자들은 강렬한 사회적 참여 의식을 가지고 민족적 입장을 대변하는 실천자의 입장에 서 있었지만, 청구학의 연구자들은 민족적 입장이 결여된 식민지 지배의 종속, 지배 관련 하에 서있고 후진과 종속을 더욱 중요한 관점으로 인식하고자 하기 때문에 일본의 한국에 대한 침략은 미개와 야만의 땅에 사는 한국문화를 근대, 문명사회로 발전시키기 위한 진출로 인식되게 되었다. 이렇게 한국문화 인식에 중요한 점은 그 연구자의 정신적 자세인 것이다. 한국문화 연구의 의식기반은 근대주의와 민족주의 양면에서 추구되어야 함을 발견한다. 선악의 二元論的 史觀에서 정립된 청구학은 비록 근대적인 서술기술을 갖추고 있었음에도 그 사관의 입장 때문에 반민족적이요, 전근대적인 문화 제국주의의 정신적 폭력이었다. 이러한 일정 관학자들의 청구학에 대응하여 탄생된 것이 「朝鮮學」과 「震檀學」

이었다.

1930年代 鄭寅普, 安在鴻, 文一平, 玄相允 등이 주동이 된 朝鮮學은 朝鮮에 고유한 것, 朝鮮文化의 특색, 朝鮮의 傳統, 朝鮮精神 등을 학문의 대상으로 삼았다. 그들은 민족주의적 입장에서 한국 역사와, 한국 문화를 연구함으로써 한국고유의 독특한 정신 혹은 魂을 찾고, 그 정신·혼·마음에서 민족의 독립정신을 키우고자 하였다. 그들은 朴殷植, 申采浩의 학문계열로서 관념론적 정신주의에 바탕을 둔 민족의식을 추구하였다. 일제의 문화제국주의에 저항하고자 하는 본능적 반격이었다. 민족주의적 한국문화 연구의 의식기반은 한국사회·한국문화 특수성론의 추구였으므로 일제 식민지사관 한국사회 停滯性論을 타도하고 전진할 수 있는 힘이 부족하였다.

1934 年에 조직된 震檀學會의 震檀學은 문헌고증적 실증에 의한 사실의 구체적 해명을 시도한 한국文化연구였다. 그들의 의식기반은 과학성 객관성을 견지하고자 하였으나 민족주의적 입장이 결여되었다. 그들은 한국문화의 후진성을 과학적으로 해명하고자 노력하였으나 후진성을 극복하고자하는 민족의 주체적 역량을 결하였다. 역사의식 면에서 문화창조의 실천적 자세가 결여된 점은 당시 사회의 역사적 성격, 역사적 요구를 외면한 것이다. 문화주의적 민족의식이 있었다 할지라도 문화개량주의적 학문 계보에서 영향 받은 바, 식민지 통치하에서 그들이 취한 학문적 자세는 문화 제국주의에 정면으로 맞서는 실천의식이 부족하였다.

우리는 식민주의 억압 하에 한국문화 연구의 의식기반과 그 한계성을 검토하였다. 결국 우리의 진정한 한국문화관은 고유문화, 전통문화, 특이성, 민족의식을 강렬히 강조하면서도, 아울러 근대주의와 보편주의를 견지하여야 함을 발견한다. 그리고 여기에 덧붙여 무엇보다도 중요한 것은 한국문화를 탐구하고자 하는 우리자신의 주체의식이다. 민족 문화의 창조자로서 우리자신은 실천적 주체적 입장에 서 있음을 늘 확인 하고자 한다.

3. 문제점의 제기

민족은 생물학적 혈통적인 공통점을 갖는 동시에 기본적으로 동일한 문화를 갖게 된다. 그 생활 집단이 걸어온 역사적인 과정이 다르고 생활의 방식이 달라 필연적인 하나의 특수성을 갖는 문화가 형성된다. 그러므로 文化가 있어야 민족이 생존할 수 있는 것이다. 그리고 文化民族만이 주체성, 자주성을 유지 한다. 한민족의 危機는 정치, 경제의 위기에 앞서 文化危機가 가장 큰 것이 된다. 한민족이 共同體를 형성하는 과정 속에서 文化가 축적, 성립되어 文化共同體, 歷史共同體를 이루게 된다.

文化는 雙方通行에서, 주고받음에서 존재한다. 民族史의 전통 속에서 구현된 민족文化를 표현할 때 우리는 다른 민족공동체와 상호작용에 의한 것임을 인식한다. 우리문화의 장점은 튼튼한 기층적 소화력이 있어 文化발전의 토대가 됨을 확인한다. 각 민족의 민족문화가 먼저 성립되고 나아가 상호작용에 의해 세계文化가 성립됨을 상기할 때 높은 수준의 세계성을 지닌 한국文化 창조에 매진함이 요청된다. 그러므로 알맞게 필요한 外來文化를 수용함에 있어 주저할 것이 없다.

해방이후 한국문화는 주체성을 찾는 문제논의에 기울어져 비판적 태도 없이 전통문화의 계승만이 강조되었다. 그 결과 우리는 복고주의적, 배타주의적, 국수주의적 결과를 초래하기도 하였다. 한국문화 연구는 국학의 철저한 객관화 이후에 가능하다. 우리문화 논의에는 고유성을 추구하는 것이 아직 절대적으로 부족하며, 또한 국학의 객관화 학문화를 이룩하여야 진정한 한국문화의 실체를 발견할 수 있으리라 믿는다. 국학이 지닌 주체의식을 기반으로 한국학의 철저한 개방성, 객관성을 가진다면 지금까지 견지해 온 한국문화는 그 충분한 문화역량으로 분단을 극복하여야 하는 민족적 과제에 에너지의 근원이 될 것임을 확인하고자 한다.

● 저자 ●

서정기(徐正淇)

4.19혁명 선봉 및 민족통일전국학생 성대조직위원장

한국유학연구회 유교사상 편집인, 동양문화연구소 연구실장, 성균관 전학(典學)

한국청년유도회 회장 - 예법(관례, 향음주례, 사상견례)부흥운동 전개

동양문화연구소 부소장 및 소장 - 세계 속의 한국학운동 전개

건국대학교 대학원 철학과 박사학위 심사위원

민중유교연합 의장 - 한글제사축문 보급운동 전개

성균관유교진흥대책위원회 위원장 - 도덕성 회복과 새사람운동 전개

성균관유교문화연구위원회 위원장, 태학지 번역분과 위원장, 민주평화통일 자문위원회 상임위원, 성균관 유교신보 편집인 겸 주간 역임, 삼경역주 성균훈로상 수상, 성균관 태학지 번역공로상 수상

현 (사)현정회 이사, 동양문화연구소 소장, (사)한국예절교육협회 상임고문, 김동식 장군 기념사업회 상임고문

● 주요 저서 ●

『세계 속의 韓國文化』, 『세계 속의 韓國精神』, 『세계 속의 韓國儒敎』,

『세계 속의 韓國禮節』, 『세계 속의 韓國流風』, 『정통가정의례』, 『민중유교사상』,

『전기소설 공자』, 『새시대를 위한 대학·중용』, 『새시대를 위한 춘추』(상·중·하),

『새시대를 위한 시경』(상·하), 『새시대를 위한 서경』(상·하),

『새시대를 위한 주역』(상·하), 『새시대를 여는 길』, 『根源探索』, 『도학통론』,

『성혼록』, 『김동식 장군』, 『아침햇살 영롱한 대나무 열매』,

『하늘로 날아라 못으로 뛰어라』 외 다수.

세계속의 한국문화

초판 인쇄	2005년 6월 27일
초판 발행	2005년 6월 29일
저 자	서정기 외 17명
펴 낸 이	채종준
펴 낸 곳	한국학술정보㈜
	경기도 파주시 교하읍 문발리
	파주출판문화정보산업단지 526-2
	전화 031) 908-3181(대표)·팩스 031) 908-3189
	홈페이지 http://www.kstudy.com
	e-mail(e-Book사업부) ebook@kstudy.com
등 록	제일산-115호(2000. 6. 19)
가 격	22,000원

ISBN   89-534-2478-X   94150   (paper book)
       89-534-2479-8   98150   (e-Book)
       89-534-2428-3   94150   (paper book set)
       89-534-2459-3   98150   (e-Book set)